EIGENTUM DES
KURPFALZ-GYMNASIUMS SCHRIESHEIM

Name	Kl.	übernommen	abgegeben
S. Rothermel	11a	08.09.08	
Nina Aue-Pf.	11b	14.09.09	

Geschichte und Geschehen I
Oberstufe, Ausgabe B

Ludwig Bernlochner
Giselher Birk
Rudolf Pfeil
Horst Silbermann
Klaus Sturm

Ernst Klett Schulbuchverlag Leipzig
Leipzig Stuttgart Düsseldorf

Verfasser: Ludwig Bernlochner
S. 105–117
Dr. Giselher Birk
S. 58–81
Rudolf Pfeil
S. 6–57
Dr. Horst Silbermann
S. 84–104
Klaus Sturm
S. 82/83, 118–167

**Einband-
gestaltung:** Manfred Muraro
unter Verwendung eines
Ausschnitts aus Raffaels
Fresko „Die Schule von
Athen" (1509 –11) in der
Stanza della Segnatura im
vatikanischen Palast

Kartenentwürfe: Dr. Eberhardt Schwalm

Kartenbearbeitung: Justus Perthes Verlag
GmbH, Gotha

Kartenredaktion: Willi Stegner (S. 166)

Kartenreinzeichnung: Kartographisches Büro
Michael Hermes,
Göttingen-Roringen

**Reinzeichnung
der Schaubilder:** Rudolf Hungreder,
Leinfelden-Echterdingen

Satz: Lihs GmbH, Medienhaus,
Ludwigsburg

Druck: Firmengruppe APPL,
aprinta druck, Wemding

2. Auflage 2 10 9 8 7 6 | 2010 2009 2008 2007

Dieses Werk folgt der reformierten Rechtschreibung und Zeichensetzung.
Alle Drucke dieser Auflage können im Unterricht nebeneinander benutzt werden, sie sind untereinander unverändert. Die letzte Zahl bezeichnet das Jahr dieses Druckes.
© Ernst Klett Schulbuchverlag Leipzig GmbH, Leipzig 1996.
Alle Rechte vorbehalten.
Internetadresse: http://www.klett-verlag.de

Redaktion: Stefan Wolters

ISBN 3-12-415700-1

Bildnachweis
Umschlag: Archiv für Kunst und Geschichte, Berlin; S. 7.1: aus: Klaus von See: Neues Handbuch der Literaturgeschichte, Athenaion, Frankfurt/M. 1972; S. 7.2: Bildarchiv Preußischer Kulturbesitz, Berlin; S. 7.3: Scala, Florenz; S. 8: Niedersächsisches Landesmuseum, Hannover; S. 9.2: The Mansell Collection, London; S. 9.3: Bibliothèque Nationale, Paris; S. 11: AKG, Berlin; S. 14: Württembergisches Landesmuseum, Stuttgart; S. 16.1: Bildarchiv Sammer, Neuenkirchen; S. 16.2: Bildarchiv Foto Marburg; S. 18.3: Württembergische Landesbibliothek, Stuttgart; S. 18.4: Stadtarchiv Freiburg/Breisgau; S. 18.5: Münsterbauamt Ulm; S. 18.6: Rosgartenmuseum Konstanz; S. 19.7: Bildarchiv Foto Marburg; S. 19.8: Bildarchiv Foto Marburg; S. 19.9: aus: Herbert Ewe: Das alte Stralsund, Böhlau, Weimar 1994, S. 85; S. 19.10: Stadtarchiv Esslingen/Neckar; S. 20: BPK, Berlin; S. 21.13, li.: Fotoarchiv H. Schmidt-Glassner, Callwey Verlag, München; S. 21.13, re.: Steffens-Bildarchiv, Budenheim; S. 23.14: Verkehrsamt Nördlingen; S. 26: Ullstein Bilderdienst, Berlin; S. 30.1a: Rheinisches Landesmuseum, Bonn; S. 30.1b: Württembergisches Landesmuseum, Stuttgart; S. 30.1c: BPK, Berlin; S. 31.2: Fürstlich Fürstenbergische Gemäldegalerie, Donaueschingen; S. 31.3: Scala, Florenz; S. 34.7: Hirmer, München; S. 34.8: Scala, Florenz; S. 34.9: Scala, Florenz; S. 35.10 : CESA, Cölbe; S. 35.10, li.: AKG, Berlin; S. 35.10, re.: Hirmer, München; S. 37: AKG, Berlin; S. 38: AKG, Berlin; S. 41, li.: Scala, Florenz; S. 41, re.: Württembergische Landesbibliothek, Stuttgart; S. 42: aus: Herfried Münkler: Im Namen des Staates, S. Fischer Verlag, Frankfurt/M. 1987; S. 43.1a: Bayerische Staatsbibliothek, München; S. 43.1b: Gutenberg-Museum, Mainz; S. 44: Universitätsarchiv Heidelberg; S. 46: Deutsches Museum, München; S. 48: Deutsches Museum, München; S. 53: British Museum, London; S. 55: Staatliche Graphische Sammlung, München; S. 57: Staatliche Münzsammlung, München; S. 61: Deutsche Bibelanstalt, Stuttgart; S. 63: AKG, Berlin; S. 64: Germanisches Nationalmuseum, Nürnberg; S. 67: Faksimile nach Ausgabe von H. Steiner 1532 aus dem Besitz der Stadtbibliothek Braunschweig; S. 71.3: Stadtbibliothek Ulm; S. 71.4: Württembergische Landesbibliothek, Stuttgart, R 16 Lut 10; S. 72: Stadtarchiv Esslingen; S. 73.6: BPK, Berlin; S. 73.7: Evangelisches Dekanat Esslingen; S. 74: Museen der Stadt Regensburg/Wagmüller; S. 75: Jürgens Ost + Europa Photo, Berlin; S. 76.1: W. Haut, Nidderau; S. 76.2: Jürgens Ost + Europa Photo, Berlin; S. 78: BPK, Berlin; S. 83.1: Klaus Sturm, Stadtbergen; S. 83.2: Giraudon, Vanves; S. 87: Landesbildstelle Württemberg, Stuttgart; S. 89: Landesbildstelle Württemberg, Stuttgart; S. 93: Bulloz, Paris; S. 94: Hachette, Paris; S. 99: W. A. Thackeray; S. 100: Giraudon, Vanves; S. 101: BPK, Berlin; S. 106: Hachette, Paris; S. 113.1: Bulloz, Paris; S. 113.2: Bibliothèque Nationale, Paris; S. 119: Bulloz, Paris; S. 121: Giraudon, Vanves; S. 125: Giraudon, Vanves; S. 128: Giraudon, Vanves; S. 129: Bibliothèque Nationale, Paris; S. 130: Bibliothèque Nationale, Paris; S. 138: Bibliothèque Nationale, Paris; S. 141: Museen der Stadt Greiz, Bücher der Kupferstichsammlung; S. 143.4: Bulloz, Paris; S. 143.5: Bibliothèque Nationale, Paris; S. 145: Roger Viollet, Paris; S. 146: Museen der Stadt Greiz, Bücher der Kupferstichsammlung; S. 147: Bulloz, Paris; S. 148: Giraudon, Vanves; S. 149: Bibliothèque Nationale, Paris; S. 152: Bulloz, Paris; S. 153: Musée Carnavalet, Paris; S. 155: Cl. Ch. Hémon, Musées Départementaux de Loire-Atlantique, Musée Dobrée, Nantes; S. 156: Cl. Ch. Hémon, Musées Départementaux de Loire-Atlantique, Musée Dobrée, Nantes; S. 159: Giraudon, Vanves; S. 160: Giraudon, Vanves; S. 162: Bulloz, Paris; S. 164: Giraudon, Vanves; S. 165: Giraudon, Vanves

Nicht in allen Fällen war es uns möglich, den Rechteinhaber ausfindig zu machen. Berechtigte Ansprüche werden selbstverständlich im Rahmen der üblichen Vereinbarungen abgegolten.

Inhalt

Die Wende zur Neuzeit in Europa 6

1. Die Auflösung der mittelalterlichen Gesellschafts- und Herrschaftsordnung 8
2. Die Stadt im späten Mittelalter 16
   Aspekte bürgerlicher Kultur 18
3. Renaissance und Humanismus 26
   Die Renaissance in der Kunst 30
   Florenz – Vielfalt der Künste 34
4. Florenz – ein Zentrum der Renaissance 39
5. Erweiterung des Wissens 43
6. Das Entdeckungszeitalter 49
7. Veränderungen der Wirtschaftsordnung 53
8. Reformation der Kirche 58
9. Reformation des Adels, der Bürger und Bauern 63
10. Kaiser, Reich und Reformation 68
    Die Reformation im Spiegel der Kunst 74
11. Konfessionsbildung und Konfessionskriege 76

Die Entstehung der bürgerlichen Gesellschaft und die Französische Revolution 82

1. Herrschaft und Staat im Zeitalter des Absolutismus: das Beispiel Frankreich 84
2. Wirtschaft und Gesellschaft im absolutistischen Staat 91
3. Staatstheoretische Grundlagen des Absolutismus und zeitgenössische Gegenstimmen 98
   Absolutistische Herrscherporträts 100
4. Die Krise des Ancien Régime im 18. Jahrhundert 105
5. Das politische Denken der Aufklärung – neue Vorstellungen von Staat, Gesellschaft und Individuum 112
6. Das „unvergleichliche Jahr" 1789: Revolution für die Freiheit 118
7. Freiheit und Gleichheit in Frankreich 135
   Stimmen des Volkes 148
8. Terror und Unterdrückung in Frankreich 152
   Ausblick: Europa und Napoleon 166

Verzeichnis der Namen, Sachen und Begriffe (mit Erläuterungen) 168

farbige Bilddoppelseiten

Die Wende zur Neuzeit in Europa

Seit der Mitte des 14. Jahrhunderts verheerten Seuchenzüge der Pest ganze europäische Landstriche und riefen wirtschaftliche und soziale Krisen hervor. Im gleichen Zeitraum lösten sich die Menschen in Europa – zuerst in Italien – zunehmend aus Bindungen, die ihnen die Natur und geistliche Autoritäten auferlegt hatten. Mit dem Humanismus begannen sie ihren Horizont geistig und räumlich zu erweitern. Sie wurden selbstbewusst, weiteten ihre wirtschaftliche Tätigkeit aus, entdeckten ferne Länder und erfreuten sich einer Zunahme des Wissens. Mit diesem Aufbruch in eine neue Zeit war aber auch ihr Anspruch verbunden, die Welt zu beherrschen.

Mit der Reformation Luthers zerfielen die mittelalterliche Einheit der Kirche und die Einheit von Reich und Kirche. Reformatorische Bewegungen verbanden sich auch mit sozialrevolutionären Tendenzen, wie z. B. im Bauernkrieg. Die neu entstandenen Konfessionen erhoben jeweils den Anspruch auf alleinige Gültigkeit ihrer Glaubensüberzeugungen und versuchten die gesamte Christenheit für sich zu gewinnen. Ketzerverfolgung und Glaubenskriege bestimmten bis ungefähr zur Mitte des 17. Jahrhunderts das „Konfessionelle Zeitalter".

Um 1350	Die Pest wütet in Europa und führt zu einem einschneidenden Bevölkerungsrückgang, der eine Agrarkrise hervorruft.
Seit dem 14. Jh.	In Italien entfaltet sich die Renaissance.
1452–1454	Gutenberg druckt mit beweglichen Lettern seine 42-zeilige Bibel.
1465–1536	Erasmus von Rotterdam gilt den Humanisten seiner Zeit als „Fürst unter den Gelehrten"; seine Ausgabe des Neuen Testaments im griechischen Urtext bereitet Luthers Bibelübersetzung vor.
1492	Kolumbus landet auf Guanahani. Er entdeckt ohne es zu wissen die Neue Welt.
1517	Martin Luther (1483–1546) veröffentlicht in Wittenberg 95 Thesen „Über die Kraft der Ablässe" und löst damit die Reformation aus.
1519–1533	Cortez und Pizarro vernichten das Azteken- und das Inkareich.
1521	Auf dem Reichstag zu Worms wird gegen Luther und seine Anhänger die Acht verkündet (Wormser Edikt).
1525	Der deutsche Bauernkrieg, u. a. durch Luthers Reformation verursacht, endet mit der Niederlage der aufständischen Bauern.
1530	Auf dem Augsburger Reichstag misslingt die Einigung zwischen den Religionsparteien. Kaiser Karl V. (1519–1556) verschleppt seinen Kampf gegen die Protestanten durch Kriege gegen den französischen König und das Osmanische Reich.
1542	Die „Neuen Gesetze" Karls V. verbieten die Versklavung der Indianer.
1555	Der Augsburger Religionsfrieden verhindert bis zum Dreißigjährigen Krieg (1618–1648) den konfessionellen Bürgerkrieg im Reich.
1563	Die Beschlüsse des Konzils von Trient (1545–1563) reformieren die katholische Kirche und ermöglichen eine wirksame „Gegenreformation" in Territorien mit katholischer Obrigkeit.

1 **Der Mensch als vernunftbegabtes Wesen.** Er bestimmt seinen Rang. Er existiert nicht nur (est), lebt nicht nur (vivit), fühlt nicht nur (sentit), sondern als „homo studiosus" versteht er (intelligit) auch. Abbildung aus „De sapiente" von Bovillus.

2 **Der Mensch als vom Tod bedrohtes Wesen.** Ahornrelief von Hans Schwarz aus Augsburg (geb. um 1492).

Die frühe Neuzeit, die mit Umbrüchen im 14. Jahrhundert beginnt und in der Französischen Revolution endet, wird von vielen Historikern als „Vorlauf" der Moderne gesehen. Sie wird in diesem Buch in ihrem Anfang und Ende schwerpunktmäßig thematisiert. Dabei werden charakteristische Entwicklungen angesprochen, die den Übergang von der agrarischen zur industriellen Gesellschaft vorbereiteten und Europa gegenüber den anderen Kontinenten ein unverwechselbares Profil gaben: Die Entwicklung hin zum modernen Staat mit zentraler Verwaltung, Gewaltmonopol und einheitlichem Rechtssystem, die Grundlegung des vernunftbestimmten wissenschaftlichen Weltbildes, der Übergang von der subsistenzwirtschaftlichen zur marktorientierten Produktion, das Zerbrechen der Einheit des Christentums und Konflikte mit der adeligen Führungsschicht.

3 **Der Mensch als geselliges Wesen.** Fresko im Castel San Giorgio in Mantua mit der Familie des Renaissancefürsten Lodovico Gonzaga und ihrem Hofstaat, von Andreas Mategna (1431–1506).

1. Die Auflösung der mittelalterlichen Gesellschafts- und Herrschaftsordnung

Krisen des Spätmittelalters

Seit der großen Hungersnot 1316 wurden die meisten europäischen Länder für gut 150 Jahre immer wieder von Krisen heimgesucht, die einzelne Regionen wellenartig überzogen. Damit endete eine Periode, in der die Menschen von Naturkatastrophen, Hungersnöten und Seuchen weitgehend verschont geblieben waren und in der eine im Allgemeinen günstige Ernährungslage die Lebenserwartung erhöht hatte.

Die Katastrophe der Pest

Der Einbruch der Pest bedeutete in der Geschichte Europas einen epochalen Einschnitt. Als die Pest, der „Schwarze Tod", 1348 auf eine in Folge von Missernten gesundheitlich geschwächte Bevölkerung stieß, setzte ein vier Jahre währendes *Massensterben* ein, das die Bevölkerung im Durchschnitt um die Hälfte verminderte. Der ersten Seuchenwelle folgten bis in das 15. Jahrhundert weitere schwere und lang andauernde Pestepidemien. Besonders katastrophale Folgen hatte die Pest in den Städten: Wegen der dort vorherrschenden Hygienedefizite und angesichts der städtischen Bevölkerungsdichte starben in den Städten in der Regel zwei Drittel der Bewohner. Da die Menschen die Infektionsursachen nicht kannten – erst 1894 wurde der Pesterreger entdeckt –, griff man auf alte Erklärungsmuster zurück: Die Pest wurde als *Gottesstrafe* gesehen oder man machte wieder die Juden zu „Sündenböcken". Man beschuldigte sie die Brunnen vergiftet zu haben, beraubte sie ihrer Habe, tötete sie oder jagte sie bestenfalls aus den Städten (vgl. S. 20 f.). Vor diesen *Pogromen* flüchteten viele Juden nach Osteuropa, wo sie sich vor Verfolgung sicher wussten.

1 Der hl. Franziskus bittet für die von der Pest bedrohten Menschen. „Rette jene, Jesus Christus, für die die jungfräuliche Mutter bittet." Tafelbild am Hochaltar der Göttinger Franziskaner-Kirche (1424).

8

2 **Judenpogrom.** Aus der Schedelschen Weltchronik, 1493.

3 **Erhebung französischer Bauern** („Jacquerie" von Meaux, 1357), aus der Chronik von Jean Froissart aus dem 15. Jahrhundert.

Mit der Pest machten die Menschen auch eine neue Todeserfahrung: Krankheit und Tod waren im Mittelalter stets allgegenwärtig. „Mitten wir im Leben sind mit dem Tod umfangen", lautet im 14. Jahrhundert die deutsche Fassung eines lateinischen Kirchenliedes (Media vita in morte sumus). Starb der Mensch früher in Erwartung des Seelenfriedens, der endlichen Erlösung von Qualen und Verzweiflung, im Kreise seiner Angehörigen, so war der Kranke und Sterbende nun ein tödlicher Ansteckungsherd, den man meiden musste, um nicht selbst von der Krankheit dahingerafft zu werden. Weil die Leichen der Verstorbenen wegen ihrer gefürchteten Ausdünstungen möglichst rasch unter die Erde kommen sollten, wurden sie ohne Zeremonien in Massengräbern verscharrt. Diese Art der Bestattung galt bisher nur Verdammten und verbreitete zusätzliches Grauen. Durch die Pestwellen des 14. Jahrhunderts waren die Menschen in ihrem Glauben an die göttliche Weltordnung erschüttert, in der jeder den ihm von Gott zugewiesenen Platz einnahm. Der desolate Zustand der Kirche als Institution im langen Zeitraum von 1309 bis 1492 machte es den Menschen noch schwerer, Glaubenssicherheit zu bewahren oder zu finden. Durch die Gefangenschaft der Päpste in Avignon, die Spaltung der Kirche unter zwei Päpsten (abendländisches Schisma) und die Reformkonzilien setzte sich das Papsttum scharfer Kritik aus, verlor Macht und Ansehen und verfiel dann im 15. Jahrhundert einer zunehmenden Verweltlichung (vgl. S. 58).

Neue Todeserfahrung

Indem die Pest auf die Agrarkrise des 14. Jh. traf, verschärften sich die Auswirkungen auf Wirtschaft und Gesellschaft. Der *Bevölkerungsrückgang* in den Städten führte zur Verknappung von Arbeitskräften, was wiederum die Löhne ansteigen ließ. So übte die Stadt einen Sog auf die Landbevölkerung aus. Eine regelrechte Landflucht setzte ein, da die bäuerliche Bevölkerung in der Stadt bessere Existenzbedingungen zu finden hoffte. Regionen und Siedlungen mit weniger fruchtbaren Böden und geringerer Rentabilität wurden aufgegeben und blieben als Wüstungen zurück. Aufgrund des Bevölkerungsschwundes produzierte selbst eine verkleinerte Anbaufläche schon ein Überangebot an Getreide, dem einzigen Grundnahrungsmittel. *Absatzkrisen* waren die Folge. Etwa zwi-

Agrarkrisen

schen 1370 und 1470 fielen die Getreidepreise bei erheblichen saisonalen Schwankungen kontinuierlich. Grundherren und Bauern versuchten den Einkommenseinbußen zu entgehen, indem sie – wo es Böden und Klima zuließen – Sonderkulturen anlegten: Obst, Wein, Flachs oder Waid und Krapp als Färbemittel traten an die Stelle von Getreide. In der Nähe größerer Ortschaften wurden Karpfenteiche angelegt. Eine besondere Entwicklung vollzog sich in England; dort wandelten die Grundherren in großem Maße Ackerbauflächen in Weideland für Schafe um und hegten sie ein (enclosures). Viele Grundherren erhöhten angesichts der Absatzkrise auch die Pachtzinsen ihrer Bauern, verstärkten dadurch wiederum die Landflucht und beraubten sich so ihrer Arbeitskräfte. In Frankreich steigerten viele Grundherren die Abgaben und Frondienste für ihre Hörigen derart rücksichtslos, dass es zu *Bauernaufständen* kam.

Sozialer Strukturwandel

Allgemein wurde durch diese wirtschaftlichen Veränderungen und die immer stärker um sich greifende städtische Geldwirtschaft der Feudalismus erschüttert. Die Grundherren gerieten in eine „Preisschere": Während ihre Einkünfte durch die krisenhafte Entwicklung in der Landwirtschaft deutlich geschmälert wurden, verteuerten sich die gewerblichen Güter. In besonderem Maße betraf das die kostspielige militärische Ausrüstung der Ritter. Als Kleinadlige waren sie überwiegend auf die Abgaben ihrer hörigen Bauern angewiesen, auf die sie verstärkt Druck ausübten. Weil ihnen die wirtschaftliche und *soziale Deklassierung* drohte, wurden viele von ihnen zu „Raubrittern". Sie beraubten Warentransporte und erpressten für die gefangen genommenen Begleiter Lösegeld, denn sie wollten am Reichtum der neuen, aufstrebenden Kaufmannsschicht teilhaben.

Feudalismus: Der Begriff Feudalismus ist vom mittelalterlich latinisierten feudum (wohl von fränkisch fehu = Vieh, Geld, Vermögen) abgeleitet. Er bezeichnet die soziale, wirtschaftliche und politische Struktur der mittelalterlichen Gesellschaft. Diese Struktur ist geprägt vom Lehnswesen und von der Grundherrschaft. Im Lehnswesen band der Herrscher den hohen Adel durch eine beiderseitige Treueverpflichtung an sich. Rat (im Frieden) und Hilfe (im Krieg) seiner Lehnsträger (Vasallen) standen der „Leihe" des Lehnsherrn (Herrschers) gegenüber. Verliehen wurde – ursprünglich auf Zeit – Land und/oder ein Amt oder ein bestimmtes Recht. In Deutschland konnte der Vasall sowohl aus seinem Eigengut als auch aus dem erhaltenen Lehen selber Lehen an Untervasallen vergeben und sich wiederum derer Dienste versichern. Der in dieser Art gestaltete Herrschaftsverband wird als Personenverbandsstaat bezeichnet. Durch die im Laufe der Entwicklung eingetretene Erblichkeit der Lehen und die zunehmende Belehnung mit Regalien (ursprünglich dem Herrscher vorbehaltene Rechte) wurden vor allem im Heiligen Römischen Reich Deutscher Nation die partikularen Kräfte gestärkt, weil so die Untervasallen zunehmend von der Krone abgekoppelt wurden.
Eine weitere Komponente des Feudalismus war die Grundherrschaft. Der adlige Lehnsträger war mit seinem Landlehen und seinem Eigengut Grundherr. Seit dem 9. Jahrhundert waren die meisten der ursprünglich freien Bauern in West- und Mitteleuropa als Hörige in die Abhängigkeit von Grundherren gekommen, weil diese ihnen die Verpflichtung zum Kriegsdienst abnahmen und Schutz und Hilfe in der Not versprachen. Dafür verlangten die Grundherren festgelegte Abgaben von freien Bauern und darüber hinaus Frondienst von unfreien Bauern. In Frankreich, wo der Begriff Feudalismus zum ersten Mal im 17. Jahrhundert gebraucht wurde, galt der Feudalismus mit der Französischen Revolution von 1789 als aufgehoben. In Deutschland existierten Formen von feudaler Abhängigkeit bis in das 19. Jahrhundert.

Entstehung und Ausbau der Landesherrschaften

Schon seit der Stauferkaiser Heinrich VI. und sein Sohn Friedrich II. ihr politisches Interesse in den Mittelmeerraum richteten, konnten in Deutschland die Fürsten ihre Macht in ihren Territorien vergrößern. Um seinem Sohn Heinrich die Wahl zum deutschen König und sich die Unterstützung der Fürsten in seiner Auseinandersetzung mit dem Papst zu sichern gewährte Friedrich II. (1194–1250) den geistlichen und weltlichen Fürsten entscheidende Souveränitätsrechte. Er verzichtete auf den Ausbau königlicher Macht in Deutschland zugunsten der partikularen, auf Eigenständigkeit drängenden Kräfte. Im „Statutum in favorem principum" von 1232 taucht ein neuer Begriff auf, der den Wandel der politischen Verhältnisse anzeigt und die deutsche Geschichte maßgeblich bestimmte: domini terrae, *Landesherren*.

Der Partikularismus wurde 1356 durch die „Goldene Bulle" Kaiser Karls IV. (1347–1378) weiter gestärkt. Sie garantierte dem Pfalzgrafen bei Rhein, dem Herzog von Sachsen, dem Markgrafen von Brandenburg und dem König von Böhmen sowie den Erzbischöfen von Köln, Mainz und Trier als Kurfürsten das Wahlrecht bei der Königswahl, das Recht der ungeteilten Vererbung der Kurlande, der Erblichkeit ihrer Erzämter und der Unverletzlichkeit ihrer Person. Damit wurden sie de facto souveräne Herrscher in ihren Territorien. Dem Vorbild der Kurfürsten eiferten die rund 70 geistlichen und 25 weltlichen Fürstentümer sowie eine Vielzahl von kleinen und kleinsten reichsunmittelbaren Herrschaften und Städten im Heiligen Römischen Reich Deutscher Nation nach. Eine landesherrliche Verwaltung sollte die überkommene Lehnsordnung ablösen. Anstelle von „Rat und Hilfe" trat das Fachwissen von Vögten und Amtsleuten. Mit der zunehmenden Geldwirtschaft war ihnen in einem Verwaltungsbezirk ein besoldetes Amt übertragen, das in der Regel nicht erblich war. In einem langen Prozess entwickelten sich die Territorien zu Beamtenstaaten. Gerade der kleine Adel im Südwesten des Reiches versuchte sich gegen die Souveränitätsansprüche der Fürsten, Städte und Städtebünde (z. B. des Schwäbischen Städtebundes, 1376–1389) zu behaupten und als mitbestimmungsberechtigter Stand zu verhindern, dass die zu Landesherren aufgestiegenen Fürsten ihr Territorium als Privateigentum verstanden und nutzten. Weil die Landesherren über die Rechte und Interessen der Stände (des Adels, der höheren Geistlichkeit und der privilegierten Städte) nicht hinweggehen konnten und ihnen deren Widerstand beim Ausbau ihrer fürstlichen Macht hinderlich war, erkannten sie die *Stände* als Repräsentanten des Landes an. Auf Ständetagen gewan-

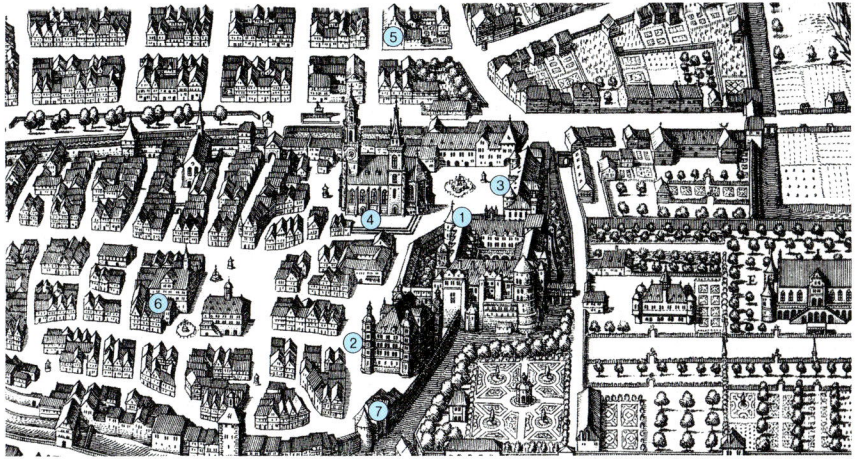

4 Stuttgart, ausgebaut zum Zentrum der Landesherrschaft (Stich von Merian, 1643)

① Schloss (Altes Schloss)
② Neuer Bau (Archiv und Behörden)
③ Kanzlei (Regierungsstellen)
④ Stiftskirche
⑤ Landtag
⑥ Städtisches Rathaus
⑦ Münze

nen die Landesherren die Stände für ihre *partikularistischen Interessen* und ließen sich von ihnen u. a. die Zustimmung zur Erhebung neuer Abgaben, zur Besetzung von Ämtern und zur Kriegführung geben. Gerade in der Bewilligung oder Verweigerung von Steuern lag das Druckmittel der Stände. Ohne ihre Gelder konnte der Landesherr seine politischen Ziele nicht verfolgen.

Die Stände in Württemberg

In Württemberg vollzog sich diese Institutionalisierung der Stände in Ständetagen relativ spät, weil die Grafen von Württemberg zunächst wegen guter finanzieller Ausstattung auf die Hilfe der Stände nicht angewiesen waren. Als sich jedoch unter Herzog Ulrich (1503–1519/1534–1550) das Herzogtum hoch verschuldet hatte und die Finanzlage durch eine Steuer auf Getreide, Wein und Fleisch verbessert werden sollte, kam es wegen der Belastung der unteren Schichten zu einem Bauernaufstand (Armer Konrad). In dieser Notlage markierte der *Tübinger Vertrag* von 1514 eine Wende im Dualismus vom Herrschaftsanspruch des Fürsten und den *Mitspracheansprüchen* der Stände. Herzog Ulrich musste jetzt auf ihre Hilfe zurückgreifen. Durch solche Machtverlagerungen wurde überkommenes Lehnsrecht eingeschränkt und der alte Personenverbandsstaat allmählich auf den Übergang zur *„überpersönlichen Herrschaftsordnung"* des Flächenstaates der Neuzeit vorbereitet.

„Kaiser und Reich"

Weil während des Prozesses der Partikularisierung Reichsgut, Reichsrechte und Reichseinkünfte dahinschmolzen, konnten auch die Könige bzw. Kaiser nur aufgrund ihres eigenen Besitzes Macht ausüben. Diese *„Hausmacht"* vergrößerten sie vor allem durch Einverleibung von Reichsgut und durch Heirat. Aber dem Kaiser mit seiner Hausmacht stand „das Reich" mit seinen Ständen gegenüber. Ende des 15. Jahrhunderts wurde der Reichstag verfassungsrechtlich zu einer Vertretung der *Reichsstände:* der 7 Kurfürsten, der 133 geistlichen und 169 weltlichen Fürsten und Herren und der 85 Reichsstädte. Der Kaiser wurde mit einigen Sonderrechten zum bloßen Symbol an der Spitze des Reiches.

5 Anzeichen des sicheren Todes

Eine sehr eingehende Schilderung der Pest erhalten wir durch den italienischen Dichter Boccaccio (1313–1375):

„Seit der gnadenvollen Menschwerdung des Gottessohnes waren bereits tausenddreihundertachtundvierzig Jahre dahingegangen, als über das ehrwürdige Florenz, die erhabenste aller Städte Italiens, die todbringende Pest hereinbrach. Diese – entweder durch die Einwirkung der Gestirne verursacht oder durch den gerechten Zorn Gottes als eine Züchtigung für unser schändliches Treiben über uns Sterbliche verhängt – war schon einige Jahre früher im Morgenland aufgeflammt, wo sie eine unendliche Anzahl von Opfern dahingerafft hatte um sich dann, ohne Aufenthalt von einem Ort zum andern eilend, gen Westen auf grauenvolle Weise auszubreiten. Doch ob man auch jeglichen Unrat von eigens dazu bestellten Leuten aus der Stadt entfernen ließ, allen Kranken den Eintritt verwehrte und mancherlei Verordnungen zum Schutze der Gesundheit erließ, vermochten doch weder Vorsicht noch die verschiedenartigsten Vorkehrungen der Seuche Einhalt zu gebieten. Ebenso erfolglos erwiesen sich die demütigen Bitten, die nicht nur einmal, sondern unzählige Male auf feierlichen Prozessionen und bei jeder Gelegenheit von frommen Seelen zum Himmel emporgesandt wurden.

Schon zu Frühlingsanfang des genannten Jahres zeigte die Seuche ihre entsetzlichen Auswirkungen auf sonderbare Weise. Sie begann nicht wie im Orient damit, dass allen Opfern als ein Zeichen des unausbleiblichen Todes das Blut aus der Nase rann, sondern kündigte sich hier bei Männern und Frauen gleicherweise in der Leistengegend oder unter den Achseln mit gewissen Schwellungen an, die – bei einigen mehr, bei anderen weniger – bis zur Größe eines Apfels oder eines Eies anwuchsen und vom Volke ‚Pestbeulen' genannt wurden. Von diesen bei-

den Körperteilen aus begannen die todbringenden Pestbeulen in Kürze auf alle anderen überzugreifen und sich auszubreiten. Später zeigte die Krankheit veränderte Anzeichen, es erschienen schwarze und schwarzblaue Flecke, die sich bei vielen Menschen an den Armen, auf den Rippen und an verschiedenen anderen Körperteilen zeigten und bei manchen größer und spärlich, bei anderen dagegen kleiner und zahlreich auftraten. Und wie anfänglich nur die Pestbeule das unfehlbare Anzeichen des sicheren Todes gewesen war und es auch weiterhin blieb, so waren es nunmehr auch die kleinen Flecken für jeden, den sie befielen.
Gegen diese Erkrankung vermochte weder die Kunst der Ärzte noch die Kraft einer Medizin irgend etwas auszurichten oder gar Heilung zu erzielen. Im Gegenteil, sei es, dass die Natur der Krankheit es nicht zuließ oder, dass die Unwissenheit der Ärzte – deren Anzahl, neben den Studierten, an Weibern wie an Männern, die niemals eine Lehre der Heilkunde durchgemacht hatten, ins Riesenhafte gestiegen war – die Ursache der Krankheit nicht erkannte und demzufolge kein wirksames Gegenmittel anzuwenden vermochte, es genasen nur wenige davon. Die meisten starben innerhalb von drei Tagen nach den ersten Anzeichen, der eine früher, der andere später, und viele sogar ohne jegliches Fieber oder sonstige Krankheitserscheinungen. Die Auswirkung dieser Seuche war verheerend, da sie schon durch den Umgang mit einem Kranken auf die Gesunden übersprang wie das Feuer auf trockene oder fettige Dinge, die ihm zu nahe gebracht werden. Noch schlimmer war, dass sie sich nicht allein durch Gespräche oder Umgang mit Kranken auf Gesunde übertrug oder die Ursache eines gemeinsamen Todes wurde, sondern dass schon durch die bloße Berührung von Kleidungsstücken und Gebrauchsgegenständen, die ein Kranker benutzt oder angerührt hatte, diese entsetzliche Seuche den Berührenden zu ergreifen schien."
(Giovanni Boccaccio, Das Dekameron, Berlin/Hamburg 1958, Bd. 1, S. 14 ff.)

6 Brunnenvergiftung durch Juden?
Über die Pogromstimmung, die durch die Pest von 1348 ausgelöst wurde, berichtet der zeitgenössische französische Dichter Guillaume de Marchaut:

„Daraufhin kam ein Saupack, / falsch, verräterisch und abtrünnig: / Es war Judäa, das verabscheute, / das böse und ungetreue, / das alles Gute hasst und alles Böse liebt. / Sie gaben soviel Gold und Silber / und versprachen den Christen so viel, / dass sie dann Brunnen, Bäche und Quellen, / die klar und gesund waren, / an vielen Orten vergifteten / und viele daran starben; / denn all jene, die daraus tranken, / starben ganz plötzlich. / So starben gewiss zehnmal hunderttausend / auf dem Land und in der Stadt, / so dass man inne wurde / dieses tödlichen Vergehens. Aber jener, der hoch oben thront und weit sieht, / der alles regiert und für alles sorgt, / diesen Verrat geheimhalten / nicht mehr wollte, sondern ließ ihn enthüllen / und verbreiten so allgemein, / dass sie Leben und Gut verloren. / Alle Juden wurden vernichtet, / die einen gehängt, die andern in siedendes Wasser getaucht, / die einen ertränkt, den andern abgetrennt / der Kopf mit der Axt oder dem Degen. / Und auch viele Christen / starben schmählich dabei."
(Guillaume de Marchaut, in: R. Girard, Ausstoßung und Verfolgung. Eine historische Theorie des Sündenbocks. Frankfurt/M. 1992, S. 9 f.)

7 Landesherrschaft in Württemberg

1090	Erste Erwähnung des Grafen von Württemberg.
1257 bis 1273	Interregnum: Zersplitterung des Herzogtums Schwaben in zahlreiche reichsunmittelbare Städte und Territorien von Grafen, Edelfreien, Ministerialen und Abteien.
1265 bis 1504	Die Grafen von Württemberg erwerben etwa 30 Städte und Grundherrschaften durch Kauf oder Tausch, 5 durch Eroberung, sowie die Vogtei über 14 Klöster (und deren Besitz), die im Krieg Truppen stellen müssen.
1336	Übergabe der Reichssturmfahne (Hauptgefechtsfahne des Reichsheeres) an den Grafen von Württemberg und Verleihung von Markgröningen durch Kaiser Ludwig für treue Dienste.
1374	Kaiser Karl IV. verleiht die Münzhoheit.
1376	Der Schwäbische Städtebund (bis zu 32 Mitglieder) ist erfolgreich gegen Graf Eberhard.

1388	Graf Eberhard der Greiner besiegt den Schwäbischen Städtebund im Interesse der Fürsten bei Döffingen in der größten Feldschlacht des 14. Jahrhunderts.
1392	Die Grafschaft Mömpelgard (heute Montbéliard in Frankreich) sowie Besitz im Elsass und Burgund kommen durch Heirat an Württemberg.
1415	Anerkennung der Unverletzlichkeit der Grafen von Württemberg durch König Sigmund: Die Grafen können von keinem Gericht des Reiches zur Rechenschaft gezogen werden.
1442	Teilung der Grafschaft nach privatrechtlichem Erbfolgerecht, d.h. Teilung des Erbes wie bei Privatbesitz.
1457	Erster Landtag in Stuttgart einberufen, der finanzielle Hilfe im drohenden Krieg gegen die Pfalz genehmigen soll.
1482	Wiederherstellung der Einheit Württembergs auf Betreiben der Landstände: Prinzip der staatsrechtlichen Erbfolge, d.h. die Herrschaft wird als unteilbares Staatsamt an den ältesten Sohn vererbt.
1495	Graf Eberhard V. wird von Kaiser Maximilian zum Herzog von Württemberg und Teck erhoben.
1498	Eberhard II. von Württemberg wird wegen Misswirtschaft von den Ständen abgesetzt.

9 Der Tübinger Vertrag

Im Tübinger Vertrag (1514) unterstützten die Landstände („Landschaft") Herzog Ulrich von Württemberg aus Angst vor Bauernunruhen. Dieser Vertrag wurde zum „Grundgesetz" der württembergischen Verfassung.

„Zum Ersten soll die Landschaft allein dem genannten Herzog Ulrich innerhalb der nächsten fünf Jahre jährlich 22 000 Gulden zahlen, dazu sollen ihm die Prälaten[1], Stifte und Klöster, auch die Ämter Mömpelgard[2], Nürtingen, Plamont[3] und Reichenweiher[4] so viel geben, wie sie alle zusammen erbringen können. Dies alles soll zu Herzog Ulrichs Schuldentilgung und zur Bezahlung der Zinsen verwandt werden.

Nach den fünf Jahren soll die ‚gemeine Landschaft' mitsamt den Prälaten, Stiften und Klöstern [usw.] ... 800 000 Gulden Kapital für die Ablösung der Zinsen, mit denen das Fürstentum beschwert ist, auf sich nehmen ... fürderhin [darf] den Prälaten und der Landschaft nicht mehr auferlegt werden.

Dafür soll Herzog Ulrich aus besonderer Gnade zu seiner Landschaft den Landschaden[5], der bisher üblich war, ganz aufheben und unterlassen, so dass er auch in Zukunft nicht mehr gefordert werden soll ... Sollte Herzog Ulrich ... einen Krieg führen wollen ..., so soll auch das mit Rat, Wissen und Willen ‚gemeiner Landschaft' geschehen, sofern Herzog Ulrich von ihr Hilfe begehrt ... In Zukunft sollen Land, Leute, Schlösser, Städte und Dörfer ohne Rat, Wissen und Willen ‚gemeiner Landschaft' nicht mehr versetzt oder veräußert werden ...

Es soll auch niemand mehr in ‚peinlichen'[6] Strafsachen, so es um Ehre, Leib und Leben geht, anders als durch Urteil und Recht gestraft oder getötet werden, sondern jedem soll nach seiner Schuld sein Recht werden, es sei denn, das kaiserliche Recht lässt ein anderes Verfahren zu ...

Und sollen die dargelegten Freiheiten von Herzog Ulrich und danach für und für von aller Herrschaft[7] am Anfang ihres Regiments zu hal-

8 Ratssitzung selbständiger Herren (Vorstufe der Landstände) mit Graf Eberhard dem Milden von Württemberg um 1406.

ten gelobt und davon Brief und Siegel ... gemeiner Landschaft übergeben werden. Davor sind
sie nicht schuldig ... ihnen Gehorsam zu
leisten ..."
(Zit. nach: Herrschaftsverträge des Spätmittelalters, hrsg. von W. Näf, Bern 1951, S. 71 f. –
übersetzt von W. Grütter)

1 hohe Geistliche
2 heute Montbéliard in Frankreich
3 Blamont in Lothringen
4 heute Riquewihr im Elsass
5 eine Steuer zur Deckung des herzoglichen Defizits, einseitig vom Herzog auferlegt
6 peinlich: Leib und Leben betreffend, schmerzhaft
7 von jedem Landesherren

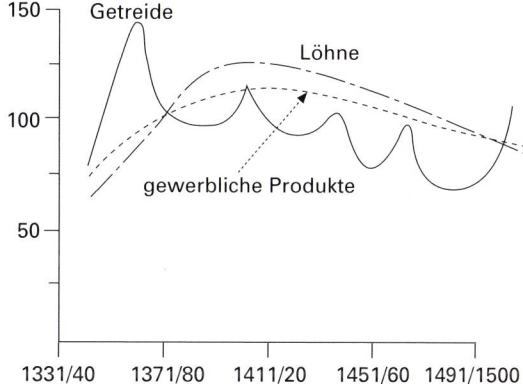

10 Preis- und Lohnentwicklung (nach F. W. Henning. Das vorindustrielle Deutschland, 800–1800. Paderborn 1977³, S. 127)

Arbeitsvorschläge und Fragen

a) Beschreiben Sie die Krisenphänomene seit dem 14. Jahrhundert und erörtern Sie, inwiefern sie einander bedingten.
b) Beschreiben Sie den Aufbau des Bildes (M 1, S. 8). Welche Aussagen über die Pest will der Maler machen?
c) Erläutern Sie Vor- und Nachteile, die sich aus der Entwicklung der Preise für Getreide, gewerbliche Produkte und der Löhne für die Grundherren/Bauern und die städtische Bevölkerung ergaben (M 10).
d) Nennen Sie die Gründe für die Hilflosigkeit gegenüber der Pest, die aus Boccaccios Bericht (M 5) deutlich werden.
e) Bewerten Sie Sprache und Inhalt der Anschuldigungen Marchauts gegenüber den Juden (M 6).
f) Stellen Sie die Verfassungslage des Jahres 1515 für den Herzog als Landesherren, für die Landstände und für die kleinbäuerliche Bevölkerung in Württemberg dar (M 7 und M 9).

Werkstatt Geschichte:
Quellen

Jede seriöse Geschichtsschreibung fußt auf der Auswertung historischer Quellen. Als Quellen können die verschiedensten Materialien dienen; sie lassen sich dabei unabhängig von ihrer materiellen Gestalt in zwei Gruppen aufteilen:
a) Tradition; meist schriftliche Quellen wie z. B. Inschriften, Annalen, Chroniken, Biografien, Geschichtsbücher. Bei Traditionsquellen hatte der Autor die Absicht, die Nachwelt über ein Geschehen zu informieren.
b) Überreste; darunter versteht man Quellen, die von den Zeitgenossen ausschließlich auf ihre jeweilige Gegenwart hin orientiert geschaffen und benutzt wurden oder auf uns gekommen sind. Dazu gehören z. B. Bauwerke, Geräte, Körperreste, aber auch schriftliche Quellen.
Um Geschichte schreiben zu können, muss ein Historiker sich zunächst einen Überblick über die in Frage kommenden Quellen verschaffen. Alle Quellen werden dann auf bestimmte Fragen hin untersucht. Besonderes Gewicht hat dabei die Quellenkritik; es wird z. B. gefragt:
– Zu welcher Gattung gehört die Quelle?
– Wann, wo, unter welchen Bedingungen entstand die Quelle?
– Wer ist der Autor der Quelle? Welche Aussageabsicht verfolgte er? Wo stand er politisch?
– Lässt sich die Aussage/Echtheit der Quelle überprüfen, womöglich an anderen Quellen?

2. Die Stadt im späten Mittelalter

1 Markgröningen: Rathaus, erbaut 1441/42.

2 Stralsund: Rathaus, erbaut 1270, mit Schauseite aus der Mitte des 15. Jahrhunderts.

Stärke und Gefährdung

Im späten Mittelalter war der Prozess der Städtebildung in Mitteleuropa nahezu abgeschlossen. Dynamisch hatte auch in Deutschland eine Reihe von Städten – im Norden die Städte der Hanse, im Süden die Zentren der Tuch- und Metallherstellung – im 14./15. Jahrhundert die ursprüngliche Kluft zwischen sich und den blühenden Wirtschaftsregionen des Mittelmeerraumes um Venedig, Mailand, Florenz und Genua oder zu den wirtschaftlich aktiven Städten Flanderns abgebaut. Wohlhabende Fernkaufleute und Handwerker trugen wesentlich zur Entfaltung einer *bürgerlichen Kultur* bei und das Geld- und Kreditwesen bildete hierfür die Basis. Dagegen schrumpfte die politische Macht der Städte, weil sie ihre städtische Unabhängigkeit mit immer weniger Erfolg gegen die Herrschaftsansprüche der Landesherren verteidigen konnten. Gleichzeitig wuchsen die *innerstädtischen Spannungen* zwischen Zünften und Patriziern, zwischen Gesellen und Meistern, zwischen Laien und Klerikern.

Innerstädtische Konflikte

Seit dem 14. Jahrhundert drängten die *Zünfte* verstärkt auf Mitwirkung im Rat der Stadt. Der wirtschaftliche Aufstieg hatte das Zunftbürgertum selbstbewusst gemacht und in den Zünften zu einem im Wesentlichen autonomen Verbandsleben geführt. Dabei wuchs die Solidarität der Zunftmitglieder gegenüber dem *Patriziat*, je mehr sie sich ihrer ordnungspolitischen und militärischen Rolle innerhalb der Stadt bewusst wurden: Trugen sie doch zur Regulierung des Wirtschaftslebens, zum sozialen Ausgleich innerhalb ihres Handwerks und zur Stadtverteidigung beträchtlich bei, ohne dass sie politisch mitentscheiden durften. In einer Reihe von Städten kam es deshalb wie in Augsburg zur Vertreibung der patrizischen Geschlechter oder wie in Köln zu blutigen Zunfterhebungen. Arroganz der Herrschenden, Machtmissbrauch, Korruption, ungerechte Besteuerung und kostspielige Kriege waren Auslöser der Unruhen.

Stadt: Mit der Bevölkerungszunahme in Mitteleuropa seit dem 11. Jh. stieg die Zahl der Ortschaften und mit ihnen Handel und Verkehr. Die Grundherren gründeten Märkte und Städte als Ansiedlungen für Handwerker und Kaufleute. Die Bürger der Städte statteten sie mit dem Recht aus sich durch eine Mauer zu schützen und Märkte abzuhalten. Damit wurden die Städte als zentrale Orte Bezirke eigenen Rechts. Als solche unterschieden sie sich grundlegend von den Städten des Altertums, die diese Autonomie nicht besessen hatten. Auf die Hörigen ihres ländlichen Umlandes übten die mittelalterlichen Städte Anziehungskraft aus, denn es galt der Grundsatz: „Stadtluft macht frei." Diese rechtliche Freiheit hob den Bürgerstand aus seiner feudalen Umwelt heraus.

Da befestigte Plätze als wirtschaftliche Zentren und Finanzquellen den adligen Grundherren einen Machtzuwachs brachten, begann im 12. und 13. Jh. ein regelrechter Urbanisierungsprozess. Als Stadtherren übertrugen sie Vögten und Ministerialen die Aufsicht über Marktgerichtsbarkeit, Zoll, Münze und Mühle. Während die Stadtherren in der Regel nicht in den Städten wohnten, bildeten ihre Ministerialen zusammen mit Vertretern der Gilden, dem Zusammenschluss der Fernkaufleute, die städtische Führungsschicht: das Patriziat. Diese „Geschlechter" saßen im Rat der Stadt, zu dem sie im Laufe einer in den einzelnen Städten unterschiedlichen Entwicklung auch Vertreter der Zünfte zulassen mussten.

Denn mit dem Wachstum der gewerblichen Warenproduktion kam den Zünften eine wachsende Bedeutung zu. Sie überwachten die Preise, die Menge und Qualität der Erzeugnisse und die Ausbildung des Nachwuchses. Sie wachten auch darüber, dass die Berufsehre ihres Handwerks gewahrt blieb. Als freie Einigungen sorgten die Zünfte für Befriedung in ihrer Schicht, indem sie das soziale Verhalten regelten. Dabei half ihnen die Idee von der christlichen Brüderlichkeit, die sie auch als religiös-kultische Gemeinschaften praktizierten.

Von der Mitregierung waren die Unterschicht der Nichtselbstständigen und die Randgruppen (Juden und „Unehrliche" wie Henker, Abdecker, Huren) ausgeschlossen. In „Großstädten" betrug die Unterschicht bis zu 40 % der Bevölkerung.

Durch die Konzentration der Geldwirtschaft bei den Bürgern waren die Fürsten auf deren finanzielles Potenzial angewiesen. Dafür traten sie Rechte an die Städte ab. Am weitestgehenden geschah dieses gegenüber den Reichsstädten. Ihr Stadtherr war der König bzw. Kaiser. Sie lagen auf Reichs- bzw. Königsgut und hatten nur dem König Dienste und Abgaben zu leisten. Städte, die sich aus der Abhängigkeit von geistlicher Herrschaft hatten befreien können, nannten sich Freie Städte. Mit nahezu vollständiger Souveränität konnten Freie und Reichsstädte sich mit anderen Städten verbünden, mit anderen Herren Verträge abschließen, ja selbst Kriege führen.

Im späten Mittelalter waren in Europa Strukturen und Funktionen der Städte so weit ausgebildet, dass sie für die ganze vorindustrielle Zeit Bestand hatten. Lediglich Autonomieverluste und zusätzliche Stadtformen wie Residenz- oder Festungsstädte modifizierten in den folgenden Jahrhunderten den Typus Stadt.

Auch neuer Kaufmannsgeist und traditioneller Zunftsinn prallten aufeinander. In Konstanz wollten die Zünfte die Monopolstellung der Ravensburger Handelsgesellschaft (s. Kap. 7) brechen. Einige Kaufleute wie der bedeutende Handelsherr und Bürgermeister Lütfried von Muntprat verzichteten auf ihre Rechte als Bürger der Bodensee-Stadt. 49 Familien des Stadtadels wanderten um 1429 nach Schaffhausen aus und erhoben Klage beim König. Da der Konstanzer Rat einsah, dass „dadurch die Gewerbe (Handel) von hinnen gezogen wurden und das Kaufhaus großen Abgang erlitt", erlaubte er unter der Voraussetzung „ehrbarlichen" Verhaltens ihre Rückkehr. Sogenannte *Verfassungskompromisse* grenzten die Rechte von Patriziern und Zünften gegeneinander ab. Sie wurden in Verbund- oder Schwörbriefen niedergelegt und mancherorts alljährlich

Aspekte bürgerlicher Kultur

5 **Frömmigkeit.** Gedenkstein im *Ulmer* Münster zur Erinnerung an den Beginn des Baues am Ende des 14. Jahrhunderts. Zwischen dem Bürgermeister und seiner Frau das Modell der Kirche auf dem Rücken des Baumeisters.

3 **Sicherheit.** *Rottweil*, umgeben von Wall und Graben. Darstellung aus der Zeit zwischen 1430 und 1435 aus der Hofgerichtsordnung.

4 **Recht.** Urkunde zur Verleihung des Kölner Rechts an *Freiburg im Breisgau* durch Ludwig den Bayern, 1339.

6 **Handel und Wohlstand.** Der *Konstanzer* Handelsherr Heinrich von Blarer, 1460.

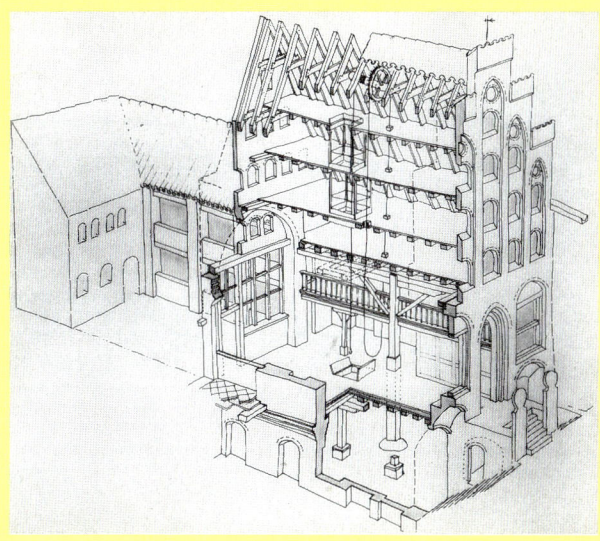

7 **Gotisches Bürgerhaus.** Haustyp, wie er vorwiegend in *Norddeutschland* errichtet wurde.

8 **Wohnraum** aus der Zeit des Meisters des *Schöppinger* Altars (nach der Mitte des 15. Jahrhunderts), Ausschnitt aus seiner Marien-Verkündigung.

9 **Küche** aus einer Darstellung der Geburt Mariens. Ausschnitt vom Hochaltar des Klosters *Lichtental* bei Baden-Baden aus dem Jahr 1485.

10 **Wohltätigkeit.** Pfleghöfe, die bis ca. 1350 in *Esslingen* entstanden.

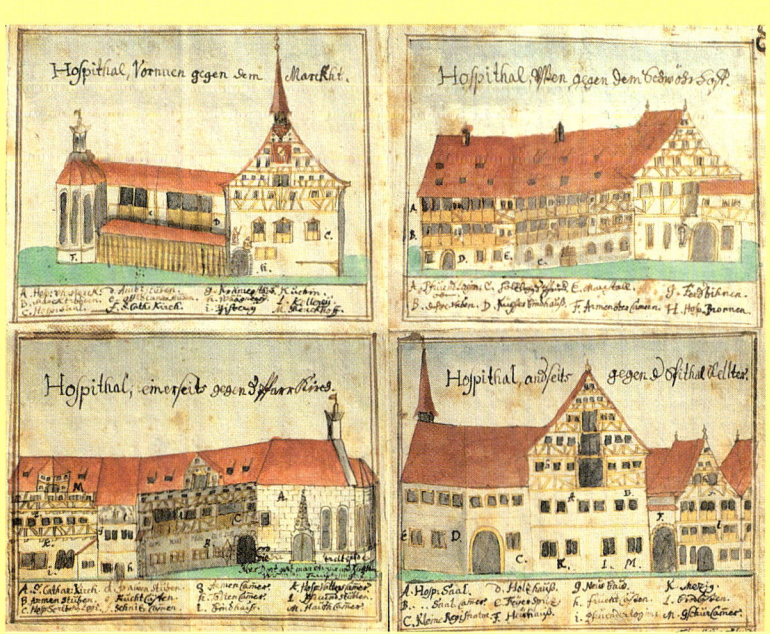

öffentlich verlesen und beschworen. Diese Verfassungskompromisse beendeten die innerstädtischen Machtkämpfe und beteiligten Vertreter der Zünfte in unterschiedlicher Weise am Stadtregiment. Weil jedoch Voraussetzung war, dass ein Zunftmeister als Ratsmitglied *abkömmlich* sein sollte – d. h. seinen Lebensunterhalt bestreiten konnte ohne auf die tägliche Arbeit in seiner Werkstatt angewiesen zu sein –, wurden nur reiche Handwerker in den Rat aufgenommen. Deswegen kam es auch auf Seiten der Zünfte zur Herrschaft einer kleinen Gruppe (Oligarchie), was wiederum zu innerzünftischen Spannungen führte.

Auch *Gesellenwiderstand* regte sich seit dem letzten Viertel des 14. Jahrhunderts. Er wandte sich gegen das überkommene patriarchalische Verhältnis von Meister und Gesellen im Handwerkerhaus. Solidarisch forderten Gesellen, v. a. im Oberrheingebiet, u. a. höhere Löhne, bessere Arbeitsbedingungen, Vereinigungsfreiheit oder die Zulassung von Gesellentrinkstuben. Auch wehrten sie sich gegen die erschwerten Zulassungsbedingungen für Meisterprüfungen. Allerdings waren diese Bestrebungen, die auch immer wieder von Streiks und Verrufen (Boykott bestimmter Meister) begleitet wurden, wenig erfolgreich. So erzwang beispielsweise die rheinische Knechtsordnung von 1436 – Knecht war die zeitgenössische Bezeichnung für Geselle – Wohlverhalten durch einen Gehorsams- und Treueeid der Gesellen vor dem Rat.

Obwohl gerade das Wirken der Bettelorden in den Armutsvierteln sehr geschätzt wurde, kam es seit 1300 auch zu Konflikten zwischen den Bürgern und den zahlreichen Klerikern – sie besaßen kein Bürgerrecht – innerhalb der Stadtmauern. Privilegien, die die Kleriker vor Steuern und Wachdiensten bewahrten, wurden für ungerecht gehalten und besonders in den oberdeutschen Städten mit „Pfaffenhass" beantwortet. Auch der dürftige Bildungsstand des niederen Klerus, der mehr schlecht als recht die wachsenden Ansprüche gebildeter Laien an den Gottesdienst erfüllen konnte, führte zu anhaltender Missstimmung (s. Kap. 8).

Juden – eine ungeliebte Minderheit

Je mehr die christlichen Zünfte im Rat der Stadt mitbestimmen durften, um so schwieriger wurde das Leben der Juden.

Schon im frühen Mittelalter gab es in den meisten europäischen Städten jüdische Gemeinden. Nicht erst seit der Pestzeit (Mitte des 14. Jh.), die nur wenige Juden im Deutschen Reich überlebten (s. S. 8), wurden ihre Erwerbsmöglichkeiten mehr und mehr eingeschränkt. Bereits die Beschlüsse des III. und IV. Laterankonzils (1179 bzw. 1215) bereiteten die soziale Ausgrenzung dieser Min-

11 Streitgespräch. Neben Zeiten der Verfolgung gab es auch Jahrzehnte des friedlichen Zusammenlebens von Christen und Juden. Eine Ausnahme dürfte aber ein Streitgespräch zwischen christlichen Theologen und jüdischen Gelehrten über die Auslegung der Heiligen Schrift gewesen sein, wie es ein Holzschnitt aus dem 15. Jahrhundert zeigt.

derheit vor. Juden sollten getrennt von Christen leben und durch eine demütigende Kleidung (z. B. Judenhüte) deutlich von ihnen zu unterscheiden sein. Das schon von den alten Kirchenvätern verhängte Verbot Zinsen zu nehmen hatte die Juden mehr und mehr in die Rolle der verhassten Geldverleiher gedrängt. Verstärkt wurde diese Entwicklung durch die Weigerung der Zünfte und Kaufmannsgilden, Juden aufzunehmen. Als Folge durften jüdische Meister keine Lehrlinge ausbilden und jüdische Kaufleute wurden aus dem Fernhandel gedrängt. Der wirtschaftliche Abstieg und die auf Geldverleih und Gebrauchtwarenhandel eingeschränkte Berufswahl verstärkten die soziale Ächtung. Im späten Mittelalter, nach der Pestzeit, wurde die äußerliche Trennung zwischen Juden und Christen vollständig durch die Errichtung von abgeschlossenen Ghettos: Mauern schlossen diese Bezirke von der übrigen Stadt ab, sie durften nur durch zwei bewachte Tore zu erreichen sein, die bei Sonnenuntergang geschlossen wurden. An christlichen Feiertagen, besonders in der Karwoche, blieb das „Judenviertel" völlig verriegelt. Die den Juden von den Städten zugewiesenen Flächen wurden auch bei wachsender Bevölkerung nicht vergrößert, so dass in den Ghettos bald eine unerträgliche Enge herrschte.

Trotz dieser widrigen Lebensumstände entwickelte sich eine bedeutende, eigenständige jüdische Kultur. Die Fähigkeiten jüdischer Ärzte, die fortgeschrittene Kenntnisse der arabischen Medizin nach Europa gebracht hatten, übertrafen die der christlichen Bader auch noch zu Beginn der Neuzeit bei weitem. Jüdische Finanzfachleute waren auch an deutschen Fürstenhöfen begehrt. Allgemein war der Bildungsstand der jüdischen Minderheit höher als der der Mehrzahl der Christen. Weil ihre Religion das Studium der religiösen Schriften in der Ursprache verlangte, wuchsen die jungen Juden zweisprachig auf und waren lesekundig. Das führte oft zu Vorurteilen und Bildungsneid bei der christlichen Umwelt, die die jüdische Kultur als fremdartig empfand. Der Humanist Johannes Reuchlin (1455–1522), der durch seine Grammatik hebräische Schriften auch christlichen Gelehrten zugänglich gemacht hatte, war einer der ganz wenigen, die für einen vorurteilslosen Umgang mit der jüdischen Kultur eintraten.

12 **Handwerkerkunst im Dienst der Kirche.** Chorgestühl (Südseite) im Ulmer Münster aus den Jahren 1469–1474. Links: Detail

Die Stadt als zentraler Ort

Die Stadt präsentierte bürgerliche Wohlhabenheit stolz in ihrer Architektur. Ihre eindrucksvollen Stadtkirchen, repräsentativen Rathäuser, ehrfurchtgebietenden Stadttore, ihre großen Korn- und Kaufhäuser unterstrichen ihre zentrale Bedeutung. Auch die Wohnkultur der wohlhabenden Bürger verfeinerte sich, wie wir aus der Inneneinrichtung auf religiösen Bildern der Spätgotik erkennen können. Durch ihren *Markt* stand die Stadt in einem intensiven Austausch zum Land, das die Stadt nicht nur mit agrarischen Erzeugnissen belieferte, sondern für sie auch Arbeitskräfte bereitstellte. Weil sich die finanzielle Kluft zwischen Arm und Reich gegen Ende des Mittelalters vergrößerte, konnten gerade die größeren Städte die Armen nicht nur den Almosen der Mitchristen überlassen. Darum fanden sie immer häufiger zu Ansätzen einer Sozialpolitik, die sich z. B. in der Versorgung Bedürftiger mit billigem Brot ausdrückte. Im Spätmittelalter waren Gerichte, Hospitäler, städtische Schulen und Universitäten auch für das Land da. Neben der kirchlichen Bildungstradition entfaltete sich eine *bürgerliche Bildungswelt*, die zu einer Voraussetzung für die Ausprägung kaufmännischen Geistes wurde, besonders aber auch die Grundlage des Humanismus bildete (s. Kap. 3).

Stadt und Umland

Der städtische Rat, wohlhabende Bürger, Klöster und Spitäler besaßen Grundbesitz außerhalb der Mauer. Das Spital erlaubte es der Stadt, eine verdeckte Territorialpolitik zu treiben. Landerwerb außerhalb der Stadtmauern fiel durch diese Einrichtung kaum auf, die von Klerikern betreut, aber von der Stadt verwaltet wurde, denn ihr Erscheinungsbild in der Öffentlichkeit wurde vor allem durch ihr seelsorgerisches Engagement bestimmt. Vor allem die Reichsstädte kamen zu beachtlichem Territorialbesitz. Durch den *Territorialbesitz* wollten die Städte ihr politisches Gewicht und ihre Souveränität gegenüber ihren fürstlichen Nachbarn stärken, die ihrerseits fremde Herrschaft innerhalb des Flächenstaates, den sie anstrebten, ausschalten wollten. Die Städte wollten sich militärstrategisch absichern, die Ernährung ihrer Bevölkerung sicherstellen, die Rohstoffversorgung für ihre Gewerbe gewährleisten und eine gewerbliche Konkurrenz durch das Land ausschalten. Trotzdem blieben die Städte gefährdet und gegenüber den Territorialherren benachteiligt. Die Modernisierung der Mauern als Antwort auf die Verbesserung der Angriffswaffen und die Finanzierung von Fehden mit umliegenden Territorialstaaten und Grundherren überforderten schnell die städtischen Finanzen. Als Heilbronn 1450 vom Erzbischof von Mainz wegen guter Befestigungsanlagen vergeblich belagert wurde, zeigte sich dennoch die Verwundbarkeit der Stadt: Die Kriegsknechte des Kirchenfürsten verwüsteten die Weinberge im Umland der Stadt und warfen Heilbronn in seiner wirtschaftlichen Entwicklung um Jahrzehnte zurück. Letzten Endes unterlagen viele Städte seit dem 15. Jahrhundert der mächtigen Konkurrenz der Landesherren.

Handel und Handwerk – Basis der städtischen Kultur

Die tiefgreifende Unruhe einer *Gesellschaft im Umbruch*, wie wir sie im späten Mittelalter beobachten, förderte technische und künstlerische Neuerungen. Gerade die wohlhabenden Meister trugen mit der freien Verfügbarkeit über ihre Arbeitskraft zur Entfaltung und Blüte der urbanen Kultur bei. Sie schufen die Voraussetzungen dafür, dass sich Technik und Kunst freier entfalten konnten.
In Nürnberg zeigte sich das in eindrucksvoller Weise. Auf dem Höhepunkt der Entwicklung im 15. Jahrhundert bemerkte Conrad Celtis (1459–1508, s. S. 27), Nürnberg sei die „schönste Residenz des Reiches, deren Schönheit und Staatskunst [Herrschaftspraxis] bewirken, dass nicht nur unsere Landsleute, sondern

auch fremde Nationen sie zu bewundern und zu besichtigen wünschen". Wie konnte es zu dieser Blüte kommen? Zwischen 1430 und 1483 wuchs Nürnberg durch Zuzug aus dem Umland beträchtlich. Diese „Bevölkerungsexplosion" konnte durch die *Wirtschaftskraft* der Stadt aufgefangen werden, die sich vor allem auf die fortgeschrittene Produktion von hochwertigen gewerblichen Erzeugnissen und deren Export stützte. Zum Verlag (s. Kap. 7) gewordene Handwerksbetriebe erlaubten besonders im Kleinmetallgewerbe eine Massenherstellung.

In erster Linie war es aber das breitgefächerte Angebot der Kunsthandwerker, das die Stadt zum führenden Zentrum einer sich herausbildenden modernen Technik machte. „Nürnberger Tand geht durch alle Land" war lange ein bekannter „Werbespruch". Auf dem Können von Goldschmiedemeistern fußend, entwickelte sich ein früher wissenschaftlicher Apparatebau, z. B. bei astronomischen Geräten. Der Erzguss wurde in der Stadt heimisch und Peter Vischer (1460–1529) brachte mit seinen Grabmälern diese Kunst zu höchster Vollendung. Die Malerei zeigte vor Albrecht Dürer eher Gebrauchscharakter als höchste künstlerische Vollkommenheit. Reiche Kaufleute und Handwerker des Spätmittelalters stifteten Altäre und Bildtafeln für Kirchen und bekundeten des Öfteren ihre Frömmigkeit mit ihren Wappen auf diesen religiösen Kunstwerken. Daneben nahmen die Einzelporträts bedeutender Patrizier zu. In ihrem Streben nach Individualität drückte sich bereits ein neuer Zeitgeist aus.

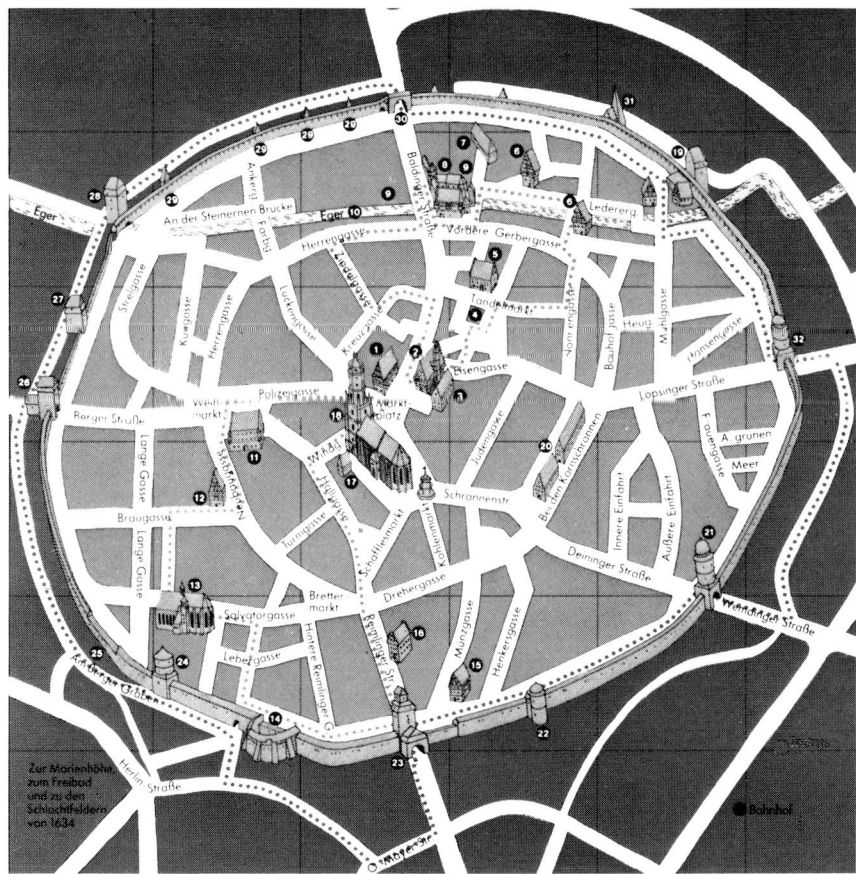

13 **Nördlingen** mit seinem noch heute deutlich erkennbaren mittelalterlichen Stadtgrundriss.

14 Soziale Schichtung Nürnbergs (nach Volks- und Lebensmittelzählung 1449/50)

	Bürgerliche Personen	Bürger	Bürge-rinnen	darunter Kinder	Knechte	Mägde	Nicht-bürger
	1	2	3	4	5	6	7
Insgesamt errechnet %	17583 100	3753 21,4	4383 24,9	6173 35,1		3274 18,6	1986
überliefert %	17824 100	3756 21,1	4565 25,6	6173 34,6	1475 8,3	1855 10,4	1986

	Geistliche mit Anhang	Juden	Bäuerliche Personen	darunter Bauern und Knechte	Bäuerinnen und Mägde	Kinder	Ortsanwesende Bevölkerung Sp. 1–13	Wohnbevölkerung Sp. 1–9
	8	9	10	11	12	13	14	15
Insgesamt errechnet	446	150	10032	.	.	.	30197	20165
überliefert	446	150	9912	2951	2604	4357	30318	20406

(Quellen zur Wirtschafts- und Sozialgeschichte mittel- und oberdeutscher Städte im Spätmittelalter, ausgewählt und übersetzt von Gisela Möncke, Darmstadt 1982, S.319)

15 Soziale Unterschiede innerhalb einer einzigen Berufsgruppe
Metzger in Schwäbisch Hall

Name:	Vermögen versteuert: 1460[1]	Höchstwert
1. Berchtold Seyfferlin	400	850
2. Konz Seckel	1300	2200
3. Peter Welling	300	450
4. Michel Seckel	72	2600
5. Hans Northeim	271	660
6. Hans Krauß	178	300
7. Ulrich Maurat	172	200
8. Christian Stirlin	90	300
9. Hans Altheim	600	800
10. Peter Meistlin	33	70
11. Peter Mantz	33	300
12. Hans Seckel	444	500
13. Reinhard Virnhaber	1150	–
14. Konz Fischer	20	–
15. Langheinz Pure	150	800
16. Jos Firnhaber	2800	3000
17. Hans Creutzer	100	250
18. Peter Sultzer	150	200
19. Peter Truchtelfinger	183	600
20. Sitz Heinkin	50	–
21. Heinz Fucht	27	150
22. Hans Meistlin	20	50
23. Hans Rutin	13	350
24. Matthes Welling	800	1100
25. Adam Metzler	250	500
26. Lorenz Boll	13	–

G. Wunder, Die Sozialstruktur der Reichsstadt Schwäbisch Hall im späten Mittelalter, in: Untersuchungen zur gesellschaftlichen Struktur der mittelalterlichen Städte in Europa (1966)

[1] in rheinischen Gulden (1 rh. fl. ≙ ca. 200 DM)

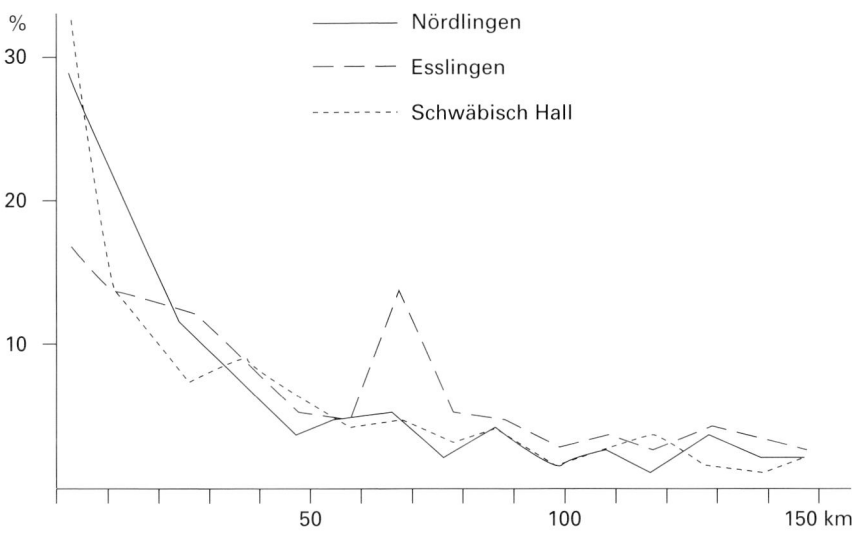

16 Mobilität. Einwanderung nach Nördlingen, Esslingen und Schwäbisch Hall zwischen 1450 und 1550.

17 Konzilsbeschluss gegen Juden
Beschluss des 4. Laterankonzils, 1215:

„Je mehr sich die Christenheit vorschriftsgemäß im Zinsennehmen zurückhält, desto stärker fügt ihr die jüdische Falschheit dadurch Schaden zu, so dass in kurzer Frist der Wohlstand der Christen vernichtet sein wird. Wir wollen daher für die Christen sorgen, damit ihnen die Juden nicht maßlose Beschwerden auferlegen. Wir bestimmen daher durch Synodaldekret, dass jedem untersagt wird, wenn er unter einem Vorwand überhöhte Zinsen zu erpressen versucht, bis er wegen der unangemessenen Belastung Schadenersatz und Buße geleistet hat.
Auch die Christen sollen gezwungen werden, sich aller Geschäfte mit solchen Juden zu enthalten, nötigenfalls mit Kirchenstrafen.
In einigen Gegenden kann man Juden und Christen an der Kleidung unterscheiden, aber in anderen Ländern ist eine solche Regellosigkeit der Gewohnheiten eingetreten, dass man sie nicht gleich unterscheiden kann. Es kommt daher bisweilen vor, dass irrtümlich Christen mit jüdischen oder islamischen Frauen Geschlechtsverkehr haben oder Juden und Mohammedaner mit christlichen Frauen. Damit in Zukunft eine solche abscheuliche Vermischung nicht mehr mit der Entschuldigung vorkommen kann, man habe in Unkenntnis gehandelt, bestimmen wir, dass Juden und Mohammedaner – und zwar beide Geschlechter – in jedem christlichen Land und zu aller Zeit sich durch ihre Kleidung von den anderen Leuten unterscheiden, was ja auch schon bei dem Propheten Moses zu lesen ist, der ebendas ihnen auferlegte."
(Zit. nach: E. L. Ehrlich, Geschichte der Juden in Deutschland, Düsseldorf 1959, S. 16 f.)

18 Ins Ghetto
König Friedrich III. weist 1442 auf Betreiben von Ratsmitgliedern Frankfurt an, die Juden aus der Nähe der Pfarrkirche in ein Ghetto umzusiedeln:
„... das auch die Synagog und Schule, so jezund bei der eigen pfarkyrchen ist, zerstoret werde. ... So wellen wir den obigen Juden von besundern gnaden vergonnen, das sie an den enden, da sie die wonunge bei euch kunftlichen haben werden, eine newe Synagog und Schule ... machen mugen."
(Urkunde im Jüd. Museum, Frankfurt/M.)

19 Kleiderordnung des Kölner Rats (1404):
„Juden und Jüdinnen, die in Köln wohnen und als Fremde hereinkommen, sollen solche Kleidung tragen, dass man sie als Juden erkennen kann: Sie sollen an ihren Überröcken und Röcken Ärmel tragen, die nicht weiter als eine halbe Elle sind. – Pelzwerk darf an den oberen und unteren Enden der Ärmel nicht sichtbar sein. – Die Mäntel müssen Fransen haben und mindestens bis zu den Waden reichen. – Sie sollen keine Seidenschuhe weder im Haus noch draußen tragen. – Oberhalb des Ohrläppchens dürfen sie sich nicht scheren lassen, es sei denn, es ließe sich einer den Kopf kahl scheren ..."
(Zit. nach: W. Stein, Akten zur Geschichte der Verfassung und Verwaltung der Stadt Köln im 14. und 15. Jahrhundert, 1895, S. 551)

20 Antijüdisches Flugblatt

Das Flugblatt hetzt gegen Josel von Rosheim (1478–1554). Er war Geldhändler und wegen seiner Korrektheit bei seinen Schuldnern hoch geschätzt. Aus leidvoller Erfahrung in der eigenen Familie hatte er es sich zur Lebensaufgabe gemacht die unsinnigen Ritualmordbeschuldigungen, die gegen die Juden erhoben wurden, zu entkräften und durch Fürsprache bei Fürsten und Städten Juden vor der Ausweisung zu bewahren. Das Flugblatt zeigt den als Jude durch den (gelben?) Fleck gekennzeichneten Josel mit hebräischem Buch und Geldsäckel beim „Tanz" ums Goldene Kalb.

Arbeitsvorschläge und Fragen

a) Wie unterscheiden sich städtische Kultur und tägliches Leben der mittelalterlichen Städte, die Mittelpunkte der Entwicklung und des Fortschritts waren, von den heutigen Lebensformen in der Stadt (M 3–M 10)?
b) Beschreiben Sie die Ortsanlage von Nördlingen (M 13). Welche Hinweise auf das Wirtschaftsleben geben die Namen der Straßen und Plätze?
c) Untersuchen Sie die Bevölkerungsstruktur Nürnbergs für die Mitte des 15. Jhs. (M 14). Zeichnen Sie ein Kreisdiagramm für die Wohnbevölkerung.
d) Errechnen Sie aus dem Zahlenmaterial zu den Schwäbisch Haller Metzgern die Durchschnittswerte (M 15). Welche Relationen ergeben sich für die einzelnen Angehörigen einer Berufsgruppe, die allgemein als reich galt?
e) Welche Aussage über die Mobilität aus dem Umland in die drei Reichsstädte macht M 16? Tragen Sie in eine Landkarte jeweils Umkreise von 10 und 70 km von den genannten Städten ein. Welche Ortschaften liegen in ihnen?

3. Renaissance und Humanismus

Ablösung vom Mittelalter

Um die Mitte des 14. Jahrhunderts zeichnete sich in Italien eine neue Zeit ab. Die führende Schicht der bürgerlich-städtischen Gesellschaft (popolo grasso) in den italienischen Handelsrepubliken und Fürstentümern hatte sich allmählich aus der Enge des Mittelalters gelöst und Feudalismus und hierarchisches Denken hinter sich gelassen. Auf der Suche nach neuen Werten glaubte sie in der *griechischen und römischen Antike* die Vorbilder gefunden zu haben, die bei einem Aufbruch in ein neues Zeitalter den Weg weisen konnten.
Wir nennen diese Zeit heute Renaissance, Wiedergeburt des Altertums, obgleich die mittelalterlichen Gelehrten die antike Tradition nie ganz hatten abreißen lassen und griechische und römische Philosophen wie Aristoteles oder Seneca unter der Autorität der Kirche Vorbilder geblieben waren. Seit Francesco Petrarca (1304–1374) aber, dem ersten bedeutenden italienischen Humanisten, erstrahlten ihre Ideen in einem neuen Licht. Die zurückliegenden Jahrhunderte wurden nur noch als eine Zwischenzeit zwischen der Antike und der damaligen Gegenwart gesehen, als ein „Mittel"-Alter, das die Menschen in vielfältigen Abhängigkeiten gefangen gehalten hatte.

Die neue Haltung des italienischen Menschen des 15. Jahrhunderts, des Quattrocentos, zu Alltag, ethischen Normen sowie Kunst und Wissenschaft hingen eng mit seiner veränderten Einstellung zur Natur zusammen. Die im Mittelalter allenthalben vorhandene Naturabhängigkeit wich einer zunehmenden *Selbstständigkeit des Menschen* ihr gegenüber. Sie wurde Objekt seines Denkens und Forschens. Der Mensch wollte der ursprünglichen Natur jetzt eine zweite, von ihm gestaltete abzwingen; er wollte selbst Schöpfer sein.

Unabhängig von religiösen Dogmen erhielt das diesseitige Leben einen eigenen Wert. Der vernunftbegabte Mensch wollte sich vielseitig entfalten und dabei Größe gewinnen. Diese Selbsterhöhung erschien ihm kaum fragwürdig. Den Gesetzen des Weltalls galt sein Interesse ebenso wie der eigenen physischen Natur, der Geschichte ebenso wie der Gesellschaft seiner Zeit. Ihr gab er Normen, die seiner gewandelten Moral entsprachen. Lediglich Nutzen oder Schaden, Erfolg oder Erfolglosigkeit sollten jetzt das staatliche Handeln bestimmen. Auf allen Gebieten regten sich die Interessen so ungebunden, dass auseinander laufende Richtungen eine einheitliche Aussage über die Renaissance erschweren. In dieser Meinungsvielfalt spiegelt sich jedoch die geistige Fruchtbarkeit der Epoche.

Humanisten als Träger des Renaissancegedankens

Träger der sich wandelnden Weltsicht waren die Gelehrten. Trotz unterschiedlicher wirtschaftlicher Verhältnisse, z. B. in Deutschland und in Italien, arbeiteten sie über Sprachgrenzen hinweg an der *Vervollkommnung des Menschen*. Ihre Leitbilder waren Maß und Mitte der Griechen und die „humanitas" der Römer. Aus diesem Grunde nannten sie sich Humanisten. Philosophen der beiden antiken Völker hatten geglaubt, dass sich in der Beschäftigung mit Künsten und Wissenschaften die edle Gesinnung eines wahren Menschseins formen lasse. Trotzdem vollzog sich die Orientierung der Humanisten an den „Alten" im Rahmen des Christentums. Sie versuchten daher, neben den Schriften der heidnischen Antike auch der Urform der biblischen Überlieferung durch Sammeln und Vergleichen der verschiedenen Fassungen nahe zu kommen. Sie kommentierten sie in einer am Griechischen und Lateinischen geschulten geschliffenen Sprache.

Gerade in Deutschland wandten sich die Humanisten neben den antiken Texten in besonderer Weise der biblischen Tradition zu. Dabei bemerkten sie die Kluft zwischen den ethischen Normen der Antike und des Frühchristentums und dem trostlosen Zustand der Institution Kirche in ihrer Gegenwart. Daher kritisierten sie die römische Kirche heftig und wurden zu Wegbereitern der Reformation in Deutschland. Ihre antirömische Einstellung mündete in eine bewusste nationale Haltung. Es ist kein Zufall, dass die „Germania" des römischen Geschichtsschreibers Tacitus am Anfang des 16. Jahrhunderts in Deutschland gleich mehrfach herausgegeben wurde. Hatte Tacitus doch Lebensgestaltung und Staatsorganisation der Germanen seinen römischen Landsleuten als Vorbild hingestellt. Der Humanist Conrad Celtis (1459–1509) gab die älteste Druckfassung der „Germania" heraus. Auf dieser Grundlage verfasste vier Jahre später der elsässische Humanist Jakob Wimpfeling (1450–1528) ein Werk, das er ebenfalls „Germania" nannte. Schrieben vorher Chronisten die Geschichte vom Anbeginn der Welt, so interessierte sich Wimpfeling lediglich für die deutsche Geschichte, die er von fünf Germanenvölkern herleitete.

In ihrer Geschichtsschreibung verglichen die Humanisten die Quellen, ordneten den Stoff, interessierten sich für die Menschen, die hinter dem Geschehen standen, und unterschieden Ursachen und Wirkungen geschichtlicher Entwicklungen. Untereinander standen sie brieflich in regem Gedankenaustausch über ihre Forschungsergebnisse. Allen voran Erasmus von Rotterdam (1465–1536), der mit seiner Ausgabe des Neuen Testaments im griechischen Urtext Luthers Bibelübersetzung vorbereitete.

Erasmus verstand sich als „Lehrer der Lehrer", obgleich er niemals den Beruf eines Pädagogen ausgeübt hatte. Seine pädagogische Sorge galt allen Menschen, die sich in einer krisenhaften Zeit um eine Neuorientierung bemühten. „Humanitas" war für ihn „ein Betragen, das der Natur des Menschen würdig ist". Diese schien Erasmus nur durch die Erziehung zu Mäßigung, Wohlwollen und Güte erreichbar. Maß und Würde waren seit der Frührenaissance für die Humanisten neben dem freien Willen der unabhängigen Persönlichkeit Leitbilder der neuen Bildung, die gegen Mitte des 15. Jahrhunderts im Ideal des „uomo universale" *(Universalmensch)* ihren Ausdruck fand, der großen, in jeder Hinsicht gebildeten Persönlichkeit.

Veränderte Einstellung zur Religion

Das Bestreben, auch in Glaubensdingen zu den Quellen der Offenbarung vorzudringen, ist für das Zeitalter des großen Umbruchs kennzeichnend. Schon in der Frührenaissance vollzog sich beim italienischen Popolo grasso eine Trennung des individuellen Glaubensanspruchs von der kirchlichen Hierarchie. Sie gefährdete den Fortbestand der Religion nicht, aber die Gegner kirchlicher Glaubensbevormundung lehnten jede Dogmatik ab, weil sie ihrem selbstständigen Urteilen zuwiderlief. Die Wahl des „eigenen Glaubens" ließ die offizielle Religion bei ihnen zur Förmlichkeit werden. Sie hatten sich der *Diesseitigkeit* zugewandt. Ihr Lebensstil voll Prunksucht und Stolz wurde jedoch manchem Zeitgenossen problematisch, warf die Frage nach dem Sinn des Lebens auf und forderte zu Askese und neuer Religiosität auf. Damit hatten sich in Italien vorweg Erschütterungen vollzogen, die in anderen Teilen Europas erst durch die Reformation verursacht wurden.

Renaissance in der Kunst

Die neugewonnene Freiheit zeigte sich am augenfälligsten in der bildenden Kunst. Obgleich christliche Themen das Schaffen der Renaissancekünstler nach wie vor bestimmten, änderten sich Inhalt und Zweck der religiösen Darstellung. Während im Mittelalter Altarbilder, Fresken oder Plastiken den des Lesens unkundigen Menschen das biblische Geschehen nahe bringen und ihnen eine ständige Mahnung im Glauben sein sollten, verdrängte in der Renaissance das *Kunsterlebnis* die Andacht. Die Zentralperspektive, die Lehre von den Proportionen, das Studium der Anatomie und genaueste Naturbeobachtungen verhalfen zu wirklichkeitsnaher Darstellung bei Bild und Plastik. Diese verselbstständigte sich und trat an die Öffentlichkeit außerhalb des Kirchenraumes. In der Architektur löste in Anlehnung an die Bauformen der Antike die Waagerechte die zum Himmel strebenden Senkrechten der Gotik ab. Der Kuppelbau, den man jetzt beherrschte, verdrängt die schlanken Kreuzgewölbe.

Maler, Bildhauer und Architekten zeigten ein neues Selbstbewusstsein. Sie verstanden sich nicht mehr bloß als Handwerker, die ihrem Auftraggeber ein Werkstück ablieferten. Sie waren jetzt umworben und konnten u. U. einem Fürsten die Gunst ihres Könnens verweigern. Denn der Fürst konnte sich einen Namen machen, wenn er der Nachwelt ein Fresko oder ein Standbild, einen Palast oder ein Grabmal eines großen Künstlers hinterließ. Besondere Förderer [Mäzene] der Kunst, aber auch des eigenen Ruhmes, waren die Sforza in Mailand und die Medici in Florenz.

Humanismus (von lat. humanitas: Menschheit, Menschlichkeit, feinere Bildung): Dieser Ausdruck bezeichnet die wissenschaftliche und kulturelle Bewegung des 14. bis 16. Jahrhunderts, die sich der Wiederentdeckung und Pflege griechischer und lateinischer Überlieferung zuwandte (Renaissance) und eine von kirchlicher Dogmatik unabhängige diesseitige Lebensauffassung förderte. Im Gegensatz zur mittelalterlichen Theologie stand für den Humanismus in dieser Welt der Mensch im Mittelpunkt. – Im Sinne von Toleranz wurde das Wort Menschlichkeit vor allem durch den Philosophen Immanuel Kant gebräuchlich.
Heute steht Humanismus für das Streben nach Menschlichkeit als freier Entfaltung der Persönlichkeit. Dem Gleichheitsgedanken folgend sollen für alle Menschen, unabhängig von Religion, Rasse oder Herkunft, menschenwürdige Lebensbedingungen geschaffen werden.

Werkstatt Geschichte:
Werke der bildenden Kunst

Zu den Äußerungen des menschlichen Daseins, die dem Historiker Aufschluss über die Vergangenheit geben und ihm deren Verstehen erleichtern, können auch Werke der bildenden Kunst gehören. Dennoch unterscheiden sie sich von Traditionsquellen (s. S. 15), weil sie in der Absicht entstanden sind, über historisch-politische, wirtschaftliche oder gesellschaftliche Vorgänge direkt Auskunft zu geben. Sie sind jedoch auch keine bloßen Überrestquellen wie Gebrauchsgegenstände oder Schriftgut aus Verwaltungsvorgängen. Sie sind vielmehr Ausdruck eines künstlerischen Gestaltungswillens, der häufig die Wirklichkeit überformt und damit kein Abbild einer konkreten Situation ist. Gerade deshalb können Werke der bildenden Kunst eine epochentypische Einstellung von Menschen der Welt gegenüber widerspiegeln. Aber den Historiker interessieren auch „einfache" Bildinhalte wie das Erscheinungsbild einer bedeutenden Persönlichkeit, das Aussehen einer Landschaft, eines Gebäudes oder die Ausstattung eines Innenraumes zu einem bestimmten Zeitpunkt, ebenso Details wie Haar- oder Kleidermoden und anderes mehr.
Der Historiker wird das Ansprechende eines Kunstwerkes nicht übersehen; aber er setzt andere Akzente als die Kunsthistoriker. Er muss nicht fragen, was ein Bild oder eine Plastik zu einem Kunstwerk macht. Seine Fragen lauten in erster Linie: Was erfahren wir aus ihm über die Vergangenheit? Warum macht zu diesem Zeitpunkt der Künstler gerade diese Aussage in dieser Form? Was ist neu an dem Kunstwerk? Inwiefern ist es für seine Epoche repräsentativ? Dabei kann der Vergleich mit ähnlichen oder gleichen Motiven aus anderen Epochen oder mit Werken, die einem traditionellen Stil verpflichtet bleiben, hilfreich sein. Auch kann die Kenntnis der gesellschaftlichen Verhältnisse am Entstehungsort und der Person des Auftraggebers eines Künstlers zu historischen Erkenntnissen führen.
Wie dasselbe Motiv ganz verschieden in zwei Kunstlandschaften und Kulturepochen gestaltet worden ist, kann ein Vergleich der Geißelung Christi in der Auffassung von Hans Holbein d. Ä. (1465–1524) und Piero della Francesca (1410/20?–1492) zeigen (s. S. 31, M2 und M3). Während der Deutsche noch der Spätgotik zuzurechnen ist, ist der eine Generation ältere Italiener einer der wichtigsten Vertreter der Frührenaissance. Zwischen ihnen liegt aber eine Epochengrenze: In Italien hat eine neue Zeit mit einer veränderten Bewusstseinshaltung begonnen.
Werden bei einem Vergleich der beiden Bilder u. a. die nachfolgenden Gesichtspunkte berücksichtigt, lassen sich wichtige Merkmale der Renaissance eingrenzen: Verwendung der Perspektive (Linear-, Bedeutungsperspektive) und/oder Lichtquelle, Platzierung der Hauptperson(en); Hervorhebungen durch Farbe; Aussehen der Kleidung und ihre zeitliche und räumliche Zuordnung; Wiedergabe der motivwichtigen Gegenstände; Behandlung der Architekturformen; Teilnahme der Personen am Geschehen; Bedeutung des dargestellten Vorganges für den Maler/Auftraggeber.

Die Renaissance in der Kunst

1 Pietà
Das Motiv der klagenden Maria mit dem toten Christus wurde im 13. Jh. von Künstlern erstmals aufgegriffen und entwickelte sich zu einem beliebten Bildthema.

1a Pietà des Hochmittelalters (unbekannter Meister, Köln um 1340; oben links).

1b Pietà des Spätmittelalters (Weil bei Esslingen, 1471; oben rechts).

1c Pietà der Hochrenaissance (Michelangelo; Peterskirche, Rom, 1498/99; unten links).

2 **Geißelung Christi**
von Hans Holbein d. Ä.
(1465–1524). Das Bild ist um
1498 gemalt worden. Es war
als Altarbild Teil eines
Passionszyklus.

3 **Geißelung Christi**
von Piero della Francesca
(1410/20–1492). Die Bildtafel
entstand 1459 als Reaktion auf
die Einnahme Konstantinopels
durch die Türken (1453) und
ihr Vordringen in Griechenland. Sie war von ihrem Auftraggeber Giovanni Baccis dem
Herzog von Urbino zugedacht,
der ein militärisches Vorgehen
gegen die Türken ablehnte. In
der vorderen Bildebene unterhält sich Giovanni Baccis
(links) mit dem griechischen
Prälaten und Kreuzzugsbefürworter Bessarion. Zwischen
ihnen steht (wahrscheinlich)
Federico Buonconte, der 1458
verstorbene Sohn des Herzogs.

4 Das schnöde Barbarenkleid ablegen

Conrad Celtis über die neue humanistische Bildung 1492:

„Ihr, die ihr der Italiker Herrschaft überkommen habt, sollt nun auch das schnöde Barbarenkleid ablegen und die Künste der Römer begehren. Ihr sollt euch schämen, die Geschichten der Griechen und Römer nicht zu kennen, noch mehr aber, nichts zu wissen von unseres Landes Lage, Flüssen und Bergen, seinen Altertümern und seinen Stämmen. Schämt euch doch, dass in einem Volke, das so viel denkwürdige Kriege geführt hat, sich heute keiner findet, der, was deutsche Tapferkeit geleistet hat, der Unsterblichkeit überliefert, während die Ausländer in ihren Geschichtsbüchern gegen alles Gesetz der Geschichte unsere Tapferkeit wie die Nattern begreifen und mit parteiischen Worten, um nicht zu sagen Lug und Trug, womit diese Leute zu eigenem Lob sehr freigebig sind, unsere herrlichen Taten verkleinern.

Und vor allem ermahne ich euch, bedenkt, bevor ihr euch dem Rechtsstudium widmet, dass ihr dazu der Kenntnis vieler Dinge benötigt, dass jene Wissenschaft euch nichts als Meinen lehren kann. Und wenn die Philosophen und Dichter, die ja auch die ersten Theologen waren, nach dem Glauben der Alten den Sinn des rohen und unstet schweifenden Menschen durch die Macht der Rede gebändigt und ihn schließlich mit Gesetz und staatlichen Einrichtungen in Zuflucht genommen haben: Wer von euch glaubt denn nicht, dass ihr vor dem Studium des Rechts zunächst viel Mühe der wahren Philosophie widmen müsst. Waren doch auch die Gesetzgeber der alten Zeit Männer, die tagsüber das Recht und die Waffen handhabten, die Nächte aber im Studium der Philosophie verbrachten …

Ich weiß keinen anderen Grund für Italiens ewiges Blühen anzugeben, als dass die, die sonst in nichts glücklicher sind als wir, in der Liebe zu den Wissenschaften und in ihrer Pflege uns übertreffen. Unter uns findet man wenige, die der wahren Erkenntnis der Dinge, der Erforschung der Natur, dem reinen Latein nachgehen oder es besitzen.

Denn in unseren Lehrsälen sperrt man die, welche die Dichter und die alten Autoren auslegen, ins Gefängnis und hält die für anrüchig, die das Werk der Schöpfung und der Weisheit ihres Lenkers mit den Wahrheiten der Mathematik erschließen wollen."

(Geschichtliche Quellenhefte mit Überblick. Die Welt im Wandel, Heft 4/5, Renaissance, Reformation und Glaubenskämpfe. Frankfurt, Berlin, München 1975, S. 30)

5 Wahre Lebenskunst

Leo Battista Alberti, 1402–1472, Baumeister und Kunsttheoretiker, auch Diplomat, Verfasser lateinischer Gedichte und philosophischer Schriften – insofern einer der ersten Universalgelehrten –, preist in seinem Buch „Libri della famiglia" die Formen wahrer Lebenskunst:

„Wer wüsste nicht, dass das erste, was not tut, die Geistesbildung ist; so sehr das erste, dass selbst ein geborener Edelmann ohne Bildung nur für einen Tölpel gelten wird! Ich für meine Person wünschte die jungen Edlen öfter mit einem Buch in der Hand als mit dem Falken auf der Faust zu sehen; keineswegs gefällt mir der gemeine Gebrauch mancher, die da sagen: Vollauf genug, wenn du deinen Namen schreiben kannst und zusammenzurechnen weißt, was man dir schuldig ist! Viel mehr sagt mir die alte Sitte unseres Hauses zu. Fast alle unsere Anverwandten sind sehr gebildet gewesen. Herr Benedetto galt mit Recht in Naturwissenschaften und Mathematik für einen Gelehrten. Herr Nicolaio widmete den heiligen Schriften die eifrigste Bemühung und alle seine Söhne waren dem Vater nicht unähnlich: Wie sie an Sitten höchst umgänglich und leutselig waren, so zeigten sie, was Bildung und Gelehrsamkeit betrifft, den größten Eifer in verschiedenen Wissenschaften. Herr Antonio liebte es, Geist und Kunst der vortrefflichsten Schriftsteller zu genießen, und war in seiner würdigen Muße immer mit Hohem beschäftigt … Man fahre also fort in unserer Familie dafür zu sorgen, dass die Jungen durch Arbeit in der Weise ihrer Vorfahren sich selbst die größte Befriedigung verschaffen, die darin besteht, die seltensten und kostbarsten Kenntnisse zu besitzen und sich daran erfreuen können, gebildet und gelehrt zu sein.

Und ihr, Jünglinge, fahret fort, wie ihr es tut, widmet den gelehrten Studien viele Bemühung, seid beharrlich darin, findet eure Freude in der Kenntnis vergangener Zeiten und denkwürdiger Dinge und Nutzen in der Aneignung lehrreicher

Erinnerungen, genießt es, euren Geist mit anmutigen Gedanken zu nähren, euer Gemüt an den trefflichsten Charakteren zu bereichern, suchet in der Erfahrung des politischen Lebens einen Überfluss unglaublicher Feinheiten, strebt, alles Menschliche und Göttliche kennenzulernen, das mit vollkommener Vernunft in den Büchern niedergelegt ist ... Keine Mühe ist so reich belohnt – wenn es überhaupt Mühe heißen kann und nicht vielmehr Vergnügen und Erquickung für Herz und Geist – wie die, gute Werke zu lesen und wieder zu lesen: Du gewinnst daraus einen Überfluss an Beispielen, eine Fülle von Gedanken, einen Reichtum an Überzeugungen, Kraft der Gründe und Urteile, du schaffst dir Gehör, deine Mitbürger lauschen gern deinen Worten, sie schauen auf dich, preisen dich, lieben dich. Ich will mich nicht darüber verbreiten, denn es wäre zu weitläufig, aufzuzählen, wie sehr literarische Bildung, ich sage nicht nützlich, sondern notwendig ist für den, der die Dinge lenkt und steuert; und ich will nicht beschreiben, wie sehr sie den Staat veredelt."

(Übersetzung aus dem Italienischen nach: L. B. Alberti. Über das Hauswesen, übers. v. Walter Kraus, Zürich, Stuttgart 1962, 1. Buch, S. 85–87)

6a Der Mensch I

In seinem im Mittelalter hochgeschätzten Traktat „Über das Elend des menschlichen Daseins", entstanden zwischen 1190 und 1197, wandte sich Kardinal Lothar gegen den Hochmut als das oberste aller Laster:

„Wer also möge meinen Augen einen Tränenquell zur Verfügung stellen, auf dass ich den elenden Anfang des menschlichen Geschlechts, die tadelnswerte weitere Entwicklung des menschlichen Umgangs, den verdammenswerten Ausgang der menschlichen Auflösung beweine. Ich könnte dann unter Tränen darüber nachdenken, von wem der Mensch gemacht sei, was er tun soll, was der Mensch künftig sein werde. Freilich der Mensch, geformt aus Erde, empfangen in Sünde, geboren zum Leiden, tut Verworfenes, das nicht erlaubt ist, Schändliches, das sich nicht gehört, Nichtigkeiten, die keinen Fortgang haben. Er wird Nahrung des Feuers, Futter des Wurms, ein Klumpen der Fäulnis sein.

Ich werde es deutlicher ausdrücken und ausführlicher formulieren: ... Er ist geboren zu Arbeit, Angst und Schmerz. Er tut Verworfenes, womit er Gott, seinen Nächsten und sich selbst beleidigt. Er tut Nichtigkeiten, mit denen er seinen Ruf, seine Persönlichkeit und sein Gewissen beschmutzt."

(Lotharii Cardinalis [Innocentii III.], De Miseria Humane Conditionis, edidit Michele Maccarone, Rom 1955, S. 7 f. Übers. v. H. Reusch)

6b Der Mensch II

Giovanni Pico della Mirandola (1463–1494), einer italienischen Adelsfamilie entstammend, war Mitglied der berühmten Platonischen Akademie in Florenz, einem philosophischen Zentrum der Renaissance. In seiner Schrift „Über die Würde des Menschen" (1486) entwickelt der Humanist seine Vorstellung vom Menschen:

„Daher beschloss denn der höchste Künstler, dass derjenige, dem etwas Eigenes nicht mehr gegeben werden konnte, das als Gemeinbesitz haben sollte, was den Einzelwesen ein Eigenbesitz gewesen war. Daher ließ sich Gott den Menschen gefallen als ein Geschöpf, das kein deutlich unterscheidbares Bild besitzt, stellte ihn in die Mitte der Welt und sprach zu ihm: ‚Wir haben dir keinen bestimmten Wohnsitz, noch ein eigenes Gesicht, noch irgendeine besondere Gabe verliehen, o Adam, damit du jeden beliebigen Wohnsitz, jedes beliebige Gesicht und alle Gaben, die du dir sicher wünschst, auch nach deinem Willen und nach deiner eigenen Meinung haben und besitzen mögest. Den übrigen Wesen ist ihre Natur durch die von uns vorgeschriebenen Gesetze bestimmt und wird dadurch in Schranken gehalten. Du bist durch keinerlei unüberwindliche Schranken gehemmt, sondern du sollst nach deinem eigenen freien Willen, in dessen Hand ich dein Geschick gelegt habe, sogar jene Natur dir selbst vorherbestimmen. Ich habe dich in die Mitte der Welt gesetzt, damit du von dort bequem um dich schaust, was es alles in dieser Welt gibt. Wir haben dich weder als einen Himmlischen noch als einen Irdischen, weder als einen Sterblichen noch einen Unsterblichen geschaffen, damit du als dein eigener, vollkommen frei und ehrenhalber schaltender Bildhauer und Dichter

Florenz – Vielfalt der Künste

7 **Donatello** (1382–1466): David (Detail).

8 **Masaccio** (1401–1428): Grabmonument des Patriziers Lenzi.

9 **Botticelli** (1444–1510): Die Anbetung der Könige. Vor der Hl. Familie kniet Cosimo de' Medici; um ihn stehen Familienangehörige und Anhänger.

10 **Brunelleschi** (1376–1446): Santa Croce, Fassade der Pazzi-Kapelle (oben) und Innenraum von San Lorenzo (unten, l.). **Michelangelo** (1475–1564): Grabmal Giuliano de' Medicis in der neuen Sakristei von San Lorenzo (unten, r.).

dir selbst die Form bestimmst, in der du zu leben wünschst."'
(Pico della Mirandola, Über die Würde des Menschen, in: H. W. Rüssel, Lux et humanitas. Schriftenreihe zur Pflege geisteswissenschaftlicher Werke, Band V. Fribourg/Frankfurt a. M./ Wien o. J., 2. Aufl., S. 52)

11 Sonne der Bildung

Der Reichsritter Ulrich von Hutten (1488–1523) hatte auf italienischen und deutschen Universitäten humanistische Bildung erworben. Antiklerikal eingestellt, war er Anhänger Luthers. In seinen national eingefärbten Streitschriften bediente er sich im Gegensatz zu den meisten anderen deutschen Humanisten der deutschen Sprache. In einem Brief in lateinischer Sprache an den Nürnberger Patrizier und Humanisten Willibald Pirckheimer (1470–1530) schrieb er 1518 über die humanistische Bewegung:

„Wilhelm Budaeus, unter dem Adel Frankreichs der Gelehrteste, unter den Gelehrten der Adligste, arbeitet weiter an seinen Anmerkungen zu den Pandekten [römisches Gesetzbuch]. Ich habe einen Freudensprung gemacht, als ich es vernahm. So hat unsere Zeit also zwei Herkulesse, die gegen die Pest der Unwissenheit zu Felde ziehen. Der eine hat in Frankreich das [unbewegliche] Geschlecht der Juristen niedergekämpft und ausgerottet, der andere [Erasmus] die, welche die Theologie in Rauch einhüllen wollen, angegriffen und niedergeworfen. Durch ihn ist Licht und Tag in die heiligen Schriften gekommen. Nimm Faber dazu, den Meister, der so trefflich die Philosophie bewältigt und den Aristoteles neu ins Licht gesetzt hat. O Jahrhundert, o Wissenschaften! Es ist eine Lust zu leben, Willibald. Die Hände in den Schoß zu legen habe ich allerdings noch keine Lust. Nimm den Strick, Barbarei, und suche dir einen Ort der Verbannung …

Du erwähnst in deinem Briefe, dass die Theologisten ihr Geschrei gegen mich verstärkt haben. Ausgerottet und verjagt werden müssen diejenigen, welche sich als hindernde Wolke der aufgehenden Sonne der Bildung entgegenstellen. Die schönen Wissenschaften müssen wieder aufleben, das Band der beiden Sprachen muss uns mit Griechenland und Italien verbinden, Germanien muss der Bildung gewonnen werden, die Barbarei muss über die Wüste und über das Baltische Meer hinaus verstoßen werden. … So hat am ganzen Rhein entlang Erasmus die Kenntnis der griechischen und lateinischen Literatur verbreitet und in ganz Niederdeutschland die Geister derart geweckt, dass er den Wettstreit selbst mit Italien nicht zu scheuen braucht. Und wie Capnion [Reuchlin] sein Schwabenland gelehrt hat, so hast du die Jugend deiner Vaterstadt zu solcher Bildung geführt. Du hast es als Patrizier nicht zu gering geachtet, wie ein Schulmeister die Lehre mundgerecht zu machen."
(Ulrich von Hutten, Schriften, hg. v. E. Böcking, Leipzig: 1859, Bd. 1, S. 195 ff. Übersetzung aus: Geschichtliche Quellenhefte mit Überblick. Die Welt im Wandel, Heft 4. Renaissance und Humanismus, Frankfurt, Berlin, München 1966, S. 12)

12 Zurück zu den Quellen

In seiner Erasmus-Biographie behandelt Johan Huizinga das Verhältnis von Antike und Christentum und den Sinn des Studiums der alten Sprachen:

„Das ungestörte Wachstum der mittelalterlichen Kultur hatte die Welt der Gedanken überfüllt und überladen mit der Idee von Vorstellungen und Begriffen, Methoden und Traditionen, die nur noch Schlacken des Geistes waren. Sooft Erasmus an jene allerlächerlichsten Lehrbücher denkt, aus denen man in seiner Jugend noch das Latein lernte, erhebt sich ein Widerwille in ihm, und er verwünscht sie … Doch dieser Widerwille gegen das Überlebte, das unnütz und seelenlos geworden war, ging viel weiter. Er sah die Gesellschaft und vor allem das religiöse Leben voll von Gewohnheiten, Zeremonien, Konventionen und Vorstellungen, die den Verstand beleidigten und der Tugend und Frömmigkeit schadeten, anstatt sie zu fördern. Er verwirft sie nicht unbesehen und vorbehaltlos. Was er verabscheut, ist nur, dass die Gebräuche so oft ohne Verständnis und ohne rechtes Gefühl verrichtet werden …"

An Stelle einer von der Kirche umspannten Welt, wie sie Thomas von Aquino und Dante geschaut und beschrieben hatten, sah Erasmus eine andere Welt voll Zauber und Erhabenheit, in die er seine Zeitgenossen hineinführen wollte. Es war die Welt der Antike, aber innig durchleuchtet vom christlichen Glauben … „Ich möchte [schreibt Erasmus in einem Brief], dass

13 **Erasmus von Rotterdam.** Kupferstich von Albrecht Dürer (1526). Die Inschriften lauten: „Das Bild des Erasmus von Rotterdam von A. Dürer nach dem Leben gezeichnet. Besser zeigen ihn seine Schriften."

der einfache und reine Christus tief dem Geist der Menschen eingeprägt würde, und das, glaube ich, ist auf diesem Weg am besten zu erreichen, dass wir gestützt auf unsere Kenntnis der Grundsprachen an den Quellen selbst philosophieren."
(J. Huizinga, Europäischer Humanismus: Erasmus; Hamburg 1958, S. 90 ff.)

14 **Kritik an der kirchlichen Hierarchie**
In einer seiner Geschichten erzählt der italienische Dichter und Humanist Boccaccio (1313–1375) von einem Juden, der bereit ist sich taufen zu lassen, wenn er zuvor den Lebenswandel der Spitzen der Kirchenhierarchie in Rom für gut befunden hat. Nach seiner Rückkehr von dort wird er von seinem skeptischen Freund, einem Christen, nach seinen Eindrücken gefragt:
„Der Jude antwortete unverzüglich: ‚Ich fand sie ruchlos! Verdammt seien sie alle! Und ich muss dir sagen, dass – soweit ich es beurteilen kann – dort bei keinem einzigen Geistlichen Frömmigkeit, Gottesfurcht, Nächstenliebe, ein vorbildlicher frommer Lebenswandel oder dergleichen zu bemerken war, sondern nur Wollust, Geiz, Geilheit, Betrug, Neid, Stolz und ähnliche oder schlimmere Laster, wenn es solche noch geben kann. Und alles sah ich in solchem Ausmaß, dass mir die Stadt eher eine Werkstatt des Teufels als die Stätte Gottes zu sein scheint. Und ich glaube, dass der oberste Seelenhirt und mit ihm alle anderen nach besten Kräften auf jede erdenkliche Art und Weise darauf bedacht sind, die christliche Religion zu zerstören und vom Erdboden verschwinden zu lassen, anstatt Fundament und Stütze derselben zu sein.
Weil ich aber sehe, dass nicht geschieht, was sie anstreben, sondern dass eure Religion sich immer mehr ausbreitet und in immer leuchtenderem und klarerem Licht erstrahlet, scheint mir das ein Beweis dafür, dass der Heilige Geist selbst als Fundament und Stütze in ihr ruht und dass sie wahrer und heiliger ist als alle anderen Religionen der Welt. So will ich, obgleich ich deinen Ermahnungen so kalt und ablehnend gegenüberstand und kein Christ werden wollte, dir jetzt offen sagen, dass ich nicht versäumen werde mich taufen zu lassen' …"
(Giovanni Boccaccio, Das Dekameron, Berlin/Hamburg 1958, Bd. 1, S. 65 f.)

15 **Über Dürers Selbstbildnis**
Die Erziehungswissenschaftlerin Marianne Gronemeyer befasst sich in ihrer Untersuchung über die Möglichkeiten des Menschen während seiner Lebensspanne u. a. mit Dürers Selbstbildnis von 1500:
„Dass der moderne Mensch, um sich im Zentrum Platz zu schaffen, Gott daraus vertreiben muss, das verrät das Dürer-Porträt. Unverkennbar ist dieses Selbstbildnis zugleich ein Christusbildnis. Das Haupt ist umrahmt von lang auf die Schulter fallendem, gelocktem Haar, der Blick ist unverwandt auf den Betrachter gerichtet. Das Auffallendste aber ist die Gebärde der Hand: Der Maler trägt einen Mantel mit kostbarem Pelzkragen und die Hand liegt auf der Brust unter dem Vorwand, den Kragen zusammenzuhalten. Dabei ist das Licht auf den überdeutlichen und, fast will es scheinen, überlangen Zeigefinger konzentriert. Die Handhaltung macht

es möglich, dass der Finger auf den Dürer Christus deutet. Den überlangen Zeigefinger kennen wir aus der mittelalterlichen Ikonographie nur an Johannes dem Täufer, der auf den kommenden Messias hinweist. Hier wird der Hinweis zum Selbstverweis. Fast könnte man die Usurpation des Christuskopfes und diese Gebärde blasphemisch nennen, das darin sich ausdrückende Selbstverständnis eine Anmaßung. Wäre da nicht der tiefe Ernst des Blickes. Der gibt eine Ahnung davon, was es kostet, über sich selbst zu herrschen und die Zusage der Gottesebenbildlichkeit so wörtlich zu nehmen, dass der Mensch ‚homo creator' wird an sich selbst und sich die Last der Verantwortung für die Selbsterschaffung auf die Schultern lädt."
(M. Gronemeyer, Das Leben als letzte Gelegenheit, Darmstadt 1993, S. 23)

16 **Albrecht Dürer,** Selbstbildnis des 28-jährigen Künstlers (1500).

Arbeitsvorschläge und Fragen

a) Erläutern Sie den Wandel künstlerischen Empfindens vom Mittelalter zur Renaissance (M 1a–M 1c).
b) Beschreiben Sie den Unterschied der Menschenbilder von Kardinal Lothar (Papst Innozenz III.) und Mirandola (M 6a und M 6b). Beachten Sie dabei auch M 1 auf S. 7.
c) Welche Aufgabe weist Hutten dem Humanismus zu (M 11)?
d) Wodurch wollte Erasmus dem Christentum und der Wissenschaft seiner Zeit eine neue Grundlage geben (M 12)?
e) Welche Einstellung zu Kirche und Glauben lässt sich in M 14 feststellen?
f) Worin sehen Sie in Dürers Selbstbildnis die neue Haltung des Menschen (M 16)? Diskutieren Sie darüber, ob Gronemeyer mit ihrer Auffassung von Dürers Selbstbildnis Recht hat (M 15).
g) Vergleichen Sie die Darstellung der Geißelung Christi von Hans Holbein d. Ä. mit der des Piero della Francesca (S. 31, M 2 und M 3). Was ist bei Piero für die Renaissance typisch? Ziehen Sie den Kasten S. 29 hinzu.
h) Erörtern Sie, inwieweit man die Renaissance als Zeit der Entdeckung des Individuums verstehen kann.

4. Florenz – ein Zentrum der Renaissance

Die herausragende Stellung von Florenz beruhte auf der seit dem 12. Jahrhundert ständig steigenden Wirtschaftskraft Oberitaliens. Seine Importe aus dem Orient und die Spitzenprodukte seiner Textil-, Metall- und Glaswarenproduktion führten zu einer regen Nachfrage in ganz Europa. Die gegenüber anderen Regionen weit fortentwickelte Geld- und Finanzwirtschaft, seine überall geschätzte Münze, der Goldflorin, und der monopolisierte Handel mit feinsten Wolltuchen machten die Stadt am Arno zur bedeutendsten Wirtschaftsmetropole des 14. und 15. Jahrhunderts.

Wirtschaftsmetropole Florenz

Seine Verfassung von 1293 beruhte auf dem Recht der Selbstbestimmung freier Bürger. Aus dem Kampf gegen die Stauferkaiser und deren Anhänger im Florentiner Stadtadel war Florenz als Republik hervorgegangen, die vom Kaufmannspatriziat regiert und beherrscht wurde. Dieser „popolo grasso", die bürgerliche Oberschicht von ungefähr 100 Familien, hatte sich im Kampf gegen den grundbesitzenden Stadtadel und die kleinen Leute („popolo minuto") durchgesetzt und durch eine Reihe von Änderungen der ursprünglichen Verfassung politisch abgesichert. Der Florentiner Diplomat Machiavelli (1469–1527) schrieb 1520/21 rückblickend: „Die Ursache, warum alle diese Verfassungen fehlerhaft waren, ist die, dass jedesmal die Reform der früheren Verfassung nicht zur Beförderung des allgemeinen Wohls wurde, sondern zur Verstärkung und Sicherheit einer Partei. Aber auch diese Sicherheit fand man nicht, da immer eine unzufriedene Partei da war, die das kräftigste Werkzeug dessen wurde, der eine Umwälzung wünschte." Die Verfassungsgeschichte barg demnach soziale Konflikte, die sich z. B. im Aufstand der Wollarbeiter 1378 (Ciompi-Aufstand) und im Kampf zwischen den einzelnen patrizischen Familien um die Vorherrschaft in der Stadt entluden. Besonders erfolgreich war dabei die Familie der Medici, die sich „populistisch" als Vertreter des „popolo minuto" gab.

Republik und Oligarchie

Die Medici gehörten ursprünglich nicht zu den einflussreichsten Familien. Sie verdankten ihren Aufstieg zu einem führenden Bank- und Handelshaus einer schweren Wirtschaftskrise. 1346 hatten die Bankhäuser der Peruzzi, der Bardi und anderer Familien Bankrott gemacht, weil ihnen Eduard III. von England 1,3 Millionen fl. (Goldflorinen) nicht zurückzahlen konnte. Angetrieben vom Streben nach größtmöglichem persönlichen Gewinn gelang es dem unbelasteten Bankhaus der Medici fortan, durch sorgfältig abgewogene Kreditvergabe sein Vermögen gewinnbringend einzusetzen und erheblich zu vergrößern. Cosimo de Medici (1389–1464) hatte bereits die Machtmittel um in der Republik die *informelle Alleinherrschaft* auszuüben. Unter dem Deckmantel der Steuergerechtigkeit initiierte der „erste Bürger" eine Vermögenssteuer, die die Reichen wesentlich stärker als die Armen besteuerte. Dadurch schwächte er die Vermögen des mit ihm konkurrierenden Patriziats, gewann jedoch die Sympathien des „popolo minuto". Sein Enkel Lorenzo, der „Prächtige" (1449–1492), steigerte die Macht der Familie zu einem *fürstengleichen Status*. Humanistisch gebildet und verheiratet mit einer Prinzessin aus dem römischen Hause Orsini setzte er die erfolgreichen Bemühungen seines Großvaters fort, Florenz zu einem Mittelpunkt der Kunst und Gelehrsamkeit zu machen.

Die Medici

Blüte der Renaissancekunst und -architektur

Gefördert durch die städtische Obrigkeit, reiche Kaufmannsfamilien und die Bettelorden (Franziskaner und Dominikaner), entwickelten sich florentinische Malerei, Bildhauerei und Architektur zu höchster Blüte. *Neue künstlerische Formen* wurden erprobt und vervollkommnet. Während die Stadtregierung Dom und Rathaus bauen ließ, vergaben die Kaufmannsfamilien vor allem Aufträge, Kapellen auszuschmücken und Altarbilder anzufertigen, nicht zuletzt um sich als Stifter zu präsentieren und zu verewigen. So malte z. B. Masaccio (1401–1428) in der Kirche S. Maria Novella für den Patrizier Domenico Lenzi 1427 ein Grabmonument, auf dem der Kaufmann und seine Ehefrau anbetend vor der Dreifaltigkeit knien. Das Fresko vermittelt dem Betrachter den Eindruck, als befände er sich tatsächlich in einer Kapelle. Diese Raumwirkung erzielte Masaccio, indem er als erster die Linienperspektive mit einem Fluchtpunkt *(Zentralperspektive)* anwandte. Über dem Auftraggeber stehen Maria und der hl. Johannes und hinter dem gekreuzigten Christus erscheint Gottvater. Im Verhältnis zum Raum, der mit geometrischer Genauigkeit dargestellt wird, haben die Figuren je nach ihrer Entfernung vom Betrachter das richtige Größenverhältnis. Auch Masaccios Ornamentik setzte sich deutlich vom bis dahin üblichen gotischen Zierat ab: *Antike Elemente* wie Rundbogen, Kassettendecke, Pilaster und korinthische Kapitele schmücken das Bild. Diese neue Malweise wurde von anderen Malern bewundert und übernommen.

Die Medici als Förderer der Kunst

Besonders prominente *Mäzene* waren die Medici, die darauf bedacht waren, die Bedeutung ihrer Familie durch „Bildprogramme" hervorzuheben. Heilige der Kirche machten sie zu ihren Familienheiligen. Fra Filippo Lippi (1406?–1469) malte beispielsweise für eine von den Medici gestiftete Kapelle ein Madonnenbild mit den im vierten Jahrhundert getöteten Märtyrern Kosmas und Damian. Beide Heilige waren Ärzte („medici"!), die uneigennützig ihre ärztliche Kunst in den Dienst ihrer Mitbürger gestellt hatten und durch ihre Gottesfurcht und ihre Almosen im Gedächtnis der Christen geblieben waren. Wie die Tugenden dieser Märtyrer mit dem gleichen „Familiennamen" sollten auch die Tugenden der Medici in hellem Licht erscheinen.

Neben der bildenden Kunst und der Architektur förderten die Medici gezielt die Wissenschaften. Cosimo gründete die Platonische Akademie und investierte hohe Summen, indem er in ganz Europa – vor allem in Griechenland und Konstantinopel – nach Manuskripten suchen ließ. Waren es Handschriften, erwarb er sie. Auf diese Weise dürften uns die Werke vieler antiker Schriftsteller erhalten geblieben sein. 1444 schuf er in Florenz die Medicea (heute Bibliotheca Laurenziana) als erste öffentliche Bibliothek Europas.

Schon Giovanni di Bicci, der Vater von Cosimo de Medici, hatte den Architekten Brunelleschi (1376–1446) ermuntert, den Dom in Florenz mit einer Kuppel zu krönen. Brunelleschi stellte dafür erstmals in der Baugeschichte statische Berechnungen an, ehe er ihren Bau von 91 m Höhe wagte. Anders als die Gotik mit ihrer diaphanen (durchscheinenden) Wandstruktur und ihren himmelstrebenden Linien blieb die Architektur der Renaissance mit ihrer klaren horizontalen Gliederung erdverbunden. Die Mauern ihrer Gebäude waren geschlossen, ihre Umrissformen waren deutlich erkennbar. Vorgesetzte Halbpfeiler oder Halbsäulen gaben mit ihren Kapitelen der Außenwand ein *antikes Aussehen*. Gesimse und Giebel erinnerten an griechische Tempel. Kirchen und Paläste erhielten oft eine von Säulen getragene Vorhalle. Auch Laubengänge waren zeittypisch. Sie öffneten die Gebäude nach außen und schufen ganz im antiken Geiste Räume für die Begegnung von Menschen.

1 **Der italienische Dichter Dante Alighieri**
(1265–1321) vor dem Dom (S. Maria del Fiore) in Florenz. Fresko aus dieser Kirche. Wegen Opposition gegen die auswärtige Politik der Republik Florenz gegenüber Papst Bonifatius VIII. wurde Dante 1302 aus Florenz verbannt. Rechts: Titelblatt aus dem Jahr 1529 zu Dantes „Göttlicher Komödie".

2 **Preisgedicht auf Dante**
Michelangelo Buonarroti (1475–1564) war wie eine Reihe italienischer Renaissancekünstler eine Mehrfachbegabung. Als Maler, Bildhauer und Architekt war er im Dienst der Medici überwiegend in Florenz und Rom tätig. Als Dichter hat er uns zahlreiche Sonette hinterlassen, u. a. eines auf seinen aus Florenz verbannten Landsmann, den Dichter Dante Alighieri. Dantes Hauptwerk, die „Göttliche Komödie", in italienischer und nicht mehr in lateinischer Sprache verfasst, war Vorbild aller patriotisch gesinnten Humanisten Italiens.

An Dante

Wie man wohl müsste, kann kein Wort ihn ehren,
Denn Dantes Name strahlt in allen Welten:
Viel eh'r geläng's, sein Heimatland zu schelten,
5 Als seinen Ruhm noch irgend zu vermehren.

Zum Heil der Menschheit stieg er in den bangen
Abgrund der Hölle, stieg zu Gott empor.
Das ihm der Himmel öffnete, das Tor,
Verschloss Florenz berechtigtem Verlangen.[1]

Die Undankbare, sag ich, ihre Schande   10
Nährt sie, die ihre Besten hat verdrängt,
Und qualvoll machte der Verstoß'nen Leben.

Den Fall von Tausend wissen alle Lande:
Dass ungerechter nie ein Bann verhängt,
Nie ward der Welt ein größ'rer Mensch gegeben. 15

(Michelangelo Buonarroti, Sonette, Übers. von E. Redslob, Heidelberg 1964, S. 169)

---
[1] Das Tor, das ihm der Himmel öffnete, verschloss Florenz berechtigtem Verlangen (nach Rückkehr).

3 Politik ohne Moral?

Nach dem Tod Lorenzos de' Medici (1492) fiel Italien in eine schwere Krise. Das Mächtegleichgewicht der fünf großen Stadtstaaten Mailand, Venedig, Florenz, Rom und Neapel, dessen Kopf Lorenzo gewesen war, zerbrach, und Italien wurde zum Spielball auswärtiger Mächte. Niccolò Machiavelli, der als Diplomat der Florentiner Republik diesen Zusammenbruch miterlebte, entwickelte in seinen Betrachtungen zu dieser Krise das politische Denken der Neuzeit. Stärker als der Machterwerb beschäftigte ihn der Machterhalt, den er für die Republik und das Fürstentum im Sinne bloßer „Realpolitik" hinterfragte. Dazu übernahm er Kategorien antiker Staatstheoretiker:

a) „Die Städte, die sich unter dem Namen Republiken verwalten, besonders die, welche gut geordnet sind, ändern häufig ihre Regierungen und Verfassungen nicht durch Freiheit und Knechtschaft, wie viele glauben, sondern durch die Knechtschaft und Zügellosigkeit. Nur der Name der Freiheit wird von den Dienern der Zügellosigkeit, dies sind die Popolanen, und von den Dienern der Knechtschaft, dies sind die Adligen, gepriesen. Wahr ist ... dass die Stadt so glücklich ist, einen weisen, tugendhaften und mächtigen Bürger zu besitzen, von dem Gesetze ausgehen, wodurch diese Leidenschaften des Adels und der Popolanen beruhigt oder auf irgendeine Weise in Schranken gehalten werden, dass sie nichts Böses wirken können – dann kann man diese Stadt frei nennen, kann man den Staat für dauerhaft und fest halten."
(Geschichte von Florenz, 4. Buch, in: hrsg. v. H. Münkler, Niccolò Machiavelli, Politische Schriften, Frankfurt a.M. 1990, S. 313)

b) „Jedem ist klar, dass es lobenswert ist, wenn ein Fürst sein Wort hält und mit Rechtschaffenheit und ohne Hinterlist seinen Weg geht. Allein die Erfahrung unserer Tage lehrt, dass bloß jene Fürsten mächtig geworden sind, die es mit Treu und Glauben leicht nahmen und sich darauf verstanden, andere zu täuschen und zu betrügen, während jene, welche ihre Verbindlichkeiten verfolgten, am Ende übel wegkamen ... Man kann als richtig voraussetzen: Ein Fürst ... kann nicht so handeln, wie die Menschen gewöhnlich handeln sollten um rechtschaffen genannt zu werden; das Staatserfordernis nötigt ihn oft, Treu und Glauben zu brechen und der Menschenliebe, der Menschlichkeit und der Religion entgegengesetzt zu handeln."
(Niccolò Machiavelli, Il Principe, Kap. XVIII, in: Münkler, a.a.O., S. 96f.)

4 Der Fürst mit Fuchs und Löwe. Allegorische Illustration zu Machiavellis „Il Principe" aus der Mitte des 16. Jahrhunderts.

Arbeitsvorschläge und Fragen

a) Weisen Sie die im Verfassertext genannten typischen Merkmale der Renaissancekunst und -architektur auf den Abbildungen M 7–10 (S. 30 f.) nach.
b) Informieren Sie sich in einem Lexikon über die Personen, die auf der Bordüre (M 1, S. 41) dargestellt sind. In welcher Tradition wird Dante gesehen?
c) Welche Würdigung erfährt Dante im Sonett Michelangelos (M 2)? Vergleichen Sie mit dem Mirandola-Text S. 33, M 6b.
d) Welche Verfassung hält Machiavelli für zweckmäßig (M 3)? Worauf stützt sich sein Politikverständnis? Warum geriet er bei der Nachwelt ins Zwielicht?
e) Bewerten Sie das Mäzenatendenken der Medici mit Blick auf die geförderten Künstler, Medici selbst und die Nachwelt.

5. Erweiterung des Wissens

Ausbreitung der Schriftlichkeit

Nur wenige Menschen konnten im Mittelalter lesen oder schreiben, denn die Schriftlichkeit war ständegebunden. Vom Kleriker verlangte die Kirche, dass er zumindest lesen konnte. Jedoch unter den Rittern dürften die wenigsten die Fertigkeit des Lesens oder gar Schreibens beherrscht haben; und von den meisten deutschen Königen vor Karl IV. (1347–1378) wissen wir, dass sie lese- und schreibunkundig waren. Für 96 bis 98 Prozent der Deutschen hat das noch zu Beginn der Reformationszeit gegolten. Dahinter darf keine allgemeine Unbildung vermutet werden. In einer Zeit, in der die Menschen sich auf ihr Gedächtnis verlassen mussten, war *Schriftlosigkeit* kein Makel. Die Schriftlichkeit bildete sich im 14. Jahrhundert mehr und mehr aus, seit das „billige" Papier das Pergament als Schriftträger verdrängte. Vor allem unter den Fernhandelskaufleuten und den Trägern der Verwaltung bestand das Bedürfnis Vorgänge unabhängig vom Gedächtnis schriftlich festzuhalten. Dadurch verschwand ein Bildungsmonopol, das bis dahin fast ausschließlich der Klerus besessen und das gesellschaftliche Veränderungen gehemmt hatte.

1 Bibeltexte – handgeschrieben und gedruckt
1a Reich illustrierte, handgeschriebene Bibel („Ottheinrich-Bibel") aus der 1. Hälfte des 15. Jh.

1b 42-zeilige „Gutenberg-Bibel", mit deren Druck 1452 in Mainz begonnen wurde. Die Initialen sind handkoloriert.

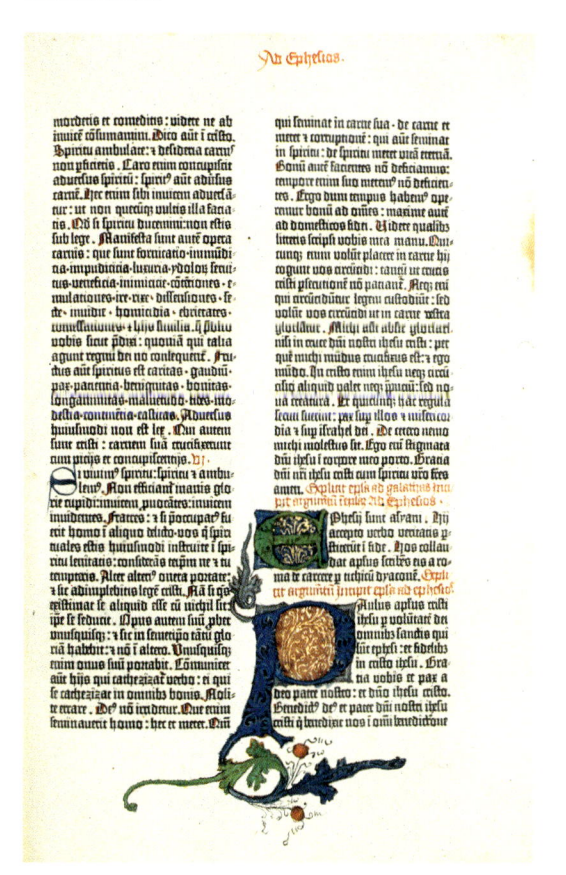

2 Stiftungsurkunde der Universität Heidelberg vom 1.10.1386, ausgefertigt vom Kurfürsten Ruprecht I. von der Pfalz (1353–1390).
Die Universität Heidelberg wurde gegründet, nachdem deutsche Studenten und Professoren – überwiegend Geistliche – wegen der abendländischen Kirchenspaltung die Universität Paris verlassen mussten, weil die Sorbonne auf der Seite des französischen Papstes in Avignon stand. Ruprecht, als Anhänger des in Rom residierenden Papstes Urban VI., gewährte ihnen in der Neckarstadt Zuflucht. Die Urkunde ist in lateinischer Sprache abgefasst. Ihr Anfang lautet: „Wir, Ruprecht der Ältere, von Gottes Gnaden Pfalzgraf bei Rhein, des Heiligen Römischen Reiches oberster Truchsess und Herzog in Bayern, machen allen denen, die diese Urkunde sehen, lesen oder hören, bekannt, dass wir …"

Schul- und Universitätsgründungen

Neben den alten Kloster- und Pfarrschulen, in denen Latein als Kommunikationssprache für Kirche, Wirtschaft und Verwaltung gelehrt wurde, entstanden im 14. Jahrhundert „deutsche" *Schulen*. Zum Verdruss der Geistlichkeit bedrängten sie die lateinische Kultur und verschafften der deutschen Sprache allmählich größere Eigenständigkeit, wenngleich sie anfangs nicht Gelehrsamkeit, sondern lediglich Praxisnähe anstrebten. Höhere Anforderungen stellten die *Universitäten*, in die sich Schüler nach Besuch einer Lateinschule immatrikulieren (einschreiben) konnten. Die frühesten Universitäten entstanden in Süd- und Westeuropa (z. B. Salerno 1059, Paris 1150, Oxford 1167). Deutsche mussten im Ausland studieren, bis 1348 die erste deutsche Universität durch Karl IV. in Prag gegründet wurde. Wer den Doktorgrad erwerben wollte, musste zunächst das Grundstudium der „Artistenfakultät" besuchen, die mit dem Magisterium abschloss. Danach erst konnte er ein Fachstudium der Theologie, des Rechts oder der Medizin aufnehmen. Der Doktortitel verlieh seinem Inhaber internationale Anerkennung und das Recht, überall selbst zu lehren. Die

---

Werkstatt Geschichte:
Urkunden

Schriftstücke rechtlichen Inhalts, die bestimmten Formen entsprechen, nennt man Urkunden, im Mittelalter instrumentum, privilegium, brief oder handveste. Urkunden sind wichtige historische Quellen, weil sie durch Unterschriften, Zeugen und meist durch Siegel beglaubigt sind und höchste Beweiskraft und nach unserem Verständnis damit Vorrang vor allen mündlichen Abmachungen oder Überlieferungen haben.
Der Historiker muss sich zur Erschließung von Urkunden Fragen stellen:
– Ist die Urkunde echt und unverfälscht? Wenn nein: Was bedeutet die Fälschung?
– Was ist die inhaltliche Bedeutung der Urkunde im geschichtlichen Zusammenhang?
– Was sagt sie außer ihrem Inhalt durch ihre Schrift, ihre Sprache, ihre Zeugen, Ort und Zeit ihrer Ausstellung aus?

Zahl der „doctores" blieb jedoch klein, weil über 80 Prozent der immer zahlreicher werdenden Studenten lediglich die Artistenfakultät besuchten.

Fortschritte der Naturerkenntnis

Trotzdem erlebte Europa – Deutschland in besonderer Weise vor der Reformation – einen „*Bildungsaufbruch*". Er erstreckte sich bald auch ansatzweise auf die Naturwissenschaften. Bereits im 13. Jahrhundert hatte der englische Franziskaner Roger Bacon (um 1240–1292) erklärt: „Es ist unmöglich ohne Mathematik zu einer richtigen Erkenntnis über die Dinge der Welt zu gelangen. Von der Astronomie ist dies an sich klar … Aber auch die Vorgänge hier auf Erden bedürfen zu ihrer Erforschung dieser Wissenschaft. Denn jedes Ding wirkt durch die Kräfte, die in ihm liegen." Dennoch wurde technisches Wissen noch längere Zeit in der Tradition des Mittelalters von Handwerkergeneration zu Handwerkergeneration als Arbeitserfahrung weitergegeben. Die Handwerker probierten Neues aus, vervollkommneten es, wenn es sich bewährte, und verwarfen Untaugliches. Diese Veränderungen im Technologischen führten wiederum zu neuen wissenschaftlichen Fragestellungen. Das Rechnen und das Experimentieren mündeten in eine systematische Naturforschung in dem Maße, wie sich die Wissenschaft von der mittelalterlichen Scholastik löste. Diese hatte die christliche Offenbarungslehre mit dem Natursystem des Aristoteles verbunden und die theoretische Durchdringung von Problemen in festgelegten Denkschritten gepflegt. Nun wurden neue Erkenntnisse über die Gesetze der Natur dadurch gewonnen, dass an der Natur interessierte Menschen Überkommenes in Frage stellten und an der Wirklichkeit überprüften. Um Verbesserungen in der mechanischen Technik bemühten sich besonders die „engineri" der Renaissance. Der geniale Künstler Leonardo da Vinci (1452–1519), der von seinen Zeitgenossen bereits für einen „Universalmenschen" („uomo universale") gehalten wurde, war auch ein vielseitiger Konstrukteur. Er zeigte beispielsweise in unzähligen Detailstudien Funktionsprinzipien von mechanischen Geräten und versuchte ihre Gesetzmäßigkeiten zu ergründen. Dabei musste er vor allem seiner Intuition folgen, weil ihm die elementare Algebra oder höhere Formen der Mathematik als Basis noch nicht zur Verfügung standen.

Ein neues Weltbild

Nikolaus Kopernikus (1473–1543) dagegen konnte durch Beobachtungen und mit Hilfe der wieder zu Achtung gekommenen Geometrie des Euklid (um 450–370 v. Chr.) das *heliozentrische Weltbild* der Antike bestätigen. Seine Hypothese war, dass die Erde nur einer der Planeten sei und sich in kreisförmigen Bahnen um die Sonne („helios") drehe. Johannes Kepler (1571–1630) präzisierte diese Hypothese: Er berechnete, dass die Planeten sich nicht auf kreisförmigen (Kopernikus war der antiken Vorstellung von der Vollkommenheit des Kreises gefolgt), sondern auf elliptischen Bahnen um die Sonne bewegen. Mit einem von ihm verbesserten Teleskop konnte Galileo Galilei (1564–1642) endgültig nachweisen, dass das „neue Weltbild" des Kopernikus richtig war. Galilei war der erste, der nach wissenschaftlichen Experimenten Naturgesetze in mathematische Formeln kleidete.

Studium des Menschen

Andreas Vesalius (1514–1564) widmete sich *anatomischen Studien* am Menschen. Er trug mit seinem bebilderten epochemachenden Werk „Über den menschlichen Körperbau" zur Fachausbildung kommender Ärztegenerationen bei. Sie konnten dadurch bei Diagnose und Behandlung von Krankheiten vor überkommenen Irrtümern bewahrt bleiben. Daneben herrschte aber nach wie vor weit verbreiteter Aberglaube. Magie und Astrologie waren gefragt und die Suche der Alchemisten nach dem „Stein der Weisen" ging weiter.

Das gedruckte Buch als Wissensträger

Zur Verbreitung des Wissens trug entscheidend Johannes Gensfleisch (genannt *Gutenberg*) aus Mainz durch die Erfindung des *Buchdrucks* mit beweglichen Lettern bei. Als Gutenberg zu seinem Bibeldruck (1452–54) verkündete, er habe „ohne Hilfe von Rohr, Stylus oder Feder, sondern nur durch wunderbaren Einklang, Proportion und Harmonie von Stempeln und Typen" ein Buch hergestellt, endete praktisch die Manuskript-Kultur. Bisher hatten Bücher mühsam mit der Hand kopiert werden müssen. Dabei waren die Abschreiber recht sorglos vorgegangen. Sie ergänzten oder aktualisierten Texte, ihnen unterliefen Schreibfehler. Jetzt stand der gedruckte Text ein für alle Mal fest und erhielt gleichsam Ewigkeitswert. Mit ihm konnte der Autor in einem neuen Selbstgefühl seinen Namen dauerhaft verbinden. Er sprach ein großes Publikum an, immer häufiger in der Nationalsprache, und vermehrte Kenntnisse und Gesprächsgegenstände in ungeahntem Maße. Das Wissen wurde verfügbar. 8 Millionen Bücher waren schon innerhalb von 50 Jahren nach der Erfindung Gutenbergs gedruckt. Mit Flugblättern und kurzen Schriften konnte man schnell zu aktuellen Ereignissen Stellung nehmen und Menschen beeinflussen. Beeinflusst wurde auch die Methode, Inhalte zu organisieren: Durch die Angabe von Seitenzahlen (erstmals bei Erasmus' Neuem Testament, 1516), durch das Anlegen von Registern, durch Einteilung in Abschnitte, durch Zwischenüberschriften und Randbemerkungen wurde Klarheit in die Texte gebracht und die Leserschaft in folgerichtigem Denken geschult.

3 **Archimedische Schrauben zum Heben von Wasser.** Links: Skizze von Leonardo da Vinci mit seinen Erläuterungen in der für ihn typischen Spiegelschrift. Rechts: Abbildung Ryffs zu seiner deutschen Übersetzung des Vitruv (1548). Vitruv war Ingenieur unter Caesar und Augustus und u. a. mit der Wasserversorgung Roms betraut.

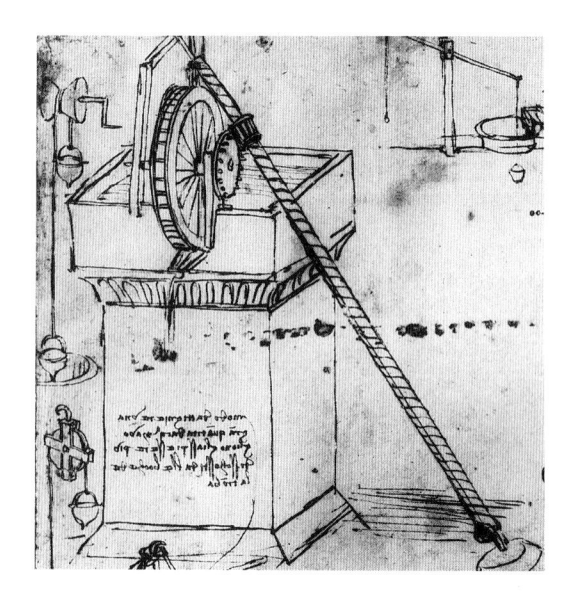

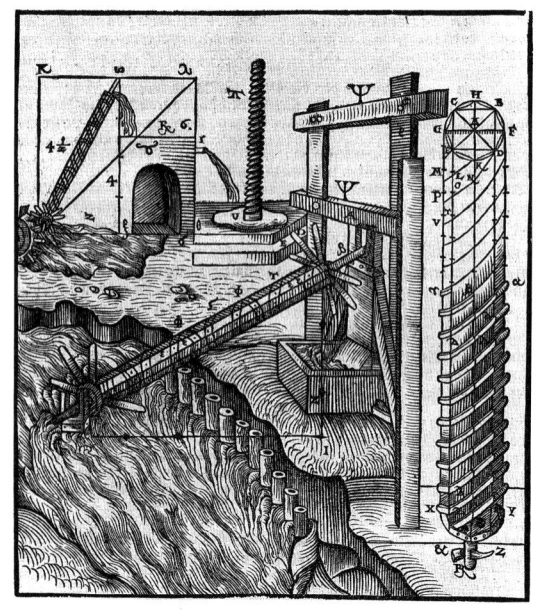

4 Universitätsgründungen* in Europa bis 1500

	bis 1200	13. Jh.	14. Jh	15. Jh.
Nordeuropa				2
Westeuropa	3	2	8	11
Mitteleuropa (nordalpines Reichsgebiet)			5	13
Südeuropa				
Italien	3	7	7	2
Spanien		6	3	5
Osteuropa			3	

* Einige Universitäten bestanden nur wenige Jahre.

5 Zunahme der Information

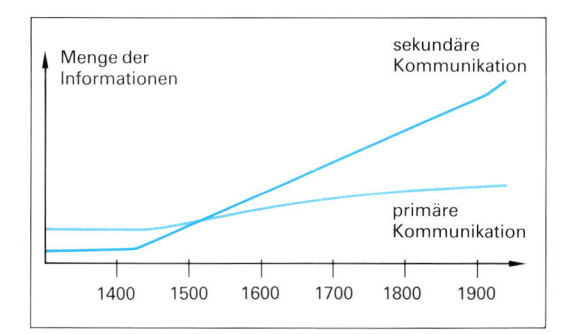

Primäre Kommunikation = Information durch Gespräche; Sekundäre Kommunikation = Information durch Brief, Buch und andere Medien.
(Nach: Curriculum Geschichte II LB., Frankfurt/M. 1979, S. 140)

6 Bildungsaufschwung

Der französische Humanist François Rabelais (1494?–1553) äußerte sich durch seinen Romanhelden Gargantua:

„Die Zeiten waren finster, schmeckten noch nach der Goten Barbarei, die alle gute Literatur zu Grunde gerichtet. Aber mit Gottes Hülf ist den Künsten bei meiner Zeit ihr Licht und Ansehn wiedergegeben; ich seh, es hat sich damit um ein so merklichs gebessert, dass ich itzt mit genauer Not in die erste Class' der kleinen Schulfüchs recipiret [aufgenommen] werden möcht, der ich in meinem Mannesalter für den Gelahrtesten des Jahrhunderts (und nicht mit Unrecht) gegolten hab …

Anitzt sind alle Disciplinen wieder hergestellt, die Sprachen erneuert, Griechisch, ohn welches eine Schand wär sich einen Gelahrten nennen zu wollen; Hebräisch, Chaldäisch, Latein: Es sind die so correcten zierlichen Bücher mit Druckschrift nun in Umlauf kommen, die man durch göttliche Eingebung in meinen Tagen erfunden hat, gleichwie im Widerspiel das Geschütz auf des Teufels Antrieb. Die ganze Welt ist voll gelahrter Männer, hochbelesener Lehrer, voll reichbegabter Büchersäl, und dünket mich, dass eine solche Bequemlichkeit der Studien, wie man itzo siehet, weder zu Plato noch Cicero Zeiten, noch Papiniani[1] gewesen sei. Und wird sich künftig in Gesellschaft gar keiner mehr herfürtraun, der nicht in der Minerva [Göttin der Weisheit] Werkstatt aus dem Grund poliert ist. Ich seh, es sind die Straßenräuber, Stallbuben, Waghäls und Henkersknecht itzund gescheiter als die Doctoren und Prediger zu meiner Zeit."
(François Rabelais, Gargantua und Pantagruel, aus dem Französischen verdeutscht durch Gottlob Regis, Hamburg 1964, Bd. 1, S. 175 f.)

[1] Aemilius Papinianus (ca. 140–212): bedeutendster römischer Rechtsgelehrter

7 Gutenbergs Erfindung

Das Neue am Buchdruck beurteilt aus heutiger Sicht der Historiker Peter Moraw:

„In vierfacher Hinsicht stellte die Erfindung Gutenbergs einen Einschnitt in der technischen und allgemeinen Geschichte dar. Erstens: Soweit man sieht, erdachte man zum ersten Mal einen so vielteiligen, sinnvoll ineinandergreifenden Produktionsprozess, der sich als voll ausgereift erwies. Die einzelnen Arbeitsvorgänge in ein und derselben Werkstatt erforderten die Rezeption, aber auch die Neuentwicklung ganz unterschiedlicher Verfahren im Umgang mit Eisen, Buntmetallen und Holz, mit Legierungen und Gießinstrumenten, mit Farbe und Presse. Bis zum Zeitalter des Licht- und Computersatzes ist Gutenbergs Technik zwar fortentwickelt, aber nicht grundsätzlich verändert worden. Zweitens: Gutenbergs Verfahren steht am Anfang der industriellen Massenfertigung völlig gleicher Produkte. Die rund drei Millionen Lettern, die für den Bibeldruck gebraucht wurden, sind im Gießverfahren mit einer Blei-Zinn-Antimon-Legierung aus ungefähr zweihundert-

47

undzwanzig Matrizen hergestellt worden. Die Matrizen gestatteten eine unbegrenzte Vervielfältigung der Lettern. Der Schriftguss war also das Kernstück der Erfindung. Drittens: Der Buchdruck bildete neben der gleichzeitig in Deutschland entwickelten Druckgrafik das erste Massenmedium der Geschichte. Es verlieh politischen und sozialen Vorgängen fortan gänzlich neue Qualitäten und Quantitäten. Schon das Geschehen der Reformation ist ohne den Buchdruck nicht vorstellbar. Viertens: ... Durch keine andere Erfindung ist das geistige Leben in gleicher Weise umgestaltet worden."
(P. Moraw, Von offener Verfassung zu gestalteter Verdichtung, Propyläen Geschichte Deutschlands, Berlin 1985, Bd. 3, S. 398 f.)

8 Wissenschaftliches Arbeiten

Der Wittenberger Mathematikprofessor Rheticus hatte 1539 Kopernikus' Schrift „Über die Kreisbewegungen der Himmelskörper" noch vor ihrer Veröffentlichung gelesen. Über seine Eindrücke berichtet er:
„Mein Herr Lehrer hat die Beobachtungen aller Zeiten mit den seinigen sorgfältig verglichen und, in einer bestimmten Reihenfolge niedergeschrieben, stets zur Benutzung bereitliegen. Wenn nun etwas sicher festzustellen ist oder in die Wissenschaft und die angenommene Theorie neu aufzunehmen ist, dann geht er, von den ersten Beobachtungen anfangend, bis zu den seinigen herab und erwägt sorgfältig, unter welchem Gesetz sie wohl untereinander in Einklang zu bringen seien ... Wenn er dann alles mit der größten Sorgfalt erwogen hat und findet, dass kraft des astronomischen Gesetzes die bisherigen Hypothesen aufgegeben werden müssen, dann stellt er, nicht ohne göttliche Eingebung und Befehl, neue Theorien auf und begründet mit Hilfe der Mathematik in streng geometrischer Beweisführung, was aus seinen Theorien durch richtige Schlüsse abgeleitet werden könne."
(Zit. nach: H. Kesten, Copernicus und seine Welt, Wien/München/Basel 1948, S. 283)

9 Beweisbare Behauptungen

Zu überkommenen Autoritäten äußert Galilei:
„Darum sage ich nicht, dass man Aristoteles nicht hören soll, ja ich lobe es, ihn einzusehen und fleißig zu studieren. Ich tadele nur, wenn man auf Gnade oder Ungnade sich ihm ergibt, derart, dass man blindlings jedes seiner Worte unterschreibt und ohne nach anderen Gründen zu forschen diese als einen unumstößlichen Erlass anerkennen soll ... Was kann es Schmählicheres geben als zu sehen, wie bei öffentlichen Disputationen, wo es sich um beweisbare Behauptungen handelt, urplötzlich jemand ein Zitat vorbringt, das gar oft auf einen ganz anderen Gegenstand sich bezieht, und mit diesem dem Gegner den Mund stopft?"
(Zit. nach: J. Hemleben, Galilei, Reinbek 1981, 8. Aufl., S. 76)

10 Verschiedene Weltmodelle, dargestellt auf dem Vorsatzblatt von G. B. Ricciolis „Almagestrum novum" (1651). Der Mensch, dessen Körper mit Augen übersät ist, schaut zur Hand Gottes auf. Die weibliche Gestalt im Sternenkleid hält an ihrer Waage das kopernikanische und das ptolemäische Modell.

Arbeitsvorschläge und Fragen

a) Erläutern Sie die Gründe für die Zunahme des Wissens zu Beginn der Neuzeit (M 4 – M 7).
b) Erörtern Sie, inwiefern „das gedruckte Buch die Menschen von der Vorherrschaft des Unmittelbaren und Lokalen befreit" hat (L. Mumfort).
c) Vergleichen Sie die Abbildungen der Archimedischen Schrauben (M 3). Worin liegt der Fortschritt?
d) Welche Haltung nimmt Rheticus gegenüber seinem Lehrer Kopernikus ein (M 8)?
e) Welche Bedeutung erlangte das rationale Denken bei Kopernikus und Galilei (M 8 und M 9)?
f) Informieren Sie sich über das Schicksal Galileis, nachdem er öffentlich für das kopernikanische Weltbild eingetreten war.
g) Beschreiben Sie die auf M 10 abgebildeten Weltbilder und deuten Sie die allegorische Darstellung.

6. Das Entdeckungszeitalter

Renaissancewissenschaft als Wegbereiter

Das breitgefächerte Interesse am Menschen und seinem gesamten Umfeld ließ die Humanisten bei ihren Studien der griechischen Gelehrten auf *geografische Erkenntnisse* stoßen, die längst vergessen waren: Aristarch von Samos war in seinem heliozentrischen Weltbild bereits im 3. Jahrhundert v. Chr. davon ausgegangen, dass die Erde Kugelgestalt besitzt; Eratosthenes von Kyrene hatte wenig später den Erdumfang berechnet und die ihm bekannten Länder in eine Karte mit Gradnetz eingetragen. Diese geografischen Kenntnisse wurden jetzt durch die Humanisten und durch die Ausbreitung des Buchdrucks einem größeren Menschenkreis bekannt. 1492 bildete der Nürnberger Martin Behaim als erster die Erde als Globus oder Erdapfel, wie es damals hieß, nach.

Das Wissen um die Erde als Kugel und eine genauere Kartografie (z. B. Toscanellis Weltkarte, die Kolumbus benutzt haben dürfte) wurden zusammen mit *Verbesserungen in der Nautik* für die Entdeckungsfahrten an der Wende zum 16. Jahrhundert entscheidend. Besonders die Portugiesen haben die Fortschritte der Naturerkenntnis genutzt und Schiffsführer in ihrer Seefahrerschule von Sagrès dazu ausgebildet, mit nautischen Hilfsmitteln, z. B. dem Astrolabium, umzugehen. Sie besaßen die hochseetüchtige Karavelle, die beweglicher als die mittelalterliche Kogge war. Sie beherrschten das Kreuzen, das ihnen ein Segeln gegen den Wind erlaubte. All dieses half ihnen, sich außer Landsicht auf das Meer zu wagen und systematisch neue Seewege zu erforschen.

Motive der Entdecker und Eroberer

Schon immer hatte es Menschen gereizt Abenteuer zu suchen und sich auf die offene See zu begeben. Es waren aber Taten Einzelner ohne gesellschaftliche und wirtschaftliche Folgen. Erst im letzten Drittel des 15. Jahrhunderts verfügten die iberischen Seefahrer über die Voraussetzung, planmäßig auf Entdeckungsreise zu gehen und Theorien wie die Kugelgestalt der Erde durch die Praxis der Westfahrt und der Weltumsegelung zu bestätigen. Ihr Hauptantrieb

49

waren jedoch *wirtschaftliche Motive*. Sklavenhandel und begehrte Waren des fernen Orients wie Gewürze warfen außerordentliche Gewinne ab; diese ohne nennenswerten Zwischenhandel zu vergrößern und sich ein eigenes Handelsimperium mit festen Stützpunkten aufzubauen musste erstrebenswert sein, zumal die Handelsrouten über das östliche Mittelmeer und die Levante seit der Einnahme Konstantinopels durch die Türken (1453) langfristig nicht mehr sicher genug erschienen. Hinzu kam der *Kreuzzugsgedanke*, beim Hinausgreifen in ferne Länder Heiden zum christlichen Glauben zu bekehren. Der Kampf gegen die muslimischen Mauren auf der Iberischen Halbinsel, die sog. Reconquista, konnte nach deren Vertreibung (1492) in anderer Form und gegen andere Religionen in der Neuen Welt fortgeführt werden.

Probleme der Kulturberührung

Verhaltensunsicherheit prägte die ersten Begegnungen zwischen Europäern und Eingeborenen auf beiden Seiten, denn Lebensgewohnheiten und Wertvorstellungen waren zu unterschiedlich. Kolumbus berichtete über die Scheu der Ureinwohner gegenüber den weißen Ankömmlingen, die sie betrachteten, als ob sie „vom Himmel kämen". Demgegenüber fühlten sich die Europäer vom einfachen Dasein der Naturmenschen angezogen.

Die große Kluft zwischen den Kulturen brach aber schnell auf. Die wirtschaftlichen Interessen der Europäer waren einseitig und gierig auf Edelmetalle gerichtet, während die Eingeborenen keinen Sinn für Eigentum besaßen. Ihre Gastfreundschaft wurde durch fordernde Selbstgerechtigkeit und Gewalt der Eindringlinge brüskiert. Dagegen fühlten sich die Weißen von den Menschenopfern der Eingeborenen angewidert. *Zusammenstöße* schienen unvermeidlich.

1 **Entdeckungsfahrten.** Portugiesen und Spanier versuchten auf unterschiedlichen Routen den Seeweg nach Indien zu finden: die Portugiesen um das Südkap Afrikas, das Diaz 1487 erreichte, die Spanier auf der Westroute, die der Genuese Kolumbus in ihren Diensten 1492 segelte. Er gelangte im selben Jahr zur Inselwelt der Karibik, den „westindischen" Inseln und fand ohne es zu wissen die „Neue Welt". Um Konflikte beim Wettlauf um die „Neue Welt" einzugrenzen teilte Papst Alexander VI. 1494 den Erdball entlang einer Linie 370 Meilen westlich der Kapverden in einen spanischen und einen portugiesischen Entdeckungsraum.

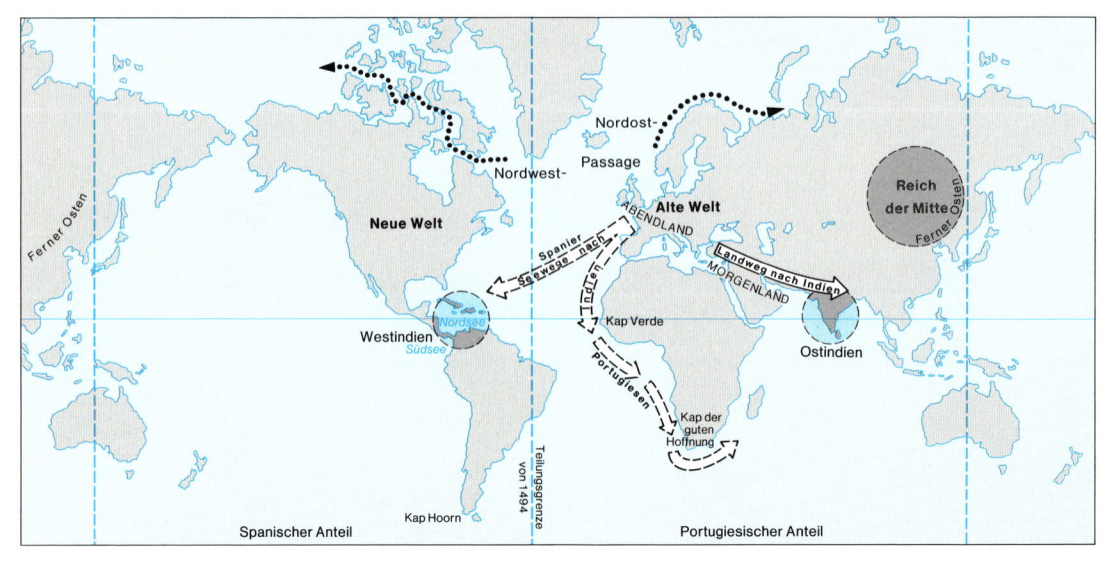

Der Beginn der Kolonialzeit

Schon drei Jahre nach der Landung des Kolumbus regelte die spanische Krone die Auswanderung von Siedlern und Verwaltungsbeamten durch einen Erlass. 1519–21 zerstörte Cortez mit einer Schar beutehungriger Abenteurer das Aztekenreich; 1531–33 vernichtete Pizarro mit einem kleinen Trupp tollkühner Männer den Inkastaat. Reiterei und Feuerwaffen gaben ihnen die nötige Kampfkraft. Während die Portugiesen ihre wirtschaftlichen Ziele von Küstenstützpunkten aus zu erreichen versuchten, lag den Spaniern sofort an einer Durchdringung des Landes und der Errichtung eines Kolonialreiches. Das neuentdeckte Land, auf das ein fragwürdiger Rechtsanspruch erhoben wurde, wurde zügig in Besitz genommen; das führte zu engen Wirtschaftsbeziehungen zwischen der Neuen und der Alten Welt. Aber die Ausbeutung der Indianer, die zu ungewohnt harten Arbeiten in Bergwerken und auf Plantagen herangezogen wurden und zu Tausenden der Arbeitslast und eingeschleppten Seuchen erlagen, führte zum Widerstand einzelner verantwortungsbewusster Europäer. Auf unablässiges Bitten des Dominikaners Las Casas erließ Karl V. 1542 die „Neuen Gesetze". Sie untersagten eine Unterdrückung der Indianer. Doch sperrten sich die grundbesitzenden spanischen Kolonialherren dagegen, weil sie ohne versklavte Indianer um ihren Gewinn fürchteten. Darauf machte Las Casas den später bereuten Vorschlag, afrikanische Neger als Sklaven auf den amerikanischen Plantagen für den Export nach Europa arbeiten zu lassen.

Wirtschaftliche Folgen

Der Kolonialhandel veränderte auch die *Wirtschaftsstruktur* Europas. Spanische und portugiesische Handelsherren profitierten zuerst von den Waren der Neuen Welt und konnten den italienischen Fernhändlern mit billigen Produkten wie z. B. Zucker wichtige Marktanteile abjagen. Die Handelszentren verlagerten sich von den Mittelmeerhäfen Genua und Venedig in Atlantiknähe. Der beschwerliche Gespanntransport auf der Süd-Nord-Handelsroute über die Alpen verlor an Bedeutung, weil die Wasserwege von Schelde, Maas und Rhein zum Atlantik einen kostengünstigeren Warenverkehr ermöglichten. Franzosen, Engländer und Niederländer akzeptierten freilich das iberische Monopol nicht, das durch die „Teilung der Welt" im Vertrag von Tordesillas 1494 vom Papst festgelegt worden war, und beteiligten sich ebenfalls am Ozeanhandel.
Das aus den lateinamerikanischen Minen nach Spanien importierte Silber wurde in Münzen geschlagen und diente dazu, die spanische Machtpolitik zu finanzieren. Das vergrößerte aber den Geldumlauf im Verhältnis zum Warenangebot, so dass ein starker Preisauftrieb das alte Sozialgefüge in vielen Teilen Europas aus dem Gleichgewicht brachte.

> **Kolonisation/Kolonialismus** (von lat. colonia: neue Siedlung, Niederlassung): Die Ausdrücke bezeichnen Erschließung durch Besiedlung bzw. direkte oder indirekte Unterwerfung ansässiger Völker durch eine militärisch, wirtschaftlich und sozial überlegene Minderheit. Der Kolonialisierungsprozess der Neuzeit begann im 15. Jahrhundert im Zeitalter der Entdeckungen mit der Eroberung der Indianerreiche Mittel- und Südamerikas durch Spanien und Portugal. Sein Ziel war die politische Beherrschung und wirtschaftliche Ausbeutung der abhängig gemachten Gebiete. Er erfasste auch Afrika, Asien und Ozeanien und führte seit der Mitte des 19. Jahrhunderts zu einem regelrechten Wettlauf um Rohstoffe und Absatzmärkte in unerschlossenen Gebieten. Seinen Höhepunkt erreichte der Kolonialismus in der Aufteilung großer Teile der Welt im Zeitalter des Imperialismus (ca. 1890–1914). Erst nach dem Zweiten Weltkrieg setzte ein beschleunigter Entkolonialisierungsprozess ein. Vorwiegend von den ehemaligen Kolonialvölkern wird „Kolonialismus" heute als politischer Kampfbegriff benutzt.

2 Kulturberührung

Über die Herausforderung des Abendlandes schreibt der Historiker Bitterli:

„Der Seefahrer, Händler und Kolonist war militärisch überlegen oder wusste es sich doch so einzurichten, dass er von einer Position der Stärke aus handeln konnte, genügte doch in manchen Fällen die einschüchternde Wirkung eines ins Blaue abgefeuerten Kanonenschusses um die Botmäßigkeit der Eingeborenen zumindest für den Augenblick herbeizuführen. Da es offensichtlich schwierig war, die erstrebten Handelsbeziehungen auf ein echtes Verständnis der kulturellen Situation und der Bedürfnisse der archaischen Völker zu gründen, und da es sich als unmöglich erwies, den kolonialpolitischen und religiösen Führungsanspruch des Abendlandes dem Gegenüber mit juristischen und theologischen Argumenten einleuchtend zu machen und durchzusetzen, blieb der Rückgriff auf militärische Macht und die Drohung mit ihr das bequemste politische Instrument. Das Bewusstsein der militärischen und technischen Überlegenheit ersetzte bald die anfängliche Verhaltensunsicherheit der Europäer durch eine Attitude rücksichtsloser Selbstgefälligkeit ...

Die Verlegenheit des Europäers angesichts einer solchen Kulturberührung wich in der Regel nicht dem ernsthaften Bemühen um eine sachliche Erforschung der fremden Kultur, sondern schlug in eine unnuancierte und generelle Verurteilung des Eingeborenen um, der als ‚Barbar' und ‚Wilder' ein für alle Mal deklassiert wurde. Indem man selbstgerecht die eigene Lebensform zur absoluten Norm erhob und alles, was davon abwich, als minderwertig und pervertiert brandmarkte, führte man eine durch keinerlei wissenschaftliche Überlegung fundierte Trennung zwischen Kultur und Natur ein und wies dem Eingeborenen den zweiten Bereich zu, während man sich ganz selbstverständlich zum Herrn der Schöpfung einsetzte ohne sich auch nur über die mit solcher Anmaßung verbundenen Verantwortlichkeiten Rechenschaft zu geben ... Die Einseitigkeit einer vorwiegend aufs Kommerzielle abzielenden Beziehung erklärt weiterhin das grob verallgemeinernde und auf unzureichender Sachkenntnis beruhende Bild, das man sich vom Eingeborenen machte. Der hemmungslose Drang der ersten Übersee-Europäer, möglichst rasch reich zu werden, verunmöglichte in allen Teilen der Welt ein geduldiges Eingehen auf Wesen und Eigenart des Partners, und die geringe Bereitschaft dessen unentbehrliche Mittlerdienste zu belohnen oder anzuerkennen stellte die Kontinuität der gegenseitigen Beziehungen dauernd in Frage. Man betrog das naive Vertrauen des Eingeborenen mit leeren Versprechungen, Wortbruch und billigen Rosstäuschertricks und schrieb sich wohl noch das Verdienst höheren kaufmännischen Geschicks zu, ohne zu überlegen, wie unterschiedlich die Wertvorstellungen bestimmten Handelswaren gegenüber waren. So erhob man die Verlogenheit zum obersten Prinzip des Handelns und bestimmte dadurch in fataler Weise den Charakter der zukünftigen Entwicklung; durch den unaufhörlich wiederholten Hinweis auf die minderwertige Natur des ‚Wilden' glaubte man eigene Unredlichkeit rechtfertigen zu können und beachtete nicht, wie der Eingeborene, die List des weißen Kaufmanns schnell durchschauend, zu ähnlichen Praktiken seine Zuflucht nahm und dadurch die geringschätzige Meinung, die man von ihm hatte, zuletzt tatsächlich zu belegen schien."

(Urs Bitterli, Die „Wilden" und die „Zivilisierten", München 1976, S. 84 ff.)

Arbeitsvorschläge und Fragen

a) Worin sieht Bitterli die Herausforderung des Abendlandes bei der Kulturberührung mit den „Naturvölkern" (M 2)?

b) Erörtern Sie Schwierigkeiten, die sich aus einer Trennung von Menschen in Kultur- und Naturvölker ergeben.

c) Warum kam es zur „rücksichtslosen Selbstgefälligkeit" gegenüber den Ureinwohnern der entdeckten Gebiete?

d) Nennen Sie positive Leistungen der europäischen Kolonialisten, welche der gewaltsamen Inbesitznahme der Neuen Welt gegenüberstehen.

e) Informieren Sie sich in einer Enzyklopädie über Aussehen und Funktion eines Astrolabiums.

7. Veränderungen der Wirtschaftsordnung

Moderne Wirtschaftszentren in Italien

Die Entdeckung der Neuen Welt und des Seeweges nach Indien über die Afrikaroute verstärkte in Europa den Fernhandel. Er hatte sich seit der Kreuzfahrerzeit bereits kräftig entwickelt und zu einem regen *Handelsaustausch* zwischen Morgen- und Abendland geführt. In den Wirtschaftszentren der Muslime an der Ostküste des Mittelmeeres endeten die Handelsstraßen aus dem Fernen Osten. An sie hatten die italienischen Handelsrepubliken Anschluss gewonnen und dadurch bis in die Zeit der Renaissance eine unvergleichliche *Wirtschaftsblüte* erlebt. Die Ausweitung des Handelsvolumens veränderte die Geldwirtschaft entscheidend. Um bei den weiten Handelswegen lange Zahlungsfristen und Lieferungsverzögerungen zu vermeiden gingen die Kaufleute zur Vorfinanzierung, d. h. zur Verpfändung künftiger Einnahmen über. Sie räumten Kredite ein, stellten Schecks aus, verdrängten die bis dahin übliche Barzahlung und lösten das Geld- vom Warengeschäft. Neben die wagemutigen und gleichzeitig nach größtmöglichem Gewinn strebenden italienischen Handelsherren traten risikofreudige Bankiers. Mit ihren Handelsverbindungen fanden die gewinnbringenden Geschäftspraktiken in einem mehrere Generationen dauernden Prozess den Weg nach Norden über die Alpen, zunächst nach Oberdeutschland, dann schwerpunktmäßig in den Nordwesten Europas.

Veränderungen in Handel und Gewerbe in Deutschland

Mittelpunkte des neuen Wirtschaftsdenkens waren auch in Deutschland die Städte, die sich in ihrer Lebensform von der agrarischen Umwelt mit ihren feudalen Strukturen abhoben. Hier waren Zünfte und Gilden entstanden. Hier entwickelte sich der neue *„kapitalistische* Geist", der sich ausschließlich an Angebot und Nachfrage orientierte und die „neue Rechenhaftigkeit" pflegte. 1494 hatte der Franziskaner Luca Pacioli in Venedig das erste Werk über die doppelte Buchführung veröffentlicht. Darauf stützte sich das „Zwiefach Buchhalten" des Wolfgang Schweicker (1549) als erste deutschsprachige Veröffentlichung über diese Art der Rechnungslegung. Während vor der Zeit des sog.

1 Italienische Bank vom Ende des 14. Jahrhunderts (Zeitgenössische Darstellung). Links ist der „Tresorraum", rechts der „Kassenschalter" dargestellt. Auf der Schrifttafel findet sich in Latein ein Auszug aus dem Alten Testament, Exodus XXII, 22.

Frühkapitalismus auf Bestellung des Kunden und nach dessen Angaben, d. h. im Kleinen produziert wurde, erlaubten die Bevölkerungsvermehrung mit ihrem erhöhten Verbrauch und der ausgeweitete Bedarf des Baugewerbes, des Schiffbaus und des Rüstungswesens jetzt erste Formen der Rationalisierung. Vor allem auf dem Metall verarbeitenden Sektor (Geräte für Bergbau und Hütten, Kanonenguss) wurde eine Art Serienproduktion üblich.

Das *Verlagswesen* entfaltete sich besonders stark: Die Verleger produzierten ihre Waren nicht mehr selbst, sondern kauften Rohmaterial ein, dass sie Heimarbeitern zur Bearbeitung „vorlegten". In Oberdeutschland arbeiteten Tausende von Dorfwebern für Verleger in Heimarbeit an der Herstellung von Barchent, einem Mischgewebe. Dieses bestand aus heimischem Leinen und Baumwolle, die über Venedig auf Galeerenkonvois aus dem östlichen Mittelmeer importiert wurde. Die Produkte der Weber wurden von den Verlegern auf Messen und Märkten auf eigene Rechnung Gewinn bringend verkauft.

Größere Produktionsstätten erforderten erhöhten Kapitaleinsatz. Im Montanbereich befriedigten ihn zunächst die Fürsten; bald zog er jedoch auch kaufmännisches Kapital an. Hauptsächlich interessierten der Abbau von Kupfer und seine Verhüttung. Die Erfindung eines neuen Verfahrens ermöglichte es, Kupfererz mit Hilfe von Blei zu entsilbern und die *Edelmetallgewinnung* in Deutschland entscheidend zu steigern. Das gewonnene Silber wurde zu Münzen geprägt. Besonders bekannt wurde der Taler, der nach den Joachimsthaler Silbergruben im Erzgebirge benannt war. In das Kupfergeschäft stiegen 1491 die Fugger in Augsburg ein, dem führenden oberdeutschen Handelsplatz. Durch ihre Investitionen und ihre Verträge mit Fürsten konnten sie den europäischen Kupfermarkt monopolartig beherrschen und enorme Gewinne verbuchen. In ihren monopolistischen Bestrebungen stützte sie der Kaiser. Die Fugger setzen damit der mittelalterlich-naturalwirtschaftlichen Wirtschaftsweise völlig *neue ökonomische* Maßstäbe in Deutschland entgegen.

Für die oberdeutschen Kapitalgesellschaften (Fugger, Welser, Imhof, Tucher u. a.) gewann der *Überseehandel* in der ersten Hälfte des 16. Jahrhunderts wachsende Bedeutung. Große Gewinne zu erzielen, beispielsweise im Gewürzhandel, verlockte zu verstärkten Investitionen. Wie lohnend das sein konnte, zeigte der Gesamtgewinn der Fugger von 927 Prozent in den Jahren 1521 bis 1527. Die Fugger erhöhten damit ihre Kapitalbasis, durch die sie mit beträchtlichen Summen auch in wichtige politische Entscheidungen wie die Wahl Karls V. zum Kaiser finanziell hatten eingreifen können.

Ablehnung und Rechtfertigung des Frühkapitalismus

Parallel zur Ausbreitung des neuen Wirtschaftsdenkens und seiner Praktiken lief eine Jahrzehnte dauernde Auseinandersetzung über die *moralische Rechtfertigung* des Strebens nach Gewinn und Reichtum. Viele hielten dieses Streben von Anfang an für die Wurzel allen Übels, und noch Erasmus verurteilte es entschieden. Er folgte darin den Humanisten, die in der Tradition der römischen Autoren Seneca und Sallust in der Armut sowie im christlichen Ideal der Bedürfnislosigkeit des hl. Franziskus die Voraussetzung für die innere Freiheit des Menschen sahen. Nicht nur aus Achtung vor kirchlichen Geboten, beispielsweise dem Verbot des Zinsnehmens, bekämpften die Kritiker den aufkommenden Kapitalismus, sondern auch aus konservativ-mittelalterlichen Wertvorstellungen: Sie glaubten, dass aufgrund der Naturalwirtschaft und der unmittelbaren Bedarfsdeckung in einem ausgewogenen ökonomisch-sozialen System auf niederem Niveau die Bedürfnisse des Menschen zu befriedigen seien.

Ganz anders dachten diejenigen Humanisten und Kaufleute, die die Bereitschaft zu Risiko und Gewinn bejahten und sogar den Geiz – nach der christlichen Lehre eine Todsünde – als einen „elementaren Ausdruck des menschlichen Selbsterhaltungstriebes" ansahen. Sie versuchten das wirtschaftliche Verhalten ihrer bürgerlichen Familien zu rechtfertigen. Sie hielten das Streben nach Gewinn und die Freude Vermögen anzuhäufen für die Voraussetzung der allgemeinen wirtschaftlichen Entwicklung sowie der gesellschaftlichen und kulturellen Entfaltung. Auch Jakob Fugger ließ 1530 durch den Augsburger Humanisten und Ratsschreiber Conrad Peutinger das kapitalistische Verhalten der heimischen Handelsgesellschaften im sog. Monopolgutachten an Karl V. gegen eine starke Opposition, u. a. auch die Martin Luthers, verteidigen: „Geistlichen und Laien ist durch keine Rechtsbestimmung untersagt sich zu bereichern ... oder mit ihrem Besitz auf Gewinn auszugehen. Und es ist ehrenhaft dem eigenen Nutzen zu dienen, es gereicht allen Reichen, Provinzen und Herrschaften zum allgemeinen und besonderen Vorteil und auch der Staat hat Interesse an reichen Untertanen."

2 Geschäfte machen?

Bis ins Jahr 1360 gehen Aufzeichnungen im „Libro di buoni costumi" (Vom ehrbaren Leben) des humanistisch gesinnten Florentiner Kaufmanns Paolo da Certaldo über Familie und Geschäfte zurück. Darin schrieb er u. a.:

„Es ist etwas sehr Schönes, schreibt der Moralist, und eine große Wissenschaft, zu wissen, wie man Geld verdient; aber es ist ein schöner und ein größerer Vorzug als zu verstehen es zu
5 verdienen, wenn man es mit Maßen und nach der Notwendigkeit auszugeben versteht ...

Gib dir unaufhörlich Mühe und bemühe dich zu verdienen und sage nicht: Wenn ich heute auf Erden bin, so werde ich morgen doch nicht da
10 sein; und ich will nicht so viele Güter hinterlassen, denn ich habe keine Kinder, meine Verwandten mögen mich nicht und sie sind von der Art, dass sie, selbst wenn ich ihnen eine ganze Stadt hinterließe, sie sie in kurzer Zeit
15 verausgabt, ruiniert und verschwendet hätten. Denn du kennst nicht deine Lebensdauer und kennst das Schicksal nicht. In der Tat habe ich große Könige, große Herren, Großbürger und Großkaufleute ihren Stand verlieren und vor
20 ihrem Tode in Bedürftigkeit und Not leben sehen ... Damit deine Kinder sich um den Profit deines Hauswesens Gedanken machen, lehre sie, soviel und sooft du kannst, nicht mit leeren Händen heimzukommen, sondern immer etwas
25 mitzubringen ... denn es schickt sich alle Reichtümer nach Hause zu bringen ...

Wenn du Geld hast, schreibt er, höre nicht auf, lass es nicht bei dir liegen; denn es ist besser vergeblich zu arbeiten, als sich vergeblich auszuruhen, weil du, selbst wenn du mit deiner 30 Arbeit nichts verdienst, wenigstens nicht aus der Gewohnheit kommst Geschäfte zu machen."

(Zit. nach: Christian Bec, Les marchands écrivains, Affaires et humanisme à Florence 1375–1434, Paris 1967, S. 103 f. – übers. von H. Brandt)

3 Der reiche Kaufmann (Kupferstich von D. Hopfer, spätes 15. Jh.)

4 Warengeschäfte

Die Große Ravensburger Handelsgesellschaft (1380–1530) war eines der ersten Unternehmen in Oberdeutschland, das Handel in großem Ausmaß betrieb. Neben dem Kauf und Verkauf von Leinwand konzentrierte sich die Gesellschaft wegen der hohen Transportkosten auf wertvolle Waren mit geringem Volumen. Dazu gehörte das Gewürz Safran, das u. a. in den Sorten Stank, Zima und Ort gehandelt wurde. Für diesen Gewürzhandel gab die Geschäftsführung 1477 einem ihrer Kaufleute folgende Anweisungen:

„Jetzt schreiben, in dem Geld [zu dem Betrag] kaufet uns so viel oder so viel, können wir nicht. Aller Stank hat keine Frage [Nachfrage]. Um 3 fl [Florin/Gulden] ½ Ort führt man Orts genug zu Nürnberg und Zima umd 3 fl. Wir wollen nicht in teurem Gelde hinter Ort kommen. Er wird zuerst nicht wohlfeil sein. Aber erste Ballen rechnen wir für verkauft vor der Fastenmesse. Wir können ohne Ort nicht sein in der Messe und in dem Heiltum[1] unserer Kunden wegen. Unser Rat ist: Wenn Euch der Ort um 22 in [bis] 28 ß. [Schilling/Pfennig] mag werden, so mag alles Geld angelegt werden, das Ihr bis Weihnachten könnt zu Wege bringen. Müsst Ihr kaufen um 24, so lasst es bei 7 in 8 Carga[2]; bei 25 in 26 : 5 in 6, bei 27 in 28 : 4 Carga. Bei höherem Preis harret so lange Ihr könnt und kauft uns neben andern Leuten für die Messe dennoch 3 unserer Kunden halb und wir müssen Geld haben, den Leuten ihre Zahlungen zu tun. Wir wollen nicht säumen, Euch über die Preise Nachrichten zu geben. Vor allen Dingen kaufet uns nur gutes Gut, denn wir haben in der Herbstmesse fast böses Gut von Ort gehabt. Voran hütet Euch vor dem falschen Safran, als wir Euch früher schrieben haben."
(Aloys Schulte, Geschichte der Großen Ravensburger Handelsgesellschaft. 1380–1530, Stuttgart/Berlin 1923, Bd. 3, S. 67)

---

[1] Fest in Nürnberg anlässlich der jährlichen Zurschaustellung der Reichsinsignien
[2] Hohlmaß bzw. Gewicht unterschiedlicher Größe zwischen 125 und 185 kg

5 Rationales Wirtschaftsdenken

Der Wirtschaftshistoriker Kellenbenz beschreibt die Gedankenwelt des Humanisten und Augsburger Stadtschreibers Conrad Peutinger (1465–1547):

„Die Wirtschaft ist das Feld, wo Gott und Fortuna – eine typische Vorstellung der Renaissance-Epoche – zusammenwirken; die einen werden reich und steigen auf; die anderen fallen und werden arm. Weil Wirtschaften Wagnis und Einsatz bedeutet und dem Walten der Fortuna unterliegt, darf der Einsatz aller individuellen Kräfte nicht durch Reglementierung behindert werden. Hier verbindet sich rationales Denken mit einem Zug des Irrationalen, das aber zu verstehen ist aus dem apologetischen Bemühen, Misserfolge und Verluste nicht als Schuld, sondern als Schicksal zu deuten.

Zum Wesentlichen dieses neuen Denkens gehört schließlich eine klare Einsicht in das Preisgesetz, das bestimmt wird durch Angebot und Nachfrage. Aus dem Wissen um das Preisgesetz ist es für den Kaufmann wichtig, dass er die Absatzmärkte aufsucht, die ihm die höchsten Preise bieten. Obrigkeitliche Preisfestsetzung ist ein Eingriff in den natürlichen Preisbildungsvorgang und deshalb zum Scheitern verurteilt. Aus der Einsicht in die Preisbildungsfaktoren öffnet sich der Blick auf die Zusammenhänge zwischen Betriebsgröße, Kosten und Preisen. Wenn die Träger im Fernhandel überwiegend handwerksmäßige Kleinbetriebe sind, entstehen wachsende Kosten und dementsprechend steigende Preise. So kommt in diesem neuen ökonomischen Denken Peutingers nicht nur eine neue Wirtschaftsauffassung, sondern auch ein neues Wirtschaftsethos zum Ausdruck, das man später im Liberalismus wieder findet."
(H. Kellenbenz, Die Wiege der Moderne: Wirtschaft und Gesellschaft Europas 1350–1650, Stuttgart 1991, S. 32)

6 Monopole

Im Mandat von Toledo (13. 5. 1525) verfügt Karl V.:

„… So bestimmen und erklären wir aus unserer kaiserlichen Machtvollkommenheit und rechtem Wissen, dass an allen Orten im Heiligen Römischen Reich Deutscher Nation, wo Bergwerke gebaut werden … die Metalle und Erze, besonders Silber, Kupfer und Quecksilber, durch eine einzige Hand oder durch wenige Hände verkauft werden dürfen … desgleichen, dass diejenigen, die dieselben [Metalle und Erze] von den Gewerken, Bergleuten oder anderen kaufen, diese dann nach ihrem Gefallen zum höchsten und

besten Preis, den sie dafür bekommen können, auch in fremde Länder verkaufen dürfen; und wir verfügen, dass solches, was, wie oben beschrieben, in Zukunft geschehen wird ... nicht eine unziemliche Handlung noch ein Monopol genannt und auch nicht dafür gehalten werden darf; und auch nicht sollen diejenigen, die solche Handlungen in Zukunft vornehmen werden, sich vor irgendjemandem rechtfertigen, noch von irgendjemandem bestraft werden. Auch, wenn dies alles von einigen Personen als Nachteil verstanden werden sollte; weil noch dieses ansonsten auf viel größere Weise für den allgemeinen Nutzen fruchtbar und gut ist ..."
(Nach: Jakob Strieder, Studien zur Geschichte kapitalistischer Organisationsformen, München und Leipzig 1914, S. 375–381 – bearbeitet v. S. Wolters)

7 Der Joachimstaler aus Silber (um 1520), geprägt im Namen König Ludwigs von Böhmen, wurde in großen Mengen hergestellt. Er wurde in seiner Abkürzung (Taler) zur allgemeinen Bezeichnung für große Silbermünzen.

Werkstatt Geschichte:
Münzen

Die ersten Geldstücke aus Metall wurden um 700 v. Chr. in Lydien (westliches Kleinasien) geprägt. Neben ihrem eigentlichen Zweck, als Zahlungsmittel zu dienen (indirekte Tauschwirtschaft im Unterschied zum direkten Warentausch), besitzen Münzen häufig auch außerwirtschaftliche Funktionen, z. B. indem sie durch das Münzbildnis einen Herrscher oder ein Ereignis verewigen (Münzpropaganda). So haben Münzen auch für die politische Geschichte und die Religionsgeschichte usw. große Bedeutung. Die Wissenschaft, die sich mit der Erforschung des Münzwesens beschäftigt, ist die Numismatik (von griech. „nomisma" = Münze). Aus Münzfunden lassen sich u. a. Schlüsse über Reichweite und Intensität des Handelns ziehen. Allerdings ist es schwierig, den Geldwert und die Kaufkraft historischer Münzen zu bestimmen. Edelmetallpreise, Geldmengen, Umlaufgeschwindigkeit des Geldes und Warenangebot sind derart verschieden, dass ein Vergleich über die Epochen hinweg unmöglich ist. Eine annähernde Vorstellung vom Geldwert erhält man nur, wenn man Löhne, Preise und Lebenshaltungskosten innerhalb einer Epoche miteinander vergleicht.

Arbeitsvorschläge und Fragen

a) Vergleichen Sie die Einstellung zu Geld und Geldverdienen im Paolo-Text (M2) und auf den Abbildungen M1 und M3.
b) Warum kam es unter den Humanisten zum Streit über die moralische Rechtfertigung von Gewinnstreben und Reichtum?
c) Erläutern Sie die wirtschaftlichen und gesellschaftlichen Auswirkungen des Frühkapitalismus.
d) Erläutern Sie anhand von M4 die Kommerzialisierung der kaufmännischen Geschäftstätigkeit. Welches Denken liegt den Anweisungen des Briefes zugrunde?

8. Reformation der Kirche

Kirchenkritik und Volksfrömmigkeit

„Reformation", d. h. Reform der Kirche an „Haupt und Gliedern" um den gottgewollten ursprünglichen und vollkommenen Zustand „wiederherzustellen", war eine um 1500 oft erhobene Forderung. Zahlreiche Beschwerden richteten sich damals gegen kirchliche *Missstände*: gegen römische Päpste, die sich jede Besetzung eines kirchlichen Amtes gut bezahlen ließen um ihre luxuriöse Hofhaltung im Kirchenstaat zu finanzieren; gegen adlige Bischöfe und Äbte, die mit ihrem Amt nur Macht und Reichtum gewinnen wollten; gegen korrupte Urteile geistlicher Gerichte, die für Fälle wie Ehe- oder Eidesbruch zuständig waren; gegen die Anhäufung kirchlicher Ämter und Pfründen in einer Hand und gegen die Ausübung dieser Ämter durch schlecht bezahlte und oft äußerst bescheiden ausgebildete Stellvertreter; gegen die Überschreitung des Zölibats und die zunehmende Disziplinlosigkeit in vielen Klöstern.

Dieser heftigen Kirchenkritik entsprach auf der anderen Seite eine wachsende *Heilssehnsucht* der Bevölkerung, die sich wegen ihrer religiösen Bedürfnisse um den rechten Zustand der Kirche sorgte. Besonders viele Stiftungen lassen sich für diese Zeit nachweisen, für Seelenmessen und Altäre, für die Besoldung von Messpriestern und für die Einrichtung von Predigerstellen. Die Frömmigkeit drückte sich auch in zahlreichen Wallfahrten und in ausgeprägter Reliquien- und Heiligenverehrung aus. Immer häufiger wurden jetzt z. B. Kinder nach Heiligen benannt und nicht mehr mit germanischen Vornamen.

Ablasshandel und Luthers 95 Thesen

Der Zusammenhang von Glaubensbedürfnissen einerseits und der Kommerzialisierung kirchlicher Leistungen andererseits wird besonders in der damaligen Praxis des Ablasshandels deutlich. Viele Menschen fürchteten sich heftig vor der zeitlichen Sündenstrafe des Fegefeuers und kauften deshalb Ablassbriefe um damit einen Nachlass dieser Strafe zu erlangen und den Weg ins Paradies zu verkürzen. Werbewirksam steigerten die kirchlichen Ablasskommissare ihren Umsatz, indem sie ohne Nachweis irgendwelcher Reue bei den Käufern auch Ablass für künftige Sünden und sogar für Verstorbene anboten.

1515 wurde von Papst Leo X. ein „vollständiger Ablass" verkündet. Damit

1 Der Papst wird mit Christus verglichen (Holzschnitt von Lucas Cranach, 1521)

wollte er einerseits den Neubau der Peterskirche finanzieren, andererseits sollte der Kardinal Albrecht von Brandenburg unterstützt werden, die Zehntausende von Gulden aufzubringen, die er dem Papst für die Bestätigung seiner Wahl zum Erzbischof von Magdeburg, Bischof von Halberstadt und nun auch zum Erzbischof von Mainz schuldete. Das besonders marktschreierische Auftreten des Ablasshändlers Tetzel veranlasste im Oktober 1517 *Martin Luther*, Augustinermönch und Theologieprofessor an der kursächsischen Universität zu Wittenberg, in 95 Thesen zu einem wissenschaftlichen Streitgespräch, zu einer Disputation „Über die Kraft der Ablässe" einzuladen. Nach Luther hatte nämlich ohne Ablassbrief „jeder Christ, wenn er aufrichtig bereut, vollkommenen Erlass von Strafe und Schuld".

Der Prozess gegen Luther

Luthers lateinisch abgefasste Thesen fanden in erstaunlich kurzer Zeit in ganz Deutschland – und nicht nur bei den theologisch Gebildeten – Widerhall. Trotzdem reagierte die Kurie, der Papsthof in Rom, sehr zögernd. Erst 1520 wurde Luther als Ketzer mit dem *Bann* belegt. Inzwischen hatte dieser (auf der Leipziger Disputation mit Dr. Eck) bestritten, dass nur der Papst verbindlich für alle Christen die Bibel auslegen könne und die höchsten Kirchenversammlungen, die Konzilien, unfehlbar seien. Rom hatte zunächst Luthers Kritik für bloßes „Mönchsgezänk" gehalten, vor allem aber Rücksicht auf den sächsischen Kurfürsten genommen, der den Professor seiner Universität schützte und der bei der gerade anstehenden Kaiserwahl einen dem Papst genehmen Kandidaten wählen sollte. Der dann 1519 zum Kaiser gewählte Habsburger Karl V. sicherte – auf Drängen der Reichsfürsten – dem gebannten Luther freies Geleit zu, als er 1521 den Mönch vor den *Reichstag in Worms* lud um ihn widerrufen zu lassen. Doch Luther berief sich dort auf sein „Gewissen, in Gottes Wort gefangen". Nur durch die Bibel oder klare Vernunftgründe wollte er sich widerlegen lassen. Der Kaiser reagierte mit dem *Wormser Edikt*: Über Luther und seine Anhänger wurde die Reichsacht verhängt und seine Schriften sollten verbrannt werden.

Reformation Luthers

Trotz des Wormser Edikts fanden Luthers Schriften weitere Verbreitung und Zustimmung, so seine Kritik am bestehenden Kirchenwesen und am Papst als dem „Antichrist" in seiner Schrift „Von der babylonischen Gefangenschaft der Kirche" (1520) und seine *Rechtfertigungslehre*. Nach ihr erlangt der Gläubige sein Heil nicht durch gute Werke, sondern er wird „vor Gott gerecht" allein durch die Gnade Gottes und allein durch den Glauben. Der Glaube aber wird vermittelt allein durch das geoffenbarte Wort Gottes, das Evangelium. Luther vertraute darauf, dass sich der Sinn der Heiligen Schrift aus sich selbst erschließt; die „Gemeinschaft der Gläubigen", d. h. die Kirche, bedürfe deshalb keiner Lehrautorität durch eine Priesterkaste mit dem Papst an der Spitze.

In späteren Jahrhunderten wertete man oft weniger diesen theologischen Neuansatz als die eigentliche Leistung Luthers, sondern sah in dem Reformator einen Vorkämpfer für Vernunft und individuelle geistige Freiheit, auch wenn für Luther die Autorität der Bibel unumstößliche Geltung hatte. Andere setzten Luther als einem „Nationalhelden" Denkmäler, weil er die Rechte der Deutschen gegen das „welsche" Rom verteidigt habe und weil er mit seiner Bibelübersetzung von 1521 eine allgemeinverständliche deutsche Schriftsprache schuf.

Heute wird auch auf den durch Luthers Reformation bewirkten Bewusstseinswandel hingewiesen. Mit Luthers „allgemeinem Priestertum der Gläubigen" und der damit verbundenen Abwertung des geistlichen Standes erhielten die Laien ein neues Selbstbewusstsein. Die Arbeit der Handwerker und Bauern wurde zum „Beruf" (im Sinne einer Berufung durch Gott) aufgewertet. Arbeit galt jetzt nicht mehr vor allem als Last und Fluch, sondern konnte als Gottesdienst verstanden werden. Allerdings blieb Luthers Berufsauffassung auch der Tradition verhaftet. Jeder soll nämlich nach Luther bei dem Beruf bleiben, in den ihn Gott hineingestellt hat, und jeder Beruf hat sich an der Nächstenliebe zu orientieren und nicht am Gewinnstreben (vgl. S. 55).

2 Satirische Theologiekritik

In den Jahren 1515–1517 erschienen die „Dunkelmännerbriefe", in denen Humanisten in karikiertem Mönchslatein Gelehrte ihrer Zeit verspotteten:

„Henricus Schaffsmulius entbeut dem Magister Ortvinus Gratius zahlreiche Grüße!
Da Ihr mir, bevor ich mich an die Kurie begab, gesagt habt, ich solle Euch oft schreiben und
5 manchmal einige theologische Fragen an Euch richten, die Ihr mir dann besser lösen wolltet als die Leute bei der römischen Kurie: So frage ich jetzt Ew. Herrlichkeit, was Ihr davon haltet, wenn einer am Freitag … oder sonst an einem
10 Fastentag ein Ei isst, in dem schon ein Junges ist. Denn neulich saßen wir in Campofiore in einem Wirtshaus und nahmen eine Mahlzeit ein und aßen dabei Eier, wobei ich beim Öffnen eines Eies sah, dass sich ein junges Hühnchen
15 darin befand, und es meinem Kameraden zeigte. Dieser sagte: ‚Esset es schnell, ehe der Wirt es sieht … Wenn er es sieht, so sagt er: ›Zahlet mir auch das Huhn‹, denn er rechnet das Kleine wie das Große.' Nun schlürfte ich das Ei sogleich
20 aus und das Hühnchen darin auch mit und dachte erst nachher daran, dass es Freitag sei, daher ich zu meinem Kameraden sagte: ‚Ihr habt gemacht, dass ich eine Todsünde begangen habe, indem ich Fleisch am sechsten Wochen-
25 tage gegessen habe.' Er sagte, es sei keine Todsünde, ja nicht einmal eine lässliche Sünde … und er sagte mir, es sei genauso mit den Käsen, in denen sich ab und zu Würmer befänden … Hierauf entfernte ich mich und dachte
30 darüber nach. Und bei Gott, Magister Ortvinus, ich bin ganz verwirrt und weiß nicht, wie ich mich verhalten soll … Nach meinem Dafürhalten sind die jungen Hühnchen in den Eiern Fleisch, weil der Stoff schon gebildet … und ein
35 tierischer Körper ist und eine lebende Seele hat. Ein anderes ist es mit den Würmern im Käse und sonstwo, denn die Würmer werden zu den Fischen gerechnet, wie ich von einem Arzt gehört habe, der ein sehr guter Naturkundiger ist."
(Zit. nach: Hedwig Heger [Hrsg.], Spätmittelalter, Humanismus und Reformation, Bd. 2, München 1978, S. 173 f.)

3 Das allgemeine Priestertum der Gläubigen

Im Jahre 1520 schrieb Luther:
„Man hat erfunden, dass Papst, Bischof, Priester, Klostervolk wird der geistlich Stand genannt; Fürsten, Herrn, Handwerks- und Ackerleut der weltlich Stand, welchs gar ein fein Komment und Gleisen [Auslegung und Betrug] ist, doch 5 soll niemand darob schüchtern werden, und das aus dem Grund: Denn alle Christen sind wahrhaftig geistlichs Stands, und ist unter ihnen kein Unterschied, denn des Amts halber allein, wie Paulus 1. Kor. 12 sagt … Das macht alles, 10 dass wir eine Tauf, ein Evangelium, einen Glauben haben und sind gleiche Christen, denn die Tauf, Evangelium und Glauben, die machen allein geistlich und Christenvolk. Dass aber der Papst oder Bischof salbet, Platten [Tonsuren] 15 macht, ordiniert [in ein geistliches Amt setzt], weihet, anders denn Laien kleidet, mag einen Gleisner und Ölgötzen machen, macht aber nimmermehr ein Christen oder geistlichen Menschen. Demnach so werden wir allesamt 20 durch die Tauf zu Priestern geweihet, wie Sankt Peter 1. Petr. 2 sagt …
Und dass ich's noch klarer sag: Wenn ein Häuflein frommer Chistenlaien würde gefangen und in ein Wüstenei gesetzt, die nit bei sich hätten 25 geweiheten Priester von einem Bischof und würden allda der Sachen eins, erwähleten einen unter ihnen, er wäre ehelich oder nit, und befiehlen ihm das Amt zu taufen, Mess halten, absolvieren und predigen, der wär wahrhaftig ein 30 Priester, als ob ihn alle Bischöfe oder Päpste hätten geweihet …
Ein Schuster, ein Schmied, ein Baur, ein jeglicher seins Handwerks Amt und Werk hat und

doch alle gleich geweihet Priester und Bischöfe sind, und ein jeglichs soll mit seinem Amt oder Werk den andern nützlich und dienstlich sein, dass also vielerlei Werk alle in eine Gemeind gerichtet sind [ein gemeinsames Ziel haben], Leib und Seelen zu fördern, gleichwie die Gliedmaßen des Körpers alle eins dem andern dienet."
(Martin Luther, An den christlichen Adel deutscher Nation von des christlichen Standes Besserung, 1520. Zit. nach: G. Jäckel [Hrsg.], Kaiser, Gott und Bauer, Reformation und Deutscher Bauernkrieg im Spiegel der Literatur, Berlin [Ost] 1975, S. 275 ff.)

4   Klage über die Reformation

Thomas Murner: Ain new lied von dem vndergang des Christlichen glaubens (1522):
2
„der hyrt der ist veriagen,
die schäfflin seind zerströwt,
der Bapst der ist geschlagen,
kein kron er mer vffträgt:
    Er ist mit keinen worten
von Christo ye erstifft,
An hundert tusend orten
ist gossen vß das gifft.
6
Die Messz soll nit meer gelten
im leben noch im todt,
die Sacrament sye schelten,
sye seyen vns nit not:
    Fünff habends schon vernichtet,
die andern lond sye ston,
der massen zügerichtet
das sye auch bald zergond
7
Wir seind all Pfaffen worden,
beyd, weyber vnnd die man,
Wiewol wir hand kein orden,
kein weyhe gnommen an:
    Die stiel szond vff den báncken,
der wagen vor dem rossz,
Der glaub will gar versincken,
der grundt ist bodenloß.
8
Die Pfaffen seind zerschlagen,
die Münch seind auch zertrent,
Mit lautern [mit Luther] stymmen sagen:
man hab vns lang geschendt,
    Vns alles vor erlogen

5   Titelblatt der ersten vollständigen Bibelübersetzung Luthers (Wittenberg 1534).
„Die Buchdruckerkunst ist die letzte und herrlichste Gabe Gottes. Mit ihr wollte er die Sache des wahren Glaubens dem ganzen Erdkreis bis an das Ende der Welt bekannt machen und sie in alle Sprachen übersetzen lassen." (Luther)

was sye hond ye gesagt,
vß iren fingern gsogen,
verfürt die Christenheit.
9
Wer yetzt zůmal kan liegen [lügen],
veracht all oberkeit,
das Euangeli hyegen
vff mordt vnnd hertzenleid,
    Dem laufft man zů mit schalle,
handthabt jn mit gewalt,
biß vnser glaub verfalle
vnnd gar in eschen [Asche] falt."
(Zit. nach: Hedwig Heger [Hrsg.], Spätmittelalter, Humanismus und Reformation, Bd. 2, München 1978, S. 312 ff.)

6   „Die Wittembergisch Nachtigall"

Ein Lied von Hans Sachs auf Luther (1523):
„Wacht auf, es nahet gen den Tag!
Ich hör singen im grünen Hag
Ein wonnigliche Nachtigall.
Ihr Stimm durchklinget Berg und Tal. …

▓	Sachsen im 15. Jahrhundert
▨	Ernestinischer (kurfürstlicher) Anteil seit der Teilung von 1485.

0 25 50km

1510/11	Reise nach Rom
1518	Reise nach Heidelberg, Verhör in Augsburg
1521	Reise nach Worms
1529	Reise nach Marburg

• Magdeburg

Luther hat immer die Grafschaft Mansfeld als seine Heimat bezeichnet

• Wittenberg

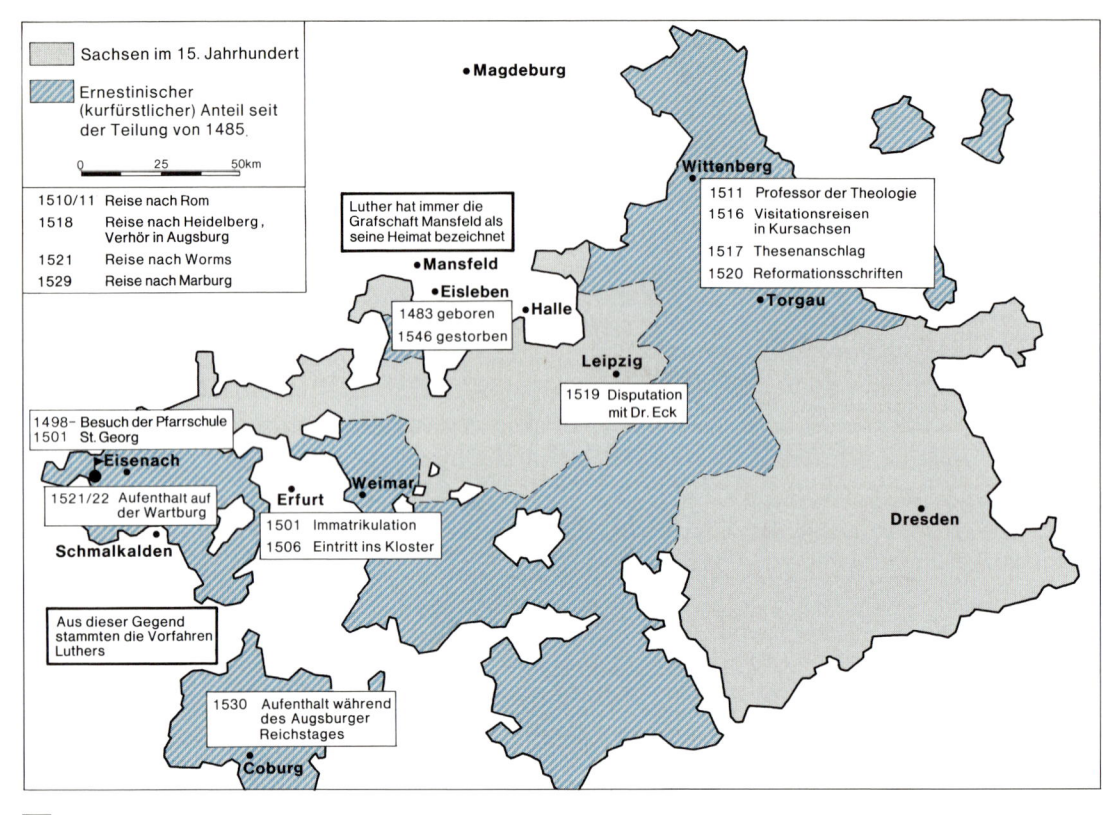

1511	Professor der Theologie
1516	Visitationsreisen in Kursachsen
1517	Thesenanschlag
1520	Reformationsschriften

• Mansfeld
• Eisleben
• Halle
• Torgau

1483 geboren
1546 gestorben

Leipzig

1519 Disputation mit Dr. Eck

1498– Besuch der Pfarrschule
1501 St. Georg

Eisenach

1521/22 Aufenthalt auf der Wartburg

Erfurt
Weimar
Dresden

1501 Immatrikulation
1506 Eintritt ins Kloster

Schmalkalden

Aus dieser Gegend stammten die Vorfahren Luthers

1530 Aufenthalt während des Augsburger Reichstages

• Coburg

7 Der Lebensweg Luthers

Nun, dass ihr klarer mögt verstan,
Wer die lieblich Nachtigall sei,
Die uns den lichten Tag ausschrei:
Ist Doktor Martinus Luther,
Zu Wittenberg Augustiner,
Der uns aufwecket von der Nacht,
Darein der Mondschein uns gebracht.

Sie han uns vierthalbhundert Jahr
Behalten in ihrer Hut fürwahr
Und mit des Papsts Gewalt getrieben,
Bis Doktor Martin hat geschrieben.

Drum kehret aus der Papstes Wüste
Zu unserm Hirten Jesus Christe.
Derselbig ist ein guter Hirt,
Hat sein Lieb mit dem Tod probiert,
Durch den wir alle sind erlöst.
Das ist unser einiger Trost
Und unsre einige Hoffnung,
Gerechtigkeit und Seligung
Allen, die glauben an seinen Namen.
Wer das begehr, der spreche Amen."
(Zit. nach: G. Bolt u. a. [Hrsg.], Martin Luther, Frankfurt/M. 1983, S. 214)

Arbeitsvorschläge und Fragen

a) Untersuchen Sie, welche Art von Frömmigkeit aus dem Altarbild S. 74 ablesbar ist und was die Absicht der Stiftung ist.
Vergleichen Sie dieses Bild mit dem Altarbild S. 75, z. B. hinsichtlich der Thematik, der Motive, der Darstellungsabsicht und der Funktion, und suchen Sie u. a. mit Hilfe von M 3, M 4 und M 6 Gründe für den festgestellten Wandel.
b) Erarbeiten Sie aus M 1 und M 2 die Kritik an der alten Kirche und die Grundaussagen der „neuen Lehre" mit ihren möglichen Auswirkungen auf Kirche und Gesellschaft.

9. Reformation des Adels, der Bürger und Bauern

Die Sache Luthers wurde trotz des Wormser Ediktes von 1521 zu einer *Massenbewegung*. Anders als bei früheren „Ketzern" verbreiteten sich nämlich seine Schriften durch den neuen Buchdruck rasch und weit. Sieben Jahre nach 1517 hatte sich z. B. die jährliche Druckauflage um das Tausendfache gesteigert. Auch waren viele Menschen mit ihrer Lage in der Ständegesellschaft unzufrieden und glaubten nun bei Luther die (damals als notwendig angesehene) religiöse Legitimierung für ihren Wunsch zu finden, Gesellschaft und Politik zu ändern.

Beim niederen Adel schaute man voll Neid auf die reich gewordenen Kaufleute der Städte und sah sich auch von der wachsenden Fürstenmacht in seiner privilegierten Stellung bedroht. Die Adeligen lasen nun in Luthers Schrift „An den christlichen Adel deutscher Nation von des christlichen Standes Besserung" (1520), alle Geistlichen, auch die Bischöfe und der Papst, seien der weltlichen Obrigkeit unterworfen; und sie verstanden dies als einen Aufruf die zahlreichen geistlichen Fürstentümer im Reich zu säkularisieren (in weltlichen Besitz zu überführen). Franz von Sickingen z. B., „Hauptmann" der Vereinigung der oberrheinischen Ritterschaft, führte 1522/23 einen „Heerzug zur Ehre Christi" gegen den Erzbischof und Kurfürsten von Trier, scheiterte aber an der militärischen Überlegenheit der mit dem Erzbischof verbündeten Fürsten.

Besonders rasch wirkten Luthers Schriften in den Städten. In kurzer Zeit blieben die früher so zahlreichen Stiftungen aus, viele Klöster leerten sich und altgläubige Priester wurden beschimpft, dass sie den Christen das Wort Gottes vorenthielten. An manchen Orten kam es – gegen den Willen Luthers – zu Bilderstürmen, d. h. zur gewaltsamen Entfernung der Altarbilder, da deren Verehrung oder gar Anbetung jetzt als Götzendienst bewertet wurde. Noch stärker von Luthers Wollen entfernte sich die sehr vielschichtige Bewegung der Täufer oder Wiedertäufer, welche die Säuglingstaufe ablehnten und nur den als Christen betrachteten, der sich bewusst und aus freiem Willen mit der Taufe für Gott entschied. Die christliche Gemeinde sollte nach den Vorstellungen der Täufer zu einer Gemeinschaft der Vollkommenen werden, die sich von der Welt absondert und z. B. auf den Gebrauch einer Waffe verzichtet.

Reformatorische Bewegung beim Adel und in den Städten

1 **Die von Martin Luther angeblich gestohlenen Fahnen** (Holzschnitte aus Thomas Murners Streitschrift „Von dem großen lutherischen Narren", 1522)

2 „Klagrede der armen verfolgten Götzen und Tempelpilder/über so ungleich urtayl und straffe" (Einblattdruck, um 1530)

Obwohl die Täufer keine Massenbewegung waren – 1525 gab es ungefähr 40 Täufergemeinden –, wurden sie von allen Obrigkeiten als aufrührerisch verfolgt. „Wer widerruft, wird geköpft, wer nicht widerruft, wird verbrannt", hieß es z. B. in einem herzoglich bayerischen Mandat. Nur an den Rändern des Reiches, in Böhmen und den Niederlanden, überlebten täuferische Gemeinden.

Erhebung des „gemeinen Mannes"

Auch die bäuerliche Bevölkerung war von der *reformatorischen Unruhe* erfasst worden. In Luthers Schrift „Von der Freiheit eines Christenmenschen" (1520) meinten viele die Rechtfertigung zu finden, die verhasste Leibeigenschaft abzuschütteln und sich – notfalls gewaltsam – die Rechte zu verschaffen, die nach der Heiligen Schrift allen Menschen, auch dem „gemeinen Mann", zustehen.
Im Frühjahr 1525 schlossen sich die Bauern (vor allem im schwäbischen und fränkischen Raum) in „Haufen" und „christlichen Vereinigungen" zusammen, eroberten und zerstörten Burgen, besetzten Klöster und bewogen vor allem die kleineren Städte mit ihren vielen Ackerbürgern sich ihrer Sache anzuschließen.
Doch nicht lange waren die Bauern erfolgreich. Schnell hatten sich die Obrigkeiten von ihrem anfänglichen Schrecken erholt, neue Söldner angeworben und im Mai/Juni 1525 den Bauern blutige Niederlagen beigebracht, unter anderem bei Böblingen, Frankenhausen in Thüringen, Zabern im Elsass und Königshofen in Franken. Nach zeitgenössischen Schätzungen kamen ungefähr 100 000 Bauern auf dem Schlachtfeld und bei dem sich anschließenden grausamen Strafgericht ums Leben.

Das Reformprogramm der Bauern

Besonders deutlich wurden die Absichten der Mehrheit der Bauern in den *Zwölf Artikeln*, die Ende Februar in Memmingen als Programm der oberschwäbischen Bauern erschienen waren und in den folgenden drei Monaten in 25 weiteren Drucken verbreitet wurden. Darin beschwerten sich die Bauern über zu hohe Abgaben und die Steigerung der Frondienste, über die Einziehung von Gemeindeland und die Beschränkung von Jagd-, Fischerei- und Waldnutzungsrechten. Die Reformforderungen lauteten: Aufhebung der Leibeigenschaft, Zuständigkeit der bäuerlichen Gemeinde für Gericht und Verwaltung und auch für die Ein- und Absetzung des Pfarrers, schließlich die Verfügung über den Zehnten für die Besoldung des Pfarrers und die Armenfürsorge. Begründet wurden die Forderungen mit dem Wort Gottes der Heiligen Schrift; die Bauern vertraten die Ansicht, dass das Evangelium klare Anweisungen für die Ordnung des weltlichen Zusammenlebens geben könne.
Radikaler noch war der Prediger *Thomas Müntzer*, der bei den Unruhen in Thüringen maßgeblichen Einfluss gewonnen hatte und 1525 enthauptet wurde.

Nach Müntzer ist die Welt zweigeteilt in „Auserwählte", die den rechten Glauben haben, und „Gottlose", die vernichtet werden müssen. Gottlos sind für ihn z. B. die Fürsten, die die Not des Volkes nicht beheben, so dass die armen Leute keine Gelegenheit haben lesen zu lernen und so zum Glauben zu finden.
Martin Luther hatte zunächst den Fürsten ins Gewissen geredet, die berechtigten Forderungen der Bauern zu erfüllen. Als er aber vom gewalttätigen Vorgehen der Bauern, vor allem im Umkreis von Thomas Müntzer, hörte, war das für ihn „lauter Teufelswerk". Er forderte deshalb die Fürsten zu rücksichtslosem Vorgehen gegen die Aufständischen auf, denn ein biblisch begründetes Recht zu gewaltsamem Widerstand selbst gegen eine ungerechte Obrigkeit gab es für Luther nicht. Im übrigen hatten die Bauern für Luther das Evangelium ganz „fleischlich" missverstanden, wenn sie aus ihm direkte Anleitungen zur Ordnung des „weltlichen Reiches" herauslasen.

Diese Stellungnahme Luthers und seine Obrigkeitslehre, die sich auf Römer 13,1 stützt („Es ist keine Obrigkeit, die nicht von Gott verordnet ist"), wurden später für die Schwierigkeiten der Deutschen auf dem Weg zur Demokratie mit verantwortlich gemacht. Auch schien dadurch der bald erhobene Vorwurf widerlegt, Luthers Wortgewalt habe zur Erhebung der Bauern geführt. In der späteren Forschung wurde die Bedeutung der Reformation für den Bauernkrieg als gering eingeschätzt. Man verwies dabei auf die zahlreichen früheren Bauernaufstände, z. B. des Bundschuhs und des „Armen Konrad" (1514 in Württemberg), in deren Tradition der große deutsche Bauernkrieg von 1525 stand. Denn

Bauernkrieg und Reformation

3 Der Bauernkrieg 1525

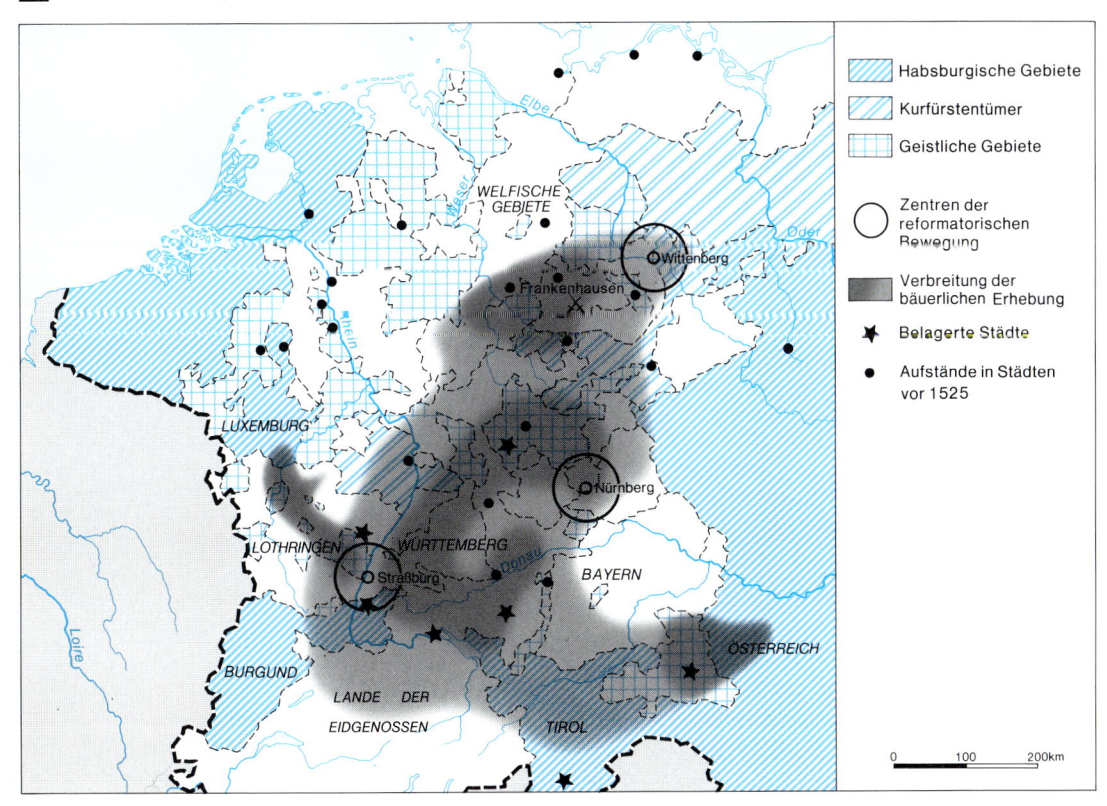

viele der bäuerlichen Forderungen von 1525 findet man auch schon bei früheren Aufständen. Neu war jetzt die Begründung der Forderungen. Die Bauern beriefen sich, von der Reformation beeinflusst, auf das göttliche Recht der Bibel und nicht wie früher auf das „alte Recht", das wiederhergestellt werden sollte. Luther hatte aber auch die Mündigkeit der Christen in geistlichen Dingen betont und zunächst gewollt, dass die christliche Gemeinde über die richtige Lehre und die Berufung des Pfarrers entscheide und nicht die Hierarchie der Kirche mit dem Papst an der Spitze. Von daher lag es für die Bauern nahe, die Mündigkeit der Christen auch in weltlichen Dingen zu beanspruchen und sich für die politische Autonomie der Dorfgemeinde gegenüber der Herrschaft einzusetzen.

4 Die „Zwölf Artikel"

Die Einleitung zu dieser Programmschrift der Bauern (März 1525) lautet:

„Die gründlichen [begründeten] und rechten Hauptartikel aller Bauernschaft …
Dem christlichen Leser Fried und Gnad Gottes durch Christum. Es sind viel Widerchristen, die jetzund von wegen der versammelten Bauernschaft das Evangelion zu schmähen Ursach nehmen, sagend: ‚Das sind die Frücht des neuen Evangelions? Niemand gehorsam sein, an allen Orten sich emporheben und aufbäumen, mit großem Gewalt zuhauf laufen und sich rotten, geistliche und weltliche Oberkeiten zu reformieren, auszurotten, ja vielleicht gar zu erschlagen?' Allen diesen gottlosen, frevenlichen Urteilern antworten diese nachgeschriebne Artikel. Am Ersten, dass sie diese Schmach des Wort Gottes aufheben. Zum andern die Ungehorsamigkeit, ja die Empörung aller Bauern christenlich entschuldigen. Zum Ersten ist das Evangelion nit ein Ursach der Empörungen oder Aufruhren, dieweil es eine Rede ist von Christo, dem verheißnen Messias, welchs Wort und Leben nichts dann Liebe, Friede, Geduld, und Einigkeiten lernet, also dass alle, die in diesen Christum glauben, lieblich, friedlich, geduldig und einig werden. Sodann der Grund aller Artikel der Bauern (wie dann klar gesehen wird), das Evangelion zu hören und demgemäß zu leben, dahin gericht ist. …
Zum andern dann klar und lauter folgt, dass die Bauren, in ihren Artikeln solches Evangelion zur Lehr und Leben begehrend, nit können ungehorsam, aufrührisch genannt werden. Ob aber Gott die Bauren (die dringend verlangen, nach dem göttlichen Recht zu leben) erhören will, wer will den Willen Gottes tadeln? Wer will in sein Gericht greifen? Ja, wer will seiner Majestät widerstreben? Hat er nicht die Kinder Israel, zu ihm schreiend, erhöret und aus der Hand Pharaonis entlediget, kann er nit noch heute die Seinen erretten? Ja, er wird's erretten! Und in einer Kürz!
Derhalben, christlicher Leser, solche nachfolgend Artikel liese mit Fleiß, und nachmals urteil!
Hie nachfolgend die Artikel: …"
(Zit. nach: Günter Jäckel [Hrsg.], Kaiser, Gott und Bauer, Berlin [Ost] 1975, S. 405 f.)

5 „Vermahnung zum Frieden"

Im April 1525 antwortete Luther auf die „Zwölf Artikel", indem er beide Parteien ansprach:

„Ermahnung der Fürsten und Herren
[Die Bauern] haben zwölf Artikel aufgestellt, unter welchen einige so billig und recht sind, dass sie euch vor Gott und der Welt den guten Namen nehmen …
Den ersten Artikel, in dem sie begehren das Evangelium zu hören und das Recht einen Pfarrer zu wählen, könnt ihr mit Wahrung des Anscheins nicht abschlagen … man solle ihnen das Evangelium predigen lassen. Dagegen kann und soll keine Obrigkeit etwas unternehmen. Ja, die Obrigkeit soll nicht wehren, was jedermann lehren und glauben will, es sei Evangelium oder Lügen. Es ist genug, dass sie Aufruhr und Unfrieden zu lehren abwehrt.
Die andern Artikel, die leibliche Beschwerung anzeigen, wie Leibfall, Auflagen und dergleichen, sind ja auch billig und recht. Denn die Obrigkeit ist nicht dazu eingesetzt, dass sie ihren Nutzen und Mutwillen an den Untertanen suche, sondern den Nutzen und das Beste schaffe bei den Untertanen …

Ermahnung der Bauern
Erstens. Liebe Brüder, ihr führt den Namen Gottes und nennt euch eine christliche Rotte oder Vereinigung und gebt vor, ihr wolltet nach dem göttlichen Recht verfahren und handeln. Wohlan, so wisst ihr ja auch, dass Gottes Name, Wort und Titel soll nicht vergeblich oder unnütz angeführt werden, wie er spricht im zweiten Gebot: ‚Du sollst den Namen Gottes, deines Herrn, nicht unnützlich führen!' …
Zum zweiten. Dass ihr aber die seid, die Gottes Namen unnützlich führen und schänden, ist leicht zu beweisen. Und dass euch darum zuletzt alles Unglück begegnen werde, ist auch kein Zweifel – Gott sei denn nicht wahrhaftig. Denn hier steht Gottes Wort und spricht durch den Mund Christi: ‚Wer das Schwert nimmt, der soll durchs Schwert umkommen.' (Matth. 26, 52) …
Zum dritten. Ja, sprecht ihr, die Obrigkeit ist zu böse und unerträglich. Denn sie wollen uns das Evangelium nicht lassen und drücken uns allzu hart mit zeitlicher Güter Beschwerung und Verderben uns so an Leib und Seele. Ich antworte: Dass die Obrigkeit böse und ungerecht ist, entschuldigt weder Zusammenrotten noch Aufruhr. Denn die Bosheit zu strafen, das gebührt nicht einem jeglichen, sondern der weltlichen Obrigkeit, die das Schwert führt, wie Paulus, Röm. 13,4 sagt."
(Zit. nach: Der Deutsche Bauernkrieg 1524 bis 1526, hrsg. von J. Kettel und P. Wietzorek, Stuttgart 1983, S. 86)

6 Thomas Müntzer gegen Martin Luther
1524 nahm Müntzer Stellung zu Luther:
„Hochverursachte Schutzrede und Antwort wider das geistlose, sanftlebende Fleisch zu Wittenberg, welches mit verkehrter Weise durch den Diebstahl der Heiligen Schrift die erbarmungswürdige Christenheit so ganz jämmerlich besudelt hat …
Er ist ein Herold, er will Dank verdienen mit der Leute Blutvergießen und [um] zeitlichen Gutes willen, welches doch Gott nicht [als seine Absicht] befohlen hat. Sieh zu, die Grundsuppe des Wuchers, der Dieberei und Räuberei sind unsere Herren und Fürsten; [sie] nehmen alle Kreaturen als Eigentum: die Fische im Wasser, die Vögel in der Luft, das Gewächs auf Erden muss alles ihrer sein. Jes. 5. Darüber lassen sie dann Gottes Gebot ausgehen unter die Armen und sprechen: Gott hat geboten, du sollst nicht stehlen; es [hilft] ihnen aber nicht. So sie nun alle Menschen [nötigen], den armen Ackersmann, Handwerksmann und alles, was da lebt, schinden und schaben, Micha 3, und wenn sich dann [einer] am allergeringsten vergreift, so muss er hängen. Da sagt dann der Doktor Lügner [auch noch]: Amen. [Dabei] machen die Herren das selber, dass ihnen der arme Mann feind wird. Die Ursache des Aufruhrs wollen sie nicht wegtun, wie kann es [auf] die Dauer gut werden? Wenn ich das sage, muss ich aufrührerisch sein, wohlan!"
(Zit. nach: Der Deutsche Bauernkrieg 1524 bis 1526, hrsg. von J. Kettel und P. Wietzorek, Stuttgart 1983, S. 81)

7 Einsturz der Burg (Holzschnitt des Petrarca-Meisters 1519/20)

Arbeitsvorschläge und Fragen

a) Erarbeiten sie die in M4–M6 übereinstimmenden bzw. verschiedenen Auffassungen, z. B. bezüglich des Schriftprinzips, der Stellung der Obrigkeit, des Widerstandsrechts.
b) Überprüfen Sie mit Hilfe von M5 die in M4 enthaltenen Aussagen über den Zusammenhang von Reformation und Bauernkrieg.
c) Untersuchen Sie den Aussagewert der Bilder M1, M2 und M7 als historische Quellen.

10. Kaiser, Reich und Reformation

Landesfürstliche Reformation

Das Edikt von Worms (1521) gegen die lutherische Ketzerei versuchten nur ganz wenige Fürsten im Reich durchzusetzen; die meisten Obrigkeiten warteten auf die Einberufung eines allgemeinen Konzils, das alle kirchlichen Streitfragen klären sollte. Doch ab Mitte der 20er Jahre wagten es neben zahlreichen Reichsstädten auch einzelne Fürsten, ihren religiösen Überzeugungen und politischen Interessen zu folgen und die Kirche in ihren Territorien im Sinne Luthers zu reformieren. Ein wichtiges Mittel dieser landesfürstlichen Reformation waren die Visitationen: Staatliche Kommissionen aus Theologen und Juristen überprüften alle Pfarrer, entließen altgläubige Kleriker, schlossen Klöster und säkularisierten (verstaatlichten) deren beträchtlichen Grundbesitz. Auch wurden die Stiftungen und anderen Vermögenswerte der Kirche an einem Ort in einem „Gemeinen Kasten" zusammengefasst, aus dem die Armen versorgt und Pfarrer und Lehrer besoldet werden sollten.

An die Spitze der neugeschaffenen Kirchenordnung stellte sich der Landesherr als „Notbischof"; mit seinem *landesherrlichen Kirchenregiment* verhinderte er, dass der Ruf nach Reformation länger dem gemeinen Mann überlassen blieb. Das von den weltlichen Obrigkeiten beanspruchte Recht zur Reformation („ius reformandi") bedeutete, alle kirchlichen Ämter zu besetzen und die Gottesdienstformen und das Bekenntnis der Untertanen zu bestimmen.

Trotz dieses offensichtlichen Machtgewinns war der Bruch des Reichsrechts durch die evangelisch gewordenen Fürsten und Städte zunächst nicht ohne Risiko. Ihr Lager war auch wegen des Streites zwischen den Lutheranern und den oberdeutschen Anhängern des Züricher Reformators Zwingli geschwächt. Huldrych *Zwingli* (1484–1532) wandte sich u. a. gegen Bilder in der Kirche und lehrte, dass bei der Abendmahlsfeier Christus nicht persönlich gegenwärtig sei. Die Isolierung der evangelischen Reichsstände wurde 1529 auf dem 2. Reichstag von Speyer deutlich, als die katholische Mehrheit die strikte Einhaltung des Reichsrechtes einforderte, das z. B. mit der Säkularisation verletzt worden war. Dagegen legten die Evangelischen Protest ein, da in Glaubens- und Gewissensfragen eine Minderheit nicht überstimmt werden dürfe.

Karl V. kämpft um die Glaubenseinheit

Einen besonders entschiedenen Gegner fanden die „Protestanten" in *Karl V*. Seit 1519, dem Jahr seiner Wahl zum Kaiser und damit auch zum Schutzherrn und weltlichen Haupt der Kirche, fühlte er sich verpflichtet die lutherische Ketzerei zu bekämpfen. Auch hätte konfessionelle Vielfalt den Zusammenhalt der habsburgischen Königreiche und Herrschaften in Böhmen, Österreich, den Niederlanden, Burgund, Italien, Spanien und der „Neuen Welt" besonders gefährdet. 1530 versuchte Karl V. deshalb persönlich – nach fast zehnjähriger Abwesenheit vom Reich – auf einem Reichstag in Augsburg endlich die Einigung in der Religionsfrage zu erzielen. Der theologische Ausgleich zwischen der an sich um Ausgleich bemühten Bekenntnisschrift der Lutheraner, der „Confessio Augustana", und der „Confutatio" der katholischen Seite gelang jedoch nicht. Deshalb entschied sich der Kaiser für Härte und erklärte jeden weiteren Widerstand gegen das Wormser Edikt für Landfriedensbruch. Daraufhin schlossen sich die protestantischen Reichsstände 1531 in dem hessischen Städtchen *Schmalkalden* zu einem Schutzbündnis mit einer Streitmacht von 12 000 Mann zusammen. *Gewaltsamer Widerstand* gegen die Kaiserliche Obrigkeit erschien den Lutheranern gerechtfertigt, da die Fürsten vor Gott für das Seelenheil ihrer Untertanen verantwortlich seien.

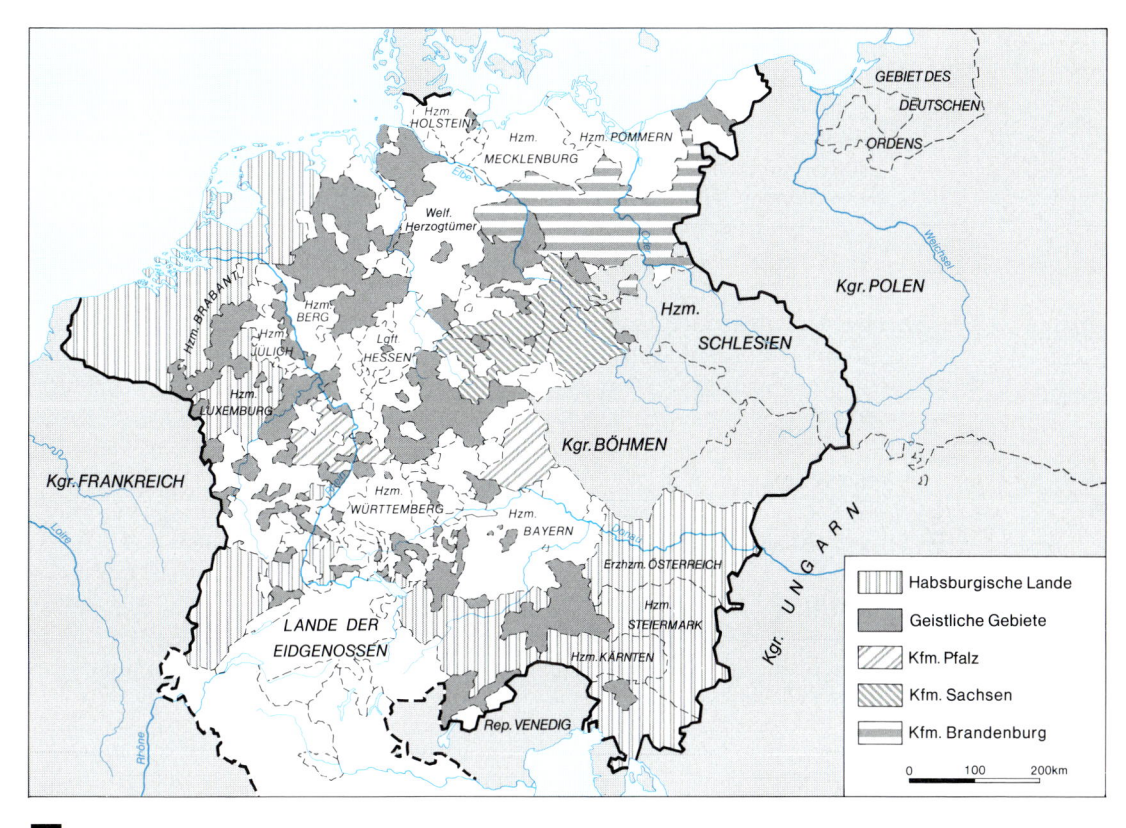

1 Das Heilige Römische Reich Deutscher Nation um 1520

Die Geldmittel des Kaisers reichten für eine ständige Anwerbung von Landsknechten gegen die Evangelischen nicht aus. Außerdem führte Karl jahrelang (1521–26, 1526–29, 1534–36, 1542–44) Krieg gegen den französischen König um seine Erbansprüche in Oberitalien und Burgund durchzusetzen. Geld benötigte der Kaiser zumal für die Abwehr der Türken, die seit der Eroberung des christlichen Konstantinopel (1453) immer weiter auf dem Balkan vordrangen. Die Heere Suleimans II., des Prächtigen, eroberten 1521 Belgrad, 1526 fast ganz Ungarn und belagerten schließlich 1529 Wien. Auch 1532, 1541 und 1543 bedrohten sie vor allem den habsburgischen Besitz im Südosten des Reiches. Die evangelischen Reichsfürsten waren aber erst zu einer wirksamen Hilfe bereit, als der Kaiser in einen Waffenstillstand zwischen den Religionsparteien einwilligte („*Nürnberger Anstand*" von 1532). Daraufhin wurde in immer mehr Städten und Territorien, vor allem im Norden und Osten Deutschlands, aber auch z. B. im Herzogtum Württemberg (1534) die Reformation eingeführt. Karl V. hatte jedoch den Kampf gegen die Ausbreitung der evangelischen Lehre nicht aufgegeben. 1546/47, in einer Kampfpause mit dem französischen König und dem Sultan, besiegte der Kaiser im Schmalkaldischen Krieg die Protestanten und diktierte ihnen auf einem „*Geharnischten Reichstag*" seine Bedingungen. Allerdings konnte Karl V. seinen Sieg nicht auf Dauer nutzen, denn gegen die drohende kaiserliche Übermacht wandten sich nun auch die katholischen Reichsfürsten, die wie ihre evangelischen Standesgenossen die alte „libertet und freiheit" dem Kaiser gegenüber erhalten wollten.

Augsburger Religionsfrieden

In dieser politischen und militärischen *Pattsituation* ließ es der Kaiser schließlich resigniert zu, dass Ferdinand, sein Bruder und Nachfolger im Reich, 1555 in Augsburg einen *Religionsfrieden* unterzeichnete. Dieser sollte zwar auf Dauer, aber nur bis zur immer noch angestrebten „vergleichung der religion" ein friedliches Nebeneinander von Lutheranern und Katholiken ermöglichen. Andere reformierte Glaubensrichtungen wie die Zwinglianer blieben ausgeschlossen. Auch blieb die freie Wahl des Bekenntnisses auf die Reichsstände und die Reichsritter beschränkt. Geistliche Fürsten mussten künftig mit ihrem Übertritt zum Luthertum auf ihre Herrschaft verzichten (sog. geistlicher Vorbehalt). Die Untertanen hatten sich nach dem jeweiligen Bekenntnis ihres Landesherrn zu richten. Sie erhielten zwar ein Recht zur Auswanderung; doch mussten sie sich zuvor aus der Leibeigenschaft freikaufen oder als Stadtbewohner ein hohes Abzugsgeld bezahlen. Nur für einzelne Reichsstädte galt die Regelung, dass beide Konfessionen in einem Gemeinwesen gleichberechtigt nebeneinander auskommen sollten.

So hatte in Augsburg nicht der Toleranzgedanke gesiegt. Denn weiterhin hielt man an den mittelalterlichen Prinzipien einer einzigen Wahrheit und der Einheit von Kirche und Staat fest, wenn auch jetzt auf der Ebene der einzelnen Territorien und nicht mehr auf der Ebene des Reiches. Mit dem Augsburger Religionsfrieden war auch endgültig der Versuch misslungen die ganze Kirche im Sinne Luthers zu reformieren bzw. die Kirchen- und Glaubenseinheit im Sinne der katholischen Kirche zu bewahren.

Säkularisierung/Säkularisation (von spätlat. saecularis: weltlich): Dieser Ausdruck bezeichnet heute den seit Beginn der Neuzeit anhaltenden Prozess der Entchristlichung und „Verweltlichung" aller Bereiche des Staates, der Gesellschaft und Kultur, d. h. der Loslösung der menschlichen Verhaltensweisen, Werte und Normen von der traditionellen religiösen Grundlage. Ursprünglich wurde mit „saecularisatio" nur die umstrittene Aneignung geistlicher Güter und kirchlichen Besitzes durch (weltliche) Fürsten, Stadtregierungen und auch Privatpersonen bezeichnet. In Deutschland wurden nach der Reformationszeit vor allem 1802/03 im Zusammenhang mit der Napoleonischen Neuordnung Europas geistliche Herrschaften säkularisiert.

---

2 Regesten aus dem Archiv der Reichsstadt Esslingen. (In Regesten sind Urkunden und deren Rechtsinhalt verzeichnet):

„1. Konstanz, 1522 Mai 24. Bischof Hugo von Konstanz ersucht Bürgermeister und Rat zu Esslingen, gegen die Lehre Luthers, die von Papst und Kaiser verworfen worden sei, und trotzdem von seinen Anhängern von den Kanzeln und überall sonst verkündet werde, vorzugehen und den Prediger, der sich zur Zeit in der Stadt aufhalte, um Widerwärtigkeiten zu pflanzen, auszuweisen.

2. 1524. Bürgermeister und geheimer Rat der Stadt Schwäbisch Gmünd bitten Bürgermeister und Rat zu Esslingen um vertrauliche Mitteilung, ob an dem Gerücht, in der Stadt sei es wegen der lutherischen Lehre zum Aufruhr gekommen, etwas Wahres sei.

3. 1525 Januar 29. Bürgermeister und Rat der Stadt Esslingen verbieten jedermann bei strenger Strafe, Schmachlieder über die [altgläubigen] Geistlichen zu singen.

4. 1525 August 25. Väter, Brüder und sonstige Verwandte der namentlich aufgeführten Nonnen des St.-Klara-Klosters fordern Bürgermeister und Rat auf, den genannten Nonnen, die sich entschlossen haben, ihrem Gewissen zu folgen und Gelübden und Regeln, womit man Gott vergeblich dient, zu entsagen und ihre Seligkeit außerhalb des Klosters in tätiger Nächstenliebe zu suchen, nichts in den Weg zu legen.

5. 1527 Mai 27. Bürgermeister und Rat der Stadt Esslingen weisen die Beschwerden des Bischofs von Konstanz über die Besteuerung der Priester,

3 Schreiben Luthers an die Esslinger (Druck von 1523)

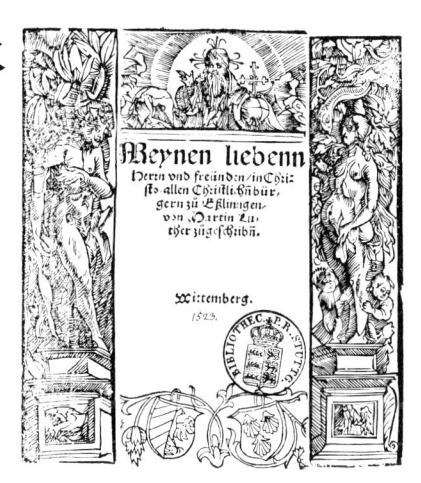

4 Schreiben Zwinglis an die Esslinger (Druck von 1527)

die Eingriffe in die geistliche Gerichtsbarkeit und die Einstellung der Pfründverleihungen zurück.

6. 1528 November 1. und 8. Bürgermeister und Rat warnen jeden, der im Sterben liegt, den Empfang der Sakramente und die Bestattung durch einen Priester zu verweigern. Wer stirbt, ohne die Sakramente empfangen zu haben, wird auf einem Karren auf ‚des Zichtigers' Wasen gebracht, wo man sonst das verendete Vieh und die Schelmen begräbt.

7. 1529 Juli 5. Bürgermeister und Rat verbieten unter Androhung härtester Strafen, dass einer den anderen wegen seines Glaubens angreift oder beleidigt.

8. Bürgermeister, großer und kleiner Rat verurteilen Stefan Bohmerlin am 5. Oktober 1529 zum Tode. Er war ‚des verdampten Irrsals und der Ketzerey des Widertaufs halben' ins Gefängnis gekommen.

9. Auszug aus dem Reichsabschied des Reichstages von Augsburg vom 18. November 1530. ‚… Die Meß, andere Gepett, Ceremonien sampt anderen Satzungen und Kirchenpreuchen sollen in aller Maß, wie von alters loblich und christlich herpracht, gehalten werden …
Das(s) ain freyer Will sey, soll gehalten, gelernt und geprediget werden.
Die guten Werck sollen nit verworffen, dweils in der Heiligen Geschrifft vom Menschen offt erfordert werden.
Die siben Sacrament sollen mit allen iren Ceremonien, wie vor diser Zwispaltung beschehen, gehalten und alle Newerung abgestellt werden.
Alle hoch und nider Stifft, Clöster, Pfarrstiftung und Pfrunden sollen bey iren Satzungen, Regeln, Ordnungen … und allen andern wol herprachten Ceremonien gehandthabt und behalten werden …
Die verehlichten Priester sollen ire Weiber widerumb von inen thun …
Was zu Emporung der Unterthonen gegen der Oberkeit raichet …, sollen zu predigen vermitten pleiben …'

10. 1531 August 20. Bürgermeister und Rat der Stadt Esslingen geben ihren mit großer Mehrheit gefassten Beschluss bekannt, einen christlichen evangelischen Prediger anzustellen und das heilige Evangelium klar und lauter predigen zu lassen.

11. 1531 September 13. Ambrosius Blarer [1492 bis 1564, Reformator in Konstanz, Memmingen, Ulm, Esslingen, Isny, Lindau, Württemberg, Augsburg, Biel und Winterthur] teilt den geheimen Räten zu Esslingen mit, dass der Rat zu Konstanz ihm erlaubt habe, ‚Ewer Weishait, och dero Gemaind in Gottes Wort ze dienen'.

12. 1531 November 6–13. Die Esslinger Bürger stimmen nach Zünften darüber ab, ob sie beim alten Glauben bleiben wollen oder die Durchführung der Reformation wünschen. Von über 1000 Bürgern votierten nur 21, darunter 5 Wiedertäufer, gegen die Durchführung der Reformation.

13. 1531 November 21. Bürgermeister und Rat laden die Priesterschaft (23 Kapläne), die Dominikaner, Franziskaner, Augustiner und Karmeliter vor und erklären, dass durch die päpstliche

> **Werkstatt Geschichte:**
> **Archivgut**
> Zu den wichtigsten Plätzen historischer Forschung gehören die verschiedenen Archive von Städten, Fürstenhäusern und Staaten, in denen seit Beginn einer schriftlichen Verwaltung Akten verwahrt wurden, d. h. geschäftliche Schriftstücke, die in Vorbereitung oder Ausführung von Rechtsgeschäften entstanden sind. Zweck der Archivierung war also nicht, Material für eine spätere Geschichtsschreibung zu sammeln, sondern jederzeit über Beweismittel für mögliche juristische Auseinandersetzungen verfügen zu können. Ursprünglich wurden nur Urkunden und Briefe, die man erhalten hatte, in Archiven aufbewahrt, später auch die Kopien der ausgehenden Schriftstücke und der sogenannte Innenlauf von Ämtern (z. B. Entwürfe, Denkschriften, Protokolle).

Messe das Nachtmahl Jesu Christi zum Greuel Gottes des Allmächtigen entehrt wird, weshalb man beschlossen habe, sie eine Zeitlang nicht mehr zu feiern. Wenn sie jedoch die päpstliche Messe und die Heiligenverehrung als in der Heiligen Schrift gegründet nachweisen, werde man sich daran mit aller Billigkeit halten. 18 der 23 Kapläne wollten beim Bischof, beim alten Glauben und beim Augsburger Reichsabschied bis zum Konzil bleiben.

14. 1532 März 9. Bürgermeister und Rat entgegnen auf die Beschwerde des Domkapitels Speyer über die Zerstörung des Marienbildes am Zehnthof anlässlich des Esslinger Bildersturmes: der Täter sei nicht bekannt und habe eigenmächtig gehandelt.

15. 1532 März 20. Das Domkapitel Speyer äußert gegenüber Bürgermeister und Rat sein Befremden darüber, dass in einer Reichsstadt bei hellem Tage auf freier, belebter Straße sich jemand habe unbemerkt am Marienbild zu schaffen machen können.

16. ‚Ordnunng und Satzunng ains Ersamen Raths des hayligen Reichs Stat Esselinngen, welcher massen alle ergerliche unnd sundtliche Laster angeben, unnd gestrafft werden sollen. Anno 1532 Fürgenommen.'
Sie enthält Vorschriften über:
‚Von Schweren und Gottslästern. Von den Lesterern Gottes unsers hailigen christlichen Glaubens und der Sacramenten. Vom Zuo und Voltrincken. Vom Spilen. Von Wuocherlichen und bösen Fürkeuffen. Von Huorerey. Vom Ehebruch. Von Schaydung der Ehe. ... Das niemants seine Klayder zerhawen oder zerschneyden soll ...'

17. 1533 Juni 26. M. Jakob Otther und Stefan Schäffer beschweren sich im Auftrag der übrigen Prädikanten über mangelnde Zucht:
Die Zuchtherren vernachlässigen ihre Aufsichtspflicht. Die Laster nähmen überhand, man springe und tanze sonntags. Niemand wolle strafen, die Zuchtherren fürchteten, ‚es mecht i[h]nen der Kopff zerschlagen werden'.
Einige päpstliche Pfaffen, vor allem Joß Senger, hielten sich nach wie vor Kebsweiber.
Während der Predigten herrsche große Unordnung.
Die Mädchen putzten sich viel zu sehr heraus.
Man trage Paternoster [Rosenkränze].
Auf den Gassen und in den Wirtshäusern sei Schwören und Fluchen gang und gäbe, ohne dass jemand Strafe zu gewärtigen hätte.

18. 1534. Erste Schulordnung für die deutschen Schulen in Esslingen, verfasst von Pfarrer Martin Otther.

5 „Ordnung und Satzung" der Stadt Esslingen (Druck von 1532)

6 Kaiser Karl V. in der Schlacht bei Mühlberg 1547 (Gemälde von Tizian, 1548)

7 „Drey und dreissig Predigen" (Titelblatt, 1573)

19. 1547 März. Bedenken der geheimen Herren, wie man die vom Kaiser wegen der Beteiligung am Schmalkaldischen Krieg auferlegte Geldstrafe von 40 000 Gulden aufbringen kann.
20. 1548 Juli 7. Kaiser Karl V. ermahnt Bürgermeister und Rat, ihr gegebenes Versprechen einzuhalten und ohne weiteren Verzug das Interim zu vollziehen, d. h. das im Mai 1548 vom Kaiser erzwungene Religionsgesetz, das den Protestanten nur Laienkelch und Priesterweihe zugestand.
21. 1548 November 30. Bruder Heinrich Stollysen, Provinzial des Barfüßerordens in den oberdeutschen Landen, fordert von Bürgermeister und Rat die beiden dem Orden entzogenen Klöster samt ihren Besitzungen und Einkünften wieder zurück.
22. 1555 September 25. Der Augsburger Religionsfrieden: Die religiöse Minderheit in den Reichsstädten ist geschützt."
(Nach Predigten [M 7] des Kanzlers der württembergischen Universität Tübingen wendete sich die ursprünglich zwinglianisch gesinnte Stadt endgültig dem Luthertum zu.)
(Nach: Walter Bernhardt, 450 Jahre Reformation in Esslingen, Esslingen 1981)

a) Auf S. 70 sind Regesten, d.h. kurze Zusammenfassungen des Inhalts von Aktenschriftstücken abgedruckt, die aus den Beständen des Archivs der ehemaligen Reichsstadt Esslingen am Neckar stammen. Untersuchen Sie diese Materialien unter folgenden Gesichtspunkten: Richtung des Geschäftsganges (Ausgang, Eingang oder Innenlauf), Rangverhältnis zwischen Aussteller und Empfänger, jeweilige rechtliche Bedeutung der Akten, Ordnungsprinzip der Abfolge der Regesten. Ziehen Sie dazu auch den Kastentext auf S. 72 hinzu.
b) Untersuchen Sie an Hand der Materialien M2–M5 und M7 die Geschichte der Reformation in Esslingen unter folgenden möglichen Gesichtspunkten: Konflikt, Interessen, Rechtfertigungen, Macht, Recht, Kompromiss; Zusammenhang von Allgemeiner und Regionalgeschichte; Aussagekraft der angeführten Quellen.

Arbeitsvorschläge und Fragen

Die Reformation im Spiegel der Kunst

8 „Armeseelenaltar" aus der Stiftskirche in Regensburg mit der Stifterinschrift: „Herr Zigmvnd grauer Elizabeta sein hausfraw MCCCCLXXXViii"
Die Stifterin unterstellt sich mit ihrem 1484 verstorbenen Mann und ihren zwei Töchtern dem Jüngsten Gericht. Darunter rechts bewachen ein Engel und ein Teufel den peinigenden Ofen der Hölle (oder des Fegefeuers); links: Engel holen die im Fegefeuer geläuterten „Armen Seelen", die im Jüngsten Gericht Seligkeit und ewiges Leben erlangen werden. Die von den Engeln dargebotenen Gaben entsprechen den Almosen, den Seelenmessen (Kelch) und den Gebeten (Kranz = Rosenkranz?), die die Hinterbliebenen als „gute Werke" den Verstorbenen leisteten. Auf den Seitenflügeln oben links und rechts: Seelenmesse und Gebet. Darunter Werke der Barmherzigkeit: Bekleidung der Nackten, Befreiung der Gefangenen, Laben der Hungrigen und Durstigen, Begraben der Toten (vgl. Matth. 25, 31–46).

9 **Sündenfall und Erlösung**
Mitteltafel des Flügelaltars in der Weimarer Stadtkirche, 1555 von Lukas Cranach d. J. vollendet und vom sächsischen Kurfürsten Johann Friedrich gestiftet, der zusammen mit seiner Frau und seinen Söhnen auf den Innenflügeln dargestellt ist.
Neben der Kreuzigung Jesu ist links dessen Sieg über Tod und Teufel dargestellt, rechts – von Christi Blut erlöst – Lukas Cranach d. Ä., der das Bild zu malen begonnen hatte, neben Johannes dem Täufer und Martin Luther. Luther verweist unter anderen auf den Hebräer- und 1. Johannesbrief: „Darum lasset uns hertreten mit Freudigkeit zu dem Gnadenstuhl, auf dass wir Barmherzigkeit empfangen und Gnaden finden auf die Zeit, wenn uns Gnade not sein wird." „Das Blut Jesu Christ macht uns rein von aller Sünde."

11. Konfessionsbildung und Konfessionskriege

1 **Michelangelos Kuppel der Peterskirche in Rom** mit dem Baldachin über dem Papstaltar (Foto)

2 **Reformierte Kirche** in Genf mit der Nische, in der Jean Calvin predigte (Foto). Der reformierte Gottesdienst besteht aus Predigt, Psalmengesang, Gebet und der (verhältnismäßig seltenen) Abendmahlsfeier

Calvins reformierte Konfession

Um die richtige Auslegung des Augsburger Religionsfriedens von 1555 führten in den folgenden Jahrzehnten die beiden Religionsparteien einen erbitterten, zumeist juristisch ausgetragenen Streit, z.B. um den geistlichen Vorbehalt (1582 bei der gescheiterten Reformation im Erzbistum Köln) oder um das „ius reformandi" der Reichsstädte (das 1582 von Aachen vergeblich beansprucht wurde), sogar um die von Papst Gregor XIII. 1582 verkündete und bis heute gültige Kalenderreform, die bis 1700 von den evangelischen Territorien nicht übernommen wurde.

Während dieser Zeit erlahmte der protestantische Vormarsch immer mehr. Vor allem Kursachsen, das stärkste lutherische Territorium, hielt sich zurück und begnügte sich damit, die rechte lutherische Lehre im eigenen Land durchzusetzen. Kämpferischer zeigten sich allerdings die Kurfürsten der Pfalz, die – 1563 mit dem *Heidelberger Katechismus* – die „zweite Reformation" im Sinne Calvins in ihrem Territorium eingeführt hatten.

Jean Cauvin (*Calvin*), 1509 im nordfranzösischen Noyon geboren, hatte seit 1541 bis zu seinem Tod 1564 die Stadt Genf reformiert und vor allem in Frankreich, in den Niederlanden, in Schottland und Ungarn zahlreiche Anhänger gefunden. Im Reich blieb die reformierte, d.h. calvinistische Richtung allerdings eine Minderheit, erbittert bekämpft von den Katholiken und auch von den Lutheranern, die sich vor allem in der *Abendmahlsfrage* von den Reformierten unterschieden. Calvin glaubte an die wirkliche Gegenwart Christi im Abendmahl, nicht – wie Zwingli – an eine bloß symbolische; doch war für ihn die Gegenwart Christi geistig und nicht in der Hostie konkret-leiblich, wie Luther die entsprechenden Bibelworte verstanden hatte.

Calvin betonte außerdem sehr stark die Prädestination, d.h. Gott habe in seinem „geheimen Ratschluss" von vornherein über Seligkeit oder Verdammnis eines Menschen entschieden. In der Praxis führte das bei späteren Anhängern Calvins zu der Auffassung, dass Erfolg im Leben die Erwählung andeute, und dies hat zu einer gesteigerten Pflichterfüllung im täglichen Leben geführt. Die calvinistische Religiosität mit ihrer rationalen, nüchternen, die Zeit nutzenden Lebensführung gilt daher vielen als wichtige Ursache für die Entstehung des modernen Kapitalismus.

Ein drittes Merkmal des Calvinismus ist die strenge Gemeindezucht, die Calvin für Genf 1541 in den „Ordonnances ecclésiastiques" festgelegt hatte und – für die damalige Zeit unüblich – auch weitgehend durchsetzen konnte. Das menschliche Leben sollte in allen Formen verchristlicht werden: Kirchliches Sittengericht und Hauskontrollen überwachten das Verbot z.B. von Tanz und Kartenspiel, von Fastnachtsumzügen und allen Glaubensabweichungen.

Calvin lehnte auch – im Unterschied zu Luther – eine obrigkeitliche Ordnung der Kirche ab: Die Pastoren, Lehrer, Diakone und Ältesten sollten ihre Legitimierung von der Gemeinde erhalten. Strittig ist, wieviel – direkt oder indirekt – diese Betonung des Gemeindeprinzips (und später auch des Widerstandsrechtes) zur Entwicklung der modernen Menschenrechte und des Parlamentarismus beigetragen hat.

Katholische Reform und „Gegenreformation"

Ungefähr zur gleichen Zeit, in der sich der Calvinismus ausbreitete, fand die katholische Kirche Antworten auf die reformatorische Herausforderung. Das *Konzil von Trient*, das seit 1545, allerdings mit jahrelanger Unterbrechung, getagt hatte, konnte 1563 seine Arbeit abschließen. In den dogmatischen Fragen grenzte sich die römische Kirche jetzt eindeutig von den evangelischen Bekenntnissen ab. Außer der Bibel, die nach katholischer Auffassung zum Ver-

3 Die triumphierende Kirche mit der päpstlichen Tiara vor dem Konzil von Trient (Wandbild in der römischen Basilika Sta. Maria in Trastevere, 1569)

ständnis ihrer selbst nicht ausreicht, sollte in gleicher Weise auch die Überlieferung Quelle der Glaubenswahrheiten sein. Als authentisch galt nur der lateinische Bibeltext der Vulgata, nicht die älteren griechischen oder hebräischen Versionen. Weitere Glaubensdekrete befassten sich mit dem Messopfer, den sieben Sakramenten und mit der Zurückweisung der lutherischen Rechtfertigungslehre. Hilfreich zur Glaubensfestigung erschien auch ein Verzeichnis (Index) verbotener Bücher (seit 1559).

Auch zur Reform der Kirche an Haupt und Gliedern wurden in Trient Beschlüsse gefasst. Zur Verbesserung der Priesterausbildung sollten in jeder Diözese Seminare eingerichtet werden; die Bischöfe wurden verpflichtet, in ihrem Bistum zu residieren. Doch konnten sich diese und andere Reformbeschlüsse nur langsam gegen vielerlei Widerstände durchsetzen.

Eine maßgebliche Hilfe zur Reform der katholischen Kirche und zur Rekatholisierung verloren gegangener Gebiete leistete die Compañia de Jésus (lat.: Societas Jesu), die von dem baskischen Adligen *Iñigo de Loyola* gegründet worden war. Die Jesuiten unterstellten sich als „Soldaten Christi" den Befehlen des Papstes um Ketzer und Heiden zu bekehren. Ihre Missionstätigkeit reichte bald bis nach China, Japan und vor allem Südamerika. Bei Loyolas Tod (1556) verfügte der Jesuitenorden über 58 Kollegien, unterhielt zahlreiche höhere Schulen, später auch Hochschulen, und viele Ordensmitglieder betätigten sich als Prediger, Prinzenerzieher und Beichtväter in katholischen Fürstenhäusern.

Konfessionskriege

Die kirchlich-religiöse Erneuerung der katholischen Kirche durch das Trienter Konzil war auch die Voraussetzung für die „*Gegenreformation*", d.h. für die meistens zwangsweise Rekatholisierung in Gebieten mit evangelisch gesonnener Bevölkerung und katholischer Obrigkeit, z.B. in den österreichischen Ländern und im Bistum Würzburg. Solche konfessionellen Auseinandersetzungen überlagerten und verschärften häufig andere Konflikte in einem Territorium, etwa den üblichen Streit um die Machtstellung des Adels gegenüber dem Landesherrn. Oft waren politische Streitigkeiten eine Ursache für die Zuwendung bestimmter Bevölkerungsgruppen zu einer Konfession. In Frankreich z. B. war die Ausbreitung des Calvinismus begleitet vom blutigen Bürgerkrieg zwischen zwei Adelsparteien, die Einfluss auf die Krone gewinnen wollten (sog. Hugenottenkrieg 1562–1598. Hugenotten: franz. Protestanten). Auch im „Freiheitskampf der Niederlande" (seit 1568) gegen das katholische Spanien ging es einerseits um die Religionsfreiheit der niederländischen Protestanten, zugleich aber um die Selbstverwaltungsrechte der wirtschaftlich besonders entwickelten Provinzen gegenüber dem spanischen König. Schließlich war der Dreißigjährige Krieg (1618–1648) zunächst ein Religionskrieg zwischen protestantischer „Union" und katholischer „Liga"; er verlor aber im weiteren Verlauf immer mehr seinen konfessionellen Charakter: Zusammen mit dem lutherischen Schweden kämpfte das katholische Frankreich gegen den katholischen Kaiser aus dem Haus Habsburg. Der Westfälische Frieden von 1648 veränderte die Bestimmungen des Augsburger Religionsfriedens erheblich, z.B. wurden die Calvinisten (Reformierte) in den Religionsfrieden mit eingeschlossen, und beim Konfessionswechsel eines Fürsten musste nicht mehr die ganze Bevölkerung eines Landes diesen Wechsel mitvollziehen; doch hatte sich trotz der bitteren Erfahrungen des langen und verlustreichen Krieges das Prinzip der religiösen Toleranz und der Religionsfreiheit noch nicht durchgesetzt.

4 „Kriegsdienst" für Gott
Die Bestätigung des Jesuitenordens durch Papst Paul III. (1540):
„§1. ... Wir haben vor kurzem gehört, dass die geliebten Söhne Ignatius von Loyola [und andere] ... sich vereinigt ... haben ...
Der Text [ihrer Ordensregel] ... lautet so:
§4. Wer in unserer Gesellschaft, die wir mit dem Namen Jesu bezeichnet wissen wollen, unter dem Banner des Kreuzes Gott Kriegsdienst leisten und allein dem Herrn und seinem Statthalter auf Erden, dem römischen Bischof, dienen will, soll nächst dem feierlichen Gelübde steter Keuschheit sich vor Augen halten, dass er einer Gesellschaft angehört, die hauptsächlich dazu gegründet ist, auf Förderung der Seelen in christlichem Leben und christlicher Lehre und auf Ausbreitung des Glaubens durch öffentliche Predigt und Dienst am Worte Gottes, durch geistliche Übungen und Werke der Liebe und namentlich durch Unterweisung der Knaben und Ungelehrten im Christentum, sowie geistliche Tröstung der Christgläubigen beim Beichthören vorzüglich hinzuarbeiten ...
§6. Wissen sollen alle Genossen und täglich beherzigen, dass diese Gesellschaft unter treuem Gehorsam gegen den Papst und seine Nachfolger Gott Kriegsdienst leistet, ... so dass wir ... ohne irgendwelches Zögern Folge zu leisten gehalten sind, mag er [der Papst] uns zu den Türken oder zu irgendwelchen anderen Ungläubigen, und sei es in Indien, oder zu irgendwelchen Häretikern oder Schismatikern oder auch zu beliebigen Gläubigen senden ..."
(Zit. nach: Carl Mirbt, Quellen zur Geschichte des Papsttums, Tübingen 1924⁴, S. 272 ff.)

5 Der Genfer „Gottesstaat"
Aus einem Brief Calvins (25. 11. 1560):
„Die Pfarrer werden von unserem Kollegium gewählt. Es wird den Kandidaten eine Schriftstelle gegeben, an deren Auslegung sie eine Probe ihrer Geschicklichkeit geben können; dann werden sie über die Hauptpunkte der Lehre geprüft;

schließlich haben sie sowohl vor uns als vor der Gemeinde zu predigen. Dabei sind auch zwei Ratsmitglieder anwesend. ... Wessen Wahl durch allgemeine stillschweigende Zustimmung gebilligt wird, der wird dann Gott und der Gemeinde anbefohlen ...
Zum heiligen Abendmahl darf keiner kommen, der nicht seinen Glauben bekannt hat. Deshalb werden jährlich vier Prüfungen abgehalten, an denen die Kinder befragt und eines jeden Fortschritte festgestellt werden ... Was die Erwachsenen angeht, so wird jährlich eine Inspektion jeder Familie abgehalten ... Der Pfarrer ist von einem Ältesten begleitet; dabei werden dann neu Zugezogene auch geprüft.
Die Sittenzucht wird folgendermaßen gehandhabt: Jährlich werden zwölf Älteste gewählt ... Vor dieses kirchliche Gericht wird nur vorgeladen, über wen dies einstimmig beschlossen wird ... So werden Flucher, Trunkenbolde, Hurer, Raufbolde und Streitsüchtige, Tänzer und Reigenführer und dergleichen Leute vorgeladen. Wer nur leicht gefehlt hat, wird mit freundlichen Worten zurechtgewiesen und entlassen.

Bei schwereren Sünden ist die Rüge strenger; der Pfarrer tut sie dann nämlich in den Bann, wenn auch nur für kurze Zeit; dadurch werden sie vom Abendmahl ausgeschlossen, bis sie um Verzeihung bitten ... Verachtet jemand verstockt die kirchliche Macht und lässt nicht innerhalb eines Jahres von seinem Trotz, so wird er vom Rat auf ein Jahr ausgewiesen."
(Zit. nach: Karl Heinrich Peter [Hrsg.], Briefe zur Weltgeschichte, München 1964, S. 59 ff.)

7 Kritik an der Durchführung der Konzilsbeschlüsse von Trient
In einer Beschwerdeschrift wandte sich die katholische Priesterschaft in den Kantonen Uri, Schwyz und Unterwalden an ihre weltliche Obrigkeit (1579):
„Kam da der Bischof von Vercelli zu uns, nicht als Legat, sondern nur als Bote des Römischen Stuhls, fing eine Reform der gesamten Priesterschaft an und will uns zu des heiligen Tridentinischen Konzils Satzungen drängen. Unseres Erachtens geht er dabei aber gegen die Ordnung des heiligen Konzils vor ...

6 Die Verbreitung der Konfessionen in Europa um 1580

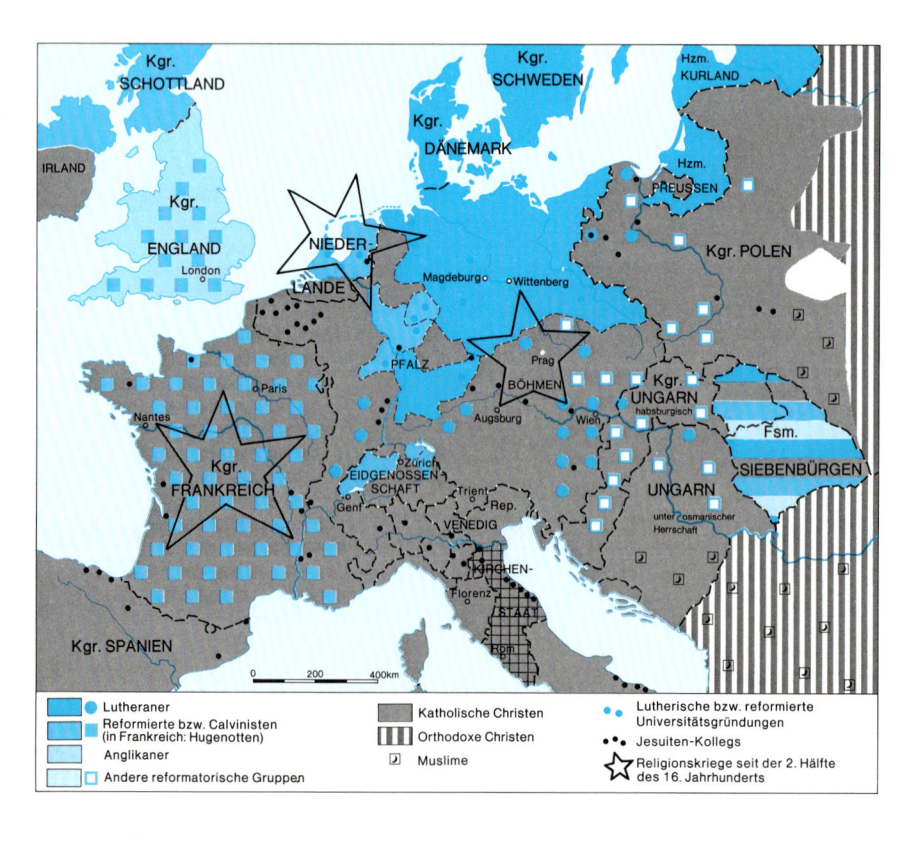

Zum Dritten: Wo der Bischof selber visitierte, wie in den Hauptpfarreien, hat er entweder lateinisch oder welsch gepredigt und hernach durch einen Dolmetsch deutsch nachsprechen lassen, gleich als hätte man in deutschen Landen keine Prediger, die das Wort Gottes verkünden, und als ob er uns erstmals den christlichen Glauben lehren wollen ...

Zum Vierten fängt die Reform bei den Priestern an. Da gebietet er allen Priestern, die Konkubinen und Kinder gehabt, sie sollen sie von ihnen tun ... Wenn unser Bischof selber Konkubinen und Bastarde zu haben pflegt, was sollen dann seine Priester anders tun, als was sie von ihm hören und sehen? Die Reform soll billig an ihm als am Haupt anfangen, wenn die Päpstliche Heiligkeit unser Bistum zu reformieren begehrt ...

Das Tridentinische Konzil gebietet, jeder Bischof solle alle Sonntage und Festtage selber predigen, er sei denn durch rechthafte Ursache verhindert (Sitzung 24, Kapitel 4): Unser Bischof hat sein Leben lang nie gepredigt.

Ein jeder, welcher Würde oder Standes er auch sei, auch wenn er Kardinal wäre, soll sich mit seiner Pfründe begnügen, wenn sie zu seinem Lebensunterhalt ausreicht: Unser Bischof hat das Kardinalat vom hl. Georg in Velabro [in Rom], welches jährlich mehr als 60 000 Dukaten Einkommen hat, und das große Bistum Konstanz, die Abtei und die Herrschaft in der Reichenau, die Herrschaft Meersburg und die Kaplanei zu Siblingen. Das heilige Konzil gebietet, ein jeder Prälat ... solle in seiner Kirche persönlich residieren oder sitzen (Sitzung 23, Kapitel de Reformatione): Unser Bischof ist jetzt mehr denn zehn Jahre nie in seinem Bistum gewesen, welches doch gar groß und allenthalben von mancherlei Sekten umgeben und erfüllt ist. Wir sind gleich den irrenden Schäflein, die keinen Hirten haben.

Das heilige Konzil gebietet, es solle jeder Bischof in seinem Bistum ein Seminar oder eine Schule aufrichten, darin arme Knaben, die gute Köpfe zum Studieren haben, aufgenommen und in Tugenden zumal und guten Künsten gelehrt und unterwiesen (Sitzung 23, Kapitel 18 de Reformatione) und hernach zu Priestern und zum Kirchendienst geweiht werden sollen: Unser Bischof richtet nicht allein kein Seminar ein, sondern schickt das große Geld, das in seinen Fiskal kommt, alles nach Italien. Gott gebe, wo die armen Schüler gelehrt und junge Priester erzogen werden! ...

Zum andern hat obengenannter Bischof von Vercelli uns verboten, dass ein Priester in Wirtshäuser oder Trinkstuben gehe bei 10 Kronen Buße. Und das wäre unser Nutzen, wenn wir es hielten; aber wenn wir keine Weiber in unseren Häusern haben können, die uns kochen, wo sollen wir dann essen? Bitte schön, sollen wir die Stuben heizen, kochen, beten, studieren, Gemüse bringen, Messe halten und predigen miteinander? ... Oder meint der gute welsche Bischof, wir können in deutschen Landen leben wie sie in welschem Land? Unsere Nation ist viel zu kalt und der Winter viel zu rau und zu lang; uns wächst kein Wein; so sind unsere Pfründen zu klein, so dass wir den Wein nicht zu kaufen vermögen; wir müssen gutes, kaltes Wasser trinken, und damit wir uns wieder zu erwärmen vermögen, machen wir eine warme Stube, essen ein warmes Mus und andere warme Speisen ... So bitten wir nochmals, Eure gestrenge, ehrenfeste Weisheit wolle vermitteln helfen, damit Unruhe, Zank und Unfriede in unsern Landen vermieden werde. Das wird leicht geschehen, wenn die weltliche Obrigkeit der drei Länder den genannten Bischof von Vercelli mit freundlicher Tätigkeit wieder nach Italien weist, damit er von seiner ungewohnten Visitation bei uns abstehe, heimkehre zu seinen Schäflein und dieselben visitiere und reformiere nach seinem Gefallen und wie sie es wohl nötig haben."

(Zit. nach: Karl-Heinz Neubig [Hrsg.], Anbruch der Neuzeit, München o. J., S. 132)

Arbeitsvorschläge und Fragen

a) Überprüfen Sie, welche Unterschiede zwischen Calvinismus, Luthertum und Katholizismus in dem Brief Calvins (M5) deutlich werden.
b) Fassen Sie zusammen, welche Zielsetzung die Ordensregel der Societas Jesu (M4) enthält und welche Methoden sie empfiehlt.
c) Erarbeiten Sie aus der Beschwerdeschrift (M7) die Schwierigkeiten, die Reformbeschlüsse des Konzils von Trient zu verwirklichen.

Die Entstehung der bürgerlichen Gesellschaft und die Französische Revolution

Durch die Überwindung mittelalterlicher Herrschafts- und Gesellschaftsformen entstanden im Zeitalter des Absolutismus wesentliche Elemente eines modernen Staates. Der Staat, im Absolutismus allein verkörpert durch den Herrscher, errichtete Institutionen sowie einen Beamtenapparat und regierte durch sie von einem Mittelpunkt aus über die Menschen. Staatstheoretische Vorstellungen legitimierten diese Herrschaftsausübung, die auf Wirksamkeit durch Rationalität abzielte. Das neue Selbstverständnis des Herrschers fand seinen äußeren Ausdruck in einer glanzvollen höfischen Kultur, der sich der gesamte Adel unterwarf. Das Beispiel Frankreich verdeutlicht die Stärken und Schwächen des absolutistischen Staates.

Die Konzentration aller Macht in den Händen des regierenden Fürsten rief Kritik hervor. Die Aufklärer forderten Gewaltenteilung, Freiheit des Individuums und Volkssouveränität. Ihre Gedanken fanden Anhänger vor allem im Bürgertum: Obwohl es in Wirtschaft und Verwaltung unentbehrlich geworden war, wurde dem Bürgertum dennoch die politische Mitwirkung versagt.

1789 erfolgte in Frankreich eine Explosion: Binnen weniger Monate beseitigte das Bürgertum die absolutistische Herrschafts- und Gesellschaftsordnung, übernahm die Macht und versuchte, eine neue Ordnung zu schaffen, in der die Vorstellungen der Aufklärer Wirklichkeit werden sollten. Doch in der doppelten Auseinandersetzung mit den alten Kräften und mit den nichtbürgerlichen Volksschichten, die nun auch ihre Forderungen anmeldeten, radikalisierte sich die Revolution und wurde schließlich durch eine neue Form uneingeschränkter Macht beendet: die Herrschaft Napoleons.

16./17. Jh.		Bedeutende Staatsdenker (Machiavelli, Bodin, Hobbes) entwickeln die theoretischen Grundlagen des absolutistischen Staates.
1661–1715		König Ludwig XIV. von Frankreich wird als „Roi Soleil" (Sonnenkönig) zum Vorbild absolutistischen Herrschertums in Europa.
1688/89		Die „Glorious Revolution" führt in England zur Einschränkung der königlichen Macht durch das Parlament.
18. Jh.		In der Aufklärung entwickeln Staatstheoretiker (Locke, Montesquieu, Rousseau) die Gedanken von der Freiheit des Individuums, der Gewaltenteilung und der Volkssouveränität.
1789		In Frankreich zerstört das Bürgertum die absolutistische Herrschafts- und Gesellschaftsordnung. Die „Erklärung der Menschen- und Bürgerrechte" wird zur Grundlage einer neuen Ordnung.
1791		Mit einer neuen Verfassung gibt Frankreich das erste Beispiel eines modernen Verfassungsstaates in Europa.
1792/93		Frankreich wird eine Republik, König Ludwig XVI. wird hingerichtet. Der Krieg gegen die Fürsten Europas und innere Konflikte führen zu einer Radikalisierung.
1799–1814		Der General Napoleon Bonaparte übernimmt in Frankreich die Macht.

1 **Die französische Grenzfestung Neuf-Brisach** (Neubreisach, zwischen Colmar und Freiburg). Sie wurde 1699 von Vauban, dem Festungsbaumeister Ludwigs XIV., erbaut und erwies sich als uneinnehmbar. Die Anlage spiegelt wesentliche Elemente der absolutistischen Herrschafts- und Gesellschaftsordnung wider.

2 Darstellung der „Erklärung der Menschen- und Bürgerrechte" vom 26. August 1789, Gemälde von Le Barbier, um 1790

83

1. Herrschaft und Staat im Zeitalter des Absolutismus: das Beispiel Frankreich

Grundlagen des modernen Staates in der frühen Neuzeit

Ausgehend vom Denken der Humanisten (vgl. S. 26 ff.) entstand vom 16. bis zum 18. Jahrhundert ein neues Welt- und Menschenbild; dies beruhte nicht mehr auf den antiken Philosophen und der Heiligen Schrift als den überlieferten Autoritäten, sondern auf logischem Denken *(Rationalismus)* und praktischer Erfahrung *(Empirismus)*. Kennzeichnend für diese philosophische Neuorientierung wurden das rationalistische Denken des Franzosen René Descartes (1596–1650) und die empiristisch geprägten Vorstellungen des Engländers Francis Bacon (1561–1626). Die Theologie, die viele Jahrhunderte lang alle Bereiche des menschlichen Lebens nahezu unangefochten bestimmt hatte, wurde aus ihrer beherrschenden Stellung verdrängt; religiös begründete Ordnungsvorstellungen begannen ihren Einfluss zu verlieren. In den Naturwissenschaften und der Technik leitete das neue Denken eine Epoche gewaltiger Fortschritte ein. Bedeutende Staatsdenker (vgl. S. 98) entwickelten neue Vorstellungen zum Herrschaftsverständnis und zu den Formen der Herrschaftsausübung.

An die Stelle des auf Grundherrschaft und Lehenswesen beruhenden Personenverbandsstaates des hohen Mittelalters trat der *institutionalisierte Flächenstaat* der Neuzeit, der durch feste Verwaltungsstrukturen gekennzeichnet ist. Zu dieser Entwicklung trug auch die Übernahme des römischen Rechtes und die Einführung des Beamtentums bei. Der Übergang von der Natural- zur Geldwirtschaft, der sich seit dem späten Mittelalter beschleunigte, und eine stärkere Förderung des Handels (vgl. S. 53) brachten den Staaten wachsende Steuereinnahmen. Auf dieser Grundlage wurde eine sichere und gezielte staatliche Finanz- und Wirtschaftsplanung möglich; und dadurch konnte eine Ausweitung staatlicher Aufgaben finanziert werden, vor allem die stark zunehmenden Militärausgaben, die der Wandel vom Lehensheer über das Söldnerheer zum stehenden Heer mit sich brachte.

Frankreich: Ausbau der königlichen Macht

Die Könige Frankreichs versuchten seit dem ausgehenden 16. Jahrhundert von den Möglichkeiten moderner Herrschaftsgestaltung Gebrauch zu machen und ihre Machtstellung auszubauen, sahen sich dabei jedoch einer schwer zu überwindenden Opposition gegenüber. Diese bestand vor allem im alteingesessenen Provinzadel, in den einflussreichen und mächtigen Hugenottenfamilien und in den „Parlamenten", den großen städtischen Gerichtshöfen. Die Parlamente waren keine Volksvertretungen, sondern adelige Juristenkollegien. Sie bildeten eine Art Zwischengewalt, welche die königlichen Gesetze auf ihre Rechtsgültigkeit zu prüfen und in Register einzutragen hatte. Gegen neue königliche Gesetze konnten sie Einsprüche („remonstrances") erheben.

Die gegen die Einigungs- und Zentralisierungsabsichten der Könige gerichteten regionalistischen, nicht selten sogar separatistischen Interessen der Adelsopposition erhielten dadurch zeitweise eine besondere Schärfe, dass führende Königsgegner Hugenotten waren und politische Auseinandersetzungen mit religiösen Fragen verbunden wurden. König Heinrich IV. (1589–1610) gelang es zwar, mit dem Toleranzedikt von Nantes (1598) einen vorläufigen Schlussstrich unter die wiederholten Religionskriege zu ziehen, die Frankreich in der zweiten Hälfte des 16. Jahrhunderts schwer erschüttert hatten, doch ging die Königsgewalt geschwächt aus diesen Auseinandersetzungen hervor.

Ludwig XIII. (1610–1643) und vor allem sein Erster Minister Kardinal Richelieu (1624–1642) bemühten sich daher, sowohl die protestantische Opposition als auch die politische Macht des Adels zu brechen um die königliche Stellung auf Dauer zu festigen. Dieses Ziel schien Richelieu durch gewaltsame Unterdrückung der politischen Gegner bei gleichzeitiger Toleranz gegenüber den 1628 besiegten Hugenotten sowie durch bedeutende außenpolitische Erfolge zu erreichen. Kennzeichnend hierfür ist, dass die „états généraux" (Generalstände), die Vertretung von Geistlichkeit, Adel, Bürgern und Bauern, seit 1614 nicht mehr einberufen wurde. Dennoch blieb der Provinzadel in seiner jeweiligen Region einflussreich und politisch selbstbewusst. Unzufriedene Bauern und Handwerker bildeten zudem ein ständiges Element der Unsicherheit. Aufstände bei Missernten, bei Arbeitslosigkeit und gegen harte Besteuerung waren an der Tagesordnung. Aber erst nach dem Tode Richelieus trat der unterdrückte Adel noch einmal drohend hervor.

Der „Fronde"-Aufstand von 1648 bis 1653, in dem sich Vertreter des Hochadels, das Parlament von Paris und die Pariser Stadtbevölkerung zusammenfanden, war die letzte große Zerreißprobe, welche die Machtstellung des Königtums bedrohte. Kardinal Mazarin, dem Nachfolger Richelieus im Amt des Ersten Ministers (1642–1661), gelang es nur mit größter Mühe, die Erhebung niederzuschlagen und die Herrschaft des minderjährigen Königs Ludwig XIV. zu sichern. Beim Tode Mazarins 1661 konnte Ludwig ungefährdet die Alleinherrschaft antreten. In den folgenden Jahrzehnten baute er Frankreich zur *absoluten Monarchie* aus und führte es zeitweilig zur Vormachtstellung in Europa.

Konsequent ging der König daran, die Staatsgewalt möglichst in seiner Hand zu konzentrieren oder doch wenigstens so zu organisieren, dass sein Wille auf schnellstem Wege bis in die entlegensten Teile seines Herrschaftsgebiets wirksam werden konnte. Um selbst den Überblick über alle wichtigen Entscheidungen zu behalten, hielt er die Zahl seiner Minister, die dem Bürgertum entstammten, bewusst klein und berief keinen Ersten Minister mehr. Indem er in den Provinzen ortsfremde bürgerliche Verwaltungschefs als „Intendanten" einsetzte, suchte er sich von der Mitwirkung regionaler und ständischer Kräfte unabhängig zu machen. Diesem Ziel dienten auch der Aufbau einer rationellen Verwaltung und die Verstärkung des Beamtenapparates, ebenso die Aufhebung der städtischen Selbstverwaltung. 1665 sprach Ludwig XIV. den Parlamenten jede weitere Einflussnahme auf die Gesetzgebung ab. Der König behielt sich sogar vor, in laufende Gerichtsverfahren einzugreifen oder mit willkürlichen Haftbefehlen („Lettres de cachet") Personen festnehmen zu lassen, die ihm aus politischen oder sonstigen Gründen missliebig geworden waren.

Ludwig XIV.: Zentralisierung der Staatsgewalt

Auch auf das Verhältnis von „Thron und Altar" erstrebte Ludwig XIV. den bestimmenden Einfluss: Indem er die Glaubensfreiheit für die Hugenotten aufhob, wollte er die katholische Glaubenseinheit in Frankreich wiederherstellen. Gleichzeitig beseitigte er weitgehend die Rechte des Papstes innerhalb der katholischen Kirche Frankreichs – z. B. bei der Einsetzung von Bischöfen. Mehrere hunderttausend Hugenotten, darunter viele hochqualifizierte Kräfte aus Wissenschaft und Gewerbe, flohen in protestantische Länder wie England, Holland, die Schweiz oder Preußen.

Die von Ludwig XIV. nach innen und bald auch nach außen betriebene *Machtpolitik* war ohne eine starke und verlässliche militärische Grundlage nicht durchzusetzen. Bei Bedarf angeworbene und nach Ende eines Krieges wieder

Das stehende Heer: Organ des absoluten Machtstaates

85

entlassene Söldnerheere, wie sie noch im Dreißigjährigen Krieg üblich waren, konnten die Aufgabe einer dauerhaften Machtsicherung nicht übernehmen. Aus diesem Grunde ließ Ludwig XIV. durch seine Kriegsminister ein *stehendes Heer* aufbauen. Hatte Ludwigs Militärmacht bei seinem Regierungsantritt ca. 45 000 Mann betragen, so zählte sie 1672 bereits 120 000 Mann, um bis zum Jahre 1703 auf 400 000 Mann anzuwachsen. Ausgerüstet waren sie mit den modernsten Waffen der Zeit, Erzeugnissen einer leistungsfähigen Rüstungsindustrie. Die Kriegsmarine wurde auf 110 Schlachtschiffe ausgebaut; dem Schutz der Grenzen diente ein Gürtel starker Festungen, die nach Plänen Vaubans, des bedeutendsten Militärtechnikers der damaligen Zeit, errichtet wurden und bis weit ins 19. Jahrhundert hinein uneinnehmbar blieben.

Mit der Einrichtung des „Stehenden Heeres" wurde nicht nur eine stets einsatzbereite, schlagkräftige und disziplinierte Truppe geschaffen; sie war für den absoluten Monarchen auch ein Mittel den Adel nicht nur politisch, sondern auch im militärischen Bereich als eigenständige Machtkonkurrenz auszuschalten. Zwar blieben die höheren Offiziersstellen Adeligen vorbehalten, doch konnten diese nicht mehr wie ehedem als selbständige Heerführer und freie Kriegsunternehmer auftreten. Die Ernennung und Beförderung der Offiziere sowie alle Fragen der Militärordnung und vor allem die oberste Befehlsgewalt lagen fortan ausschließlich beim König und seinem zivilen Kriegsminister.

Expansionspolitik und Hegemoniestreben

Gestützt auf meist fragwürdige Rechtstitel begann Ludwig XIV. ab 1667 das französische Territorium durch *Eroberungsfeldzüge* zu vergrößern und Frankreichs Großmachtstellung in Richtung auf eine Hegemonie über Europa auszuweiten. Zunächst brachten die planmäßig inszenierten Militäraktionen („Kabinettskriege") Ludwig XIV. eine Reihe von Erfolgen.

Zum ersten Rückschlag der Expansionspolitik Ludwigs XIV. wurde sein Krieg gegen die Pfalz (1688–1697), die er unter dem Vorwand von Erbansprüchen seiner pfälzischen Schwägerin Elisabeth Charlotte („Liselotte von der Pfalz") annektieren wollte. Die holländischen Generalstaaten, England, Österreich, deutsche Reichsfürsten, zeitweilig auch Spanien und Schweden, stellten sich ihm in einer Allianz entgegen, sicherten die Unabhängigkeit der Pfalz und verhinderten im *Frieden von Rijswijk*, dass sich Frankreich auf dem rechten Rheinufer festsetzte.

Im *Spanischen Erbfolgekrieg* (1701–1713), nach dem Tode des letzten habsburgischen Königs in Spanien, machte eine erneute antifranzösische Koalition die Hoffnungen Ludwigs endgültig zunichte, nicht nur die habsburgische Umklammerung zu zerbrechen, sondern gleichzeitig die Hegemonie über Europa zu erringen. Im Frieden von Utrecht setzte sich die auf ein *Gleichgewicht der Kräfte* („balance of power") gerichtete Politik Englands durch. Zwar wurden Philipp von Anjou, dem Enkel Ludwigs XIV., Spanien und seine Kolonien zugesprochen, doch durfte das spanische Herrschaftsgebiet nicht mit Frankreich vereinigt werden. Frankreich war künftig eine europäische Großmacht neben anderen; die Zukunft gehörte *England*, das innerhalb weniger Jahrzehnte zum europäischen Schiedsrichter und zur überseeischen Führungsmacht aufstieg.

Höfische Repräsentation als Herrschaftsinstrument

Die Zentralisierung der Staatsgewalt durch Ludwig XIV. fand ihre sichtbare Entsprechung in der Ausformung des *königlichen Hofstaates* in Versailles, der zum Mittelpunkt und Maßstab des gesellschaftlichen Lebens in Frankreich wurde. Höfische Prachtentfaltung und höfisches Zeremoniell erschöpften sich aber nicht in ihrer Symbolhaftigkeit für die absolute Stellung des „Sonnen-

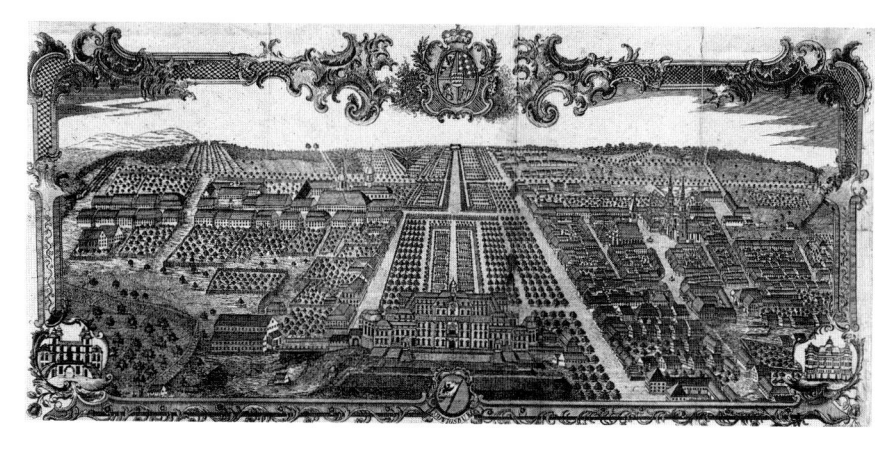

1 Schloss und Stadt Ludwigsburg. Ludwigsburg war im 18. Jahrhundert mehrere Male für kurze Zeit württembergische Residenzstadt. (Kupferstich um 1770)

königs", sondern zählten auch zu den ganz konkreten Machtmitteln, auf die der König seine Herrschaft gründete: Er schuf Hofämter, die verbunden waren mit der Aufrechterhaltung oder zusätzlichen Vergabe wirtschaftlicher Privilegien. Dadurch war es dem Monarchen möglich, den politisch und militärisch entmachteten Adel im gesellschaftlichen Bereich weiterhin zu bevorzugen, ihn dabei aber gleichzeitig von der Nähe zum König abhängig zu machen.

Als Mäzen der Künste und Wissenschaften stellte Ludwig XIV. alle kulturellen Kräfte Frankreichs in den Dienst seiner Herrschaft. Die damit verbundenen Anstöße führten zu herausragenden Leistungen in Literatur, Theater, Musik, Malerei, Architektur, Gartenkunst und Technik und begründeten so die Kulturblüte der *"französischen Klassik"*, in der sich Ordnung und Glanz der absoluten Monarchie spiegelten.

Der Hof des „Roi soleil" wurde das Vorbild für Europas Fürstenhöfe, auch wenn Ludwig XIV. die politische Hegemonie nicht erringen konnte und Frankreich wirtschaftlich an den Rand des Ruins führte.

Der durch den französischen König modellhaft verwirklichte monarchische Absolutismus wurde – wenn auch in unterschiedlichsten Ausprägungen – zu der in Europa am weitesten verbreiteten Form der Herrschaftsausübung. Sonderfälle bildeten lediglich einige republikanisch verfasste Staatswesen wie die Schweizer Eidgenossenschaft, die Vereinigten Niederlande und einzelne Stadtstaaten (z. B. Genf, Venedig, Hamburg) oder die Königreiche England und Polen, wo sich die Monarchen nicht in absolutistischer Weise gegenüber der Ständevertretung bzw. den Interessen des Adels durchsetzen konnten.

Da der materielle Wiederaufbau und die Hebung der während des 30-jährigen Krieges dezimierten Bevölkerungszahl am ehesten mit Hilfe planvoller, zentral gelenkter Politik lösbar zu sein schienen, begünstigte die Notzeit wie fast überall in Deutschland auch im deutschen Südwesten den Übergang zu einer zunehmend absolutistischen Regierungsweise.

Kurfürst Karl Ludwig von der Pfalz (1648–1680) und Herzog Eberhard Ludwig von Württemberg (1693–1733) waren die beherrschenden Persönlichkeiten dieser Zeit im südwestdeutschen Raum. Eberhard Ludwig schuf mit dem Bau des Schlosses Ludwigsburg (seit 1704) in Südwestdeutschland die erste große Residenz nach französischem Vorbild und fand damit in Karlsruhe, Schwetzingen, Bruchsal und Mannheim bald Nachahmung.

Wirkungen auf Europa und den deutschen Südwesten

Staat (von lat. „status" bzw. it. „stato": Zustand, Stand, Stellung): Im Gegensatz zum mittelalterlichen Lehens-„Staat", in dem die Herrschaftsausübung auf eine große Zahl unterschiedlich einflussreicher Einzelpersonen verteilt war („Personenverbandsstaat"), ist der moderne Staat gekennzeichnet durch eine von dauerhaften Institutionen und den dort tätigen Beamten wahrgenommene, arbeitsteilige Verwaltung, die möglichst viele Lebensbereiche der vom Staat vorgegebenen Ordnung unterwirft. Die Staatsfläche ist seit dem 18. Jahrhundert von international vereinbarten, festen Grenzen umgeben („institutionalisierter Flächenstaat"). Die Staatsform kann monarchisch oder republikanisch, die Regierungsform diktatorisch oder demokratisch sein. Dabei treten vielfältige Mischformen auf. Während des 17. und 18. Jahrhunderts stellte der Absolutismus (von lat. „absolutus": losgelöst) die damals modernste und am weitesten in Europa verbreitete Staatsform dar: Der absolute Monarch übte als „Souverän" alle Staatsgewalt aus und regierte als Statthalter Gottes („von Gottes Gnaden") losgelöst von den Gesetzen („legibus absolutus") über seine Untertanen. Gebunden blieb der Herrscher dabei jedoch an göttliches Recht, Natur- und Völkerrecht.

2 Regierungsgrundsätze Ludwigs XIV.

Die sogenannten „Memoiren" Ludwigs XIV. (entstanden um 1670), in denen der König die Grundsätze seiner Regierungsweise aufzeichnen ließ, sollten dem Thronfolger als Sammlung von Ratschlägen dienen. Unter anderem ist darin Folgendes ausgeführt:

„Was die Personen betrifft, die mir bei meiner Arbeit behilflich sein sollten, so habe ich mich vor allem entschlossen, keinen Ersten Minister mehr in meinen Dienst zu nehmen ... Es war also nötig mein Vertrauen und die Ausführung meiner Befehle zu teilen ohne sie einem ganz und ungeteilt zu geben, indem man den verschiedenen Personen verschiedene Angelegenheiten gemäß ihren besonderen Fähigkeiten übertrug. Dies ist vielleicht das Erste und Wichtigste, was ein Herrscher können muss ... Ich wollte die oberste Leitung ganz allein in meiner Hand zusammenfassen. Andererseits gibt es aber in allen Angelegenheiten bestimmte Details, um die wir uns nicht kümmern können, da unsere Überlastung und auch unsere hohe Stellung uns das nicht gestatten ... Es ist nicht leicht, mein Sohn, dir auseinanderzusetzen, was man bei Auswahl der verschiedenen Minister alles beachten muss ... so fand ich es gar nicht in meinem Interesse, Untergebene von höherem Stande in meinem Dienst zu haben. Ich musste ... der Öffentlichkeit schon durch den Rang, dem ich sie entnahm, zeigen, dass ich nicht die Absicht hatte meine Autorität mit ihnen zu teilen. Es kam mir darauf an, dass sie selber sich keine größeren Hoffnungen machten als die, die ich ihnen zu erwecken für gut fand; das ist aber bei Leuten von sehr vornehmer Abkunft schwierig ...

Ich bin über alles unterrichtet, höre auch meine geringsten Untertanen an, weiß jederzeit über

3 Expansionspolitik Frankreichs im 17. Jahrhundert

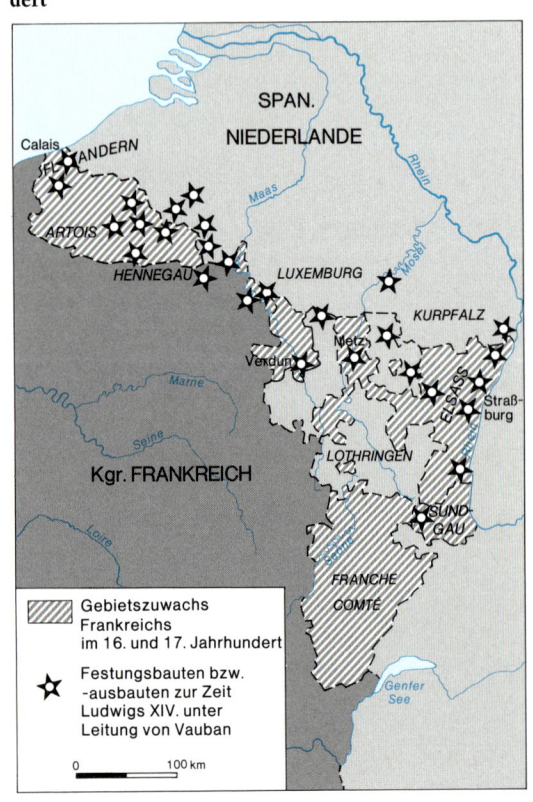

Stärke und Ausbildungsstand meiner Truppen und über den Zustand meiner Festungen Bescheid, gebe ... meine Befehle zu ihrer Versorgung, verhandle unmittelbar mit den fremden Gesandten ... Ich regle Einnahmen und Ausgaben des Staates und lasse mir von denen, die ich mit wichtigen Ämtern betraue, persönlich Rechnung legen; ich halte meine Angelegenheiten so geheim, wie das kein anderer vor mir getan hat ...
Du könntest, mein Sohn, ... zwei sehr verschiedene Dinge durcheinanderbringen, nämlich: selbst regieren zu wollen und keinen Rat anzuhören ... Man sollte ... wichtige Entscheidungen niemals treffen ohne nach Möglichkeit die aufgeklärtesten, vernünftigsten und klügsten unserer Untertanen zu Rate zu ziehen. Die Notwendigkeit beschränkt uns ... auf eine kleine Anzahl von Personen, die wir aus den anderen ausgewählt haben. Die aber sollten wir wenigstens nicht übergehen ... Aber wenn sie uns ... alle Vorteile und Gegengründe vorgetragen haben ..., so ist es dann an uns ... zu entscheiden, was nun wirklich geschehen soll."
(Zit. nach: Geschichte in Quellen, Bd. 3, München 1966, S. 426 ff.)

5 Markgraf Ludwig Wilhelm I. von Baden (1655–1707, seit 1677 Markgraf, zeitgenössischer Stich). Er gehörte zu den herausragenden Fürsten des absolutistischen Zeitalters in Südwestdeutschland. Als einer der bedeutendsten Feldherrn seiner Zeit errang er vor allem in den Türkenkriegen Erfolge („Türkenlouis")

4 Ausbau der Königsherrschaft in den Provinzen

Der amtliche Schriftverkehr verdeutlicht, mit welchen Zielsetzungen und auf welche Weise die absolutistische Herrschaft in den französischen Provinzen durchgesetzt wurde.
Colbert, der für die Innenpolitik zuständige Minister Ludwigs XIV., an Grignan, den Intendanten der Provence, am 27. November 1671:
„Ich zweifle nicht, dass Seine Majestät sich freuen wird zu hören, dass alle Deputierten der Stände gekommen sind um Sie ihres Eifers und ihres Gehorsams für alle Wünsche Seiner Majestät zu versichern. Man muss sie verpflichten, diese schönen Worte in die Tat umzusetzen, und dann die Ständeversammlung, die der Provinz sehr zur Last fällt, schnellstens beenden. – Was die Summe angeht, die Seine Majestät von ihnen fordert, so kann ich Ihnen versichern, dass es angesichts der enormen Ausgaben, die Seiner Majestät für den Krieg zu Lande und zu Meer erwachsen, unmöglich ist sich mit weniger als 500 000 Livres zu begnügen."

Grignan an Colbert am 13. Dezember 1671:
„Sie geben mir zu verstehen, dass der König über die Winkelzüge und den Mangel an Ergebenheit der Deputierten der Stände sehr unzufrieden sei. Ich habe sie ... kommen lassen ... und ihnen mit den eindringlichsten Argumenten vorgestellt, welches Unglück sie auf sich und die Provinz herabbeschwören würden, wenn sie sich nicht entschlössen dem König schleunigst zu bewilligen, was er fordert. Es gibt aber Quertreiber, die den besser Gesinnten vorschwatzen, der König werde sich auch mit 400 000 Livres begnügen ... Ich halte es daher für außerordentlich wichtig ..., wenn Sie mir eine Ordre zur Auflösung der Versammlung schickten, nebst einigen Lettres de Cachet [königliche Haftbefehle] um die Aufsässigsten in Strafe zu nehmen ..."
Colbert an Grignan am 25. Dezember 1671:
„Ich habe dem König über das fortgesetzt schlechte Betragen der Ständeversammlung der

> **Werkstatt Geschichte:**
> **Architektur**
> „Die von rechtwinkligen Straßen durchschnittenen Städte sind von dem Willen eines Mächtigen hervorgerufen, nach seiner Laune uniformiert. In den Städten, welche eine geschichtliche Vorzeit haben, zeichnete das Bedürfnis den Grundriss ... Wien ist schon deshalb schöner als Berlin, weil es krumme Straßen hat." (Helmuth von Moltke)
>
> Aus der Vergangenheit erhaltene Baureste oder intakte bauliche Anlagen (z. B. Einzelbauten wie Häuser oder Tempel/Kirchen und Bauensembles wie Klöster, Burgen, größere Schlossanlagen oder Festungen bis zu ganzen Stadtanlagen) gehören in die Quellengruppe der „Überreste". Ihre stilgeschichtliche Zuordnung, die Untersuchung ihrer technologischen Grundlagen, ihrer funktionalen und ästhetischen Gestaltungsprinzipien sowie der Zusammenhänge von Bau-, Sozial-, Wirtschafts- und politischer Geschichte vermitteln spezifische Erkenntnisse über Lebensformen und Selbstverständnis von Menschen einer bestimmten Zeit.
>
> Ein besonders eindrucksvolles Beispiel hierfür stellen die großen Schloss- und Parkanlagen des Barock und Rokoko dar, in denen das Herrschaftsverständnis der absoluten Monarchen des 17. und 18. Jahrhunderts seine bauliche Gestaltung erfuhr: Repräsentative Absicht, rationale, auf Symmetrie angelegte Planung und die Verbindung üppigster Architektur- und Naturelemente mit geometrischer Strenge spiegeln einen Herrscherwillen wider, zu dessen erhabensten Vergnügungen es gehörte, „die Natur zu bezwingen".

Provence berichtet, und da Seine Majestät nicht länger geneigt ist dies zu dulden, hat er die nötigen Befehle gegeben, sie nach Hause zu schicken, und zugleich zehn Lettres de Cachet zu erlassen um die zehn am übelsten Gesinnten unter den Deputierten nach Grandville, Cherbourg, St. Malo, Morlaix und Concarneau zu verschicken ..."

Colbert an den Bischof von Marseille am 31. Dezember 1671:

„Der König nimmt die 450000 Livres, die die Ständeversammlung der Provence ihm als Don gratuit [freiwillige Abgabe] dargebracht hat, an; Seine Majestät ist aber so ungehalten über das Betragen der Deputierten bei dieser Beratung, dass er den Befehl gegeben hat, zehn der am übelsten Gesinnten ... zu verbannen ... Seine Majestät dürfte kaum geneigt sein in Zukunft noch irgendeine Ständeversammlung in der Provence zu gestatten."

(Zit. nach: Geschichte in Quellen, Bd. 3, München 1966, S. 433 ff.)

Arbeitsvorschläge und Fragen

a) Stellen Sie die Interessen dar, die in den Memoiren Ludwigs XIV. zum Ausdruck kommen. Was halten Sie von den Ratschlägen für seinen Nachfolger und von der Art, wie der König sie begründet (M 2)?

b) Welche Interessen bestimmen das Handeln der direkt und indirekt an dem Briefwechsel (M 4) beteiligten Personengruppen und Einzelpersonen? Wodurch ist ihre jeweilige Vorgehensweise gekennzeichnet? Welche Rückschlüsse lässt M 4 auf die Durchsetzungsfähigkeit des Absolutismus zu?

c) Vergleichen Sie die absolutistische Ausformung des modernen Staates mit politischen Ordnungen der Antike und des Mittelalters hinsichtlich der Rolle von Regierenden und Regierten sowie des Wirkungsgrades staatlicher Macht.

d) Vergleichen Sie das Bildnis des Markgrafen von Baden (M 5) mit den Herrscherbildnissen auf den Farbseiten (S. 100 f.). Welche Wirkungsabsichten der Künstler und welche gestalterische Entwicklung sind zu erkennen?

e) Weisen Sie den spezifisch absolutistischen Bauwillen an M 1 (S. 83) und M 1 (S. 87) nach. Ziehen Sie den Kastentext auf S. 90 hinzu.

2. Wirtschaft und Gesellschaft im absolutistischen Staat

Als die absolutistischen Fürsten zur Bewältigung der wachsenden staatlichen Aufgaben dauerhafte Institutionen schufen, brachte diese Entwicklung stark steigenden Finanzbedarf mit sich. Beamtenschaft, Stehendes Heer, Bauvorhaben aller Art, aufwendige Hofhaltung und eine Vielzahl von Kriegen verschlangen Unsummen, deren Beschaffung neue Methoden erforderte. Eine gezielte Wirtschafts- und Finanzplanung war notwendig. Diese versuchte man zunächst nach dem Beispiel italienischer Renaissance-Stadtstaaten mit unterschiedlichsten Formen der *Handelsförderung* zu erreichen. Das Ziel war, mehr Waren aus- als einzuführen, d. h. eine „positive" bzw. „aktive" Handelsbilanz zu erreichen und über den dadurch vermehrten Geldzufluss auch das Steueraufkommen des Staates zu erhöhen. Die Seemächte England und Holland bemühten sich, durch die Ausschaltung fremden Zwischenhandels (z. B. durch die englische „navigation-act" von 1651) oder die Privilegierung großer Überseehandelsgesellschaften wirtschaftliche Vorteile zu erringen.

Angeregt von solchen Vorbildern ging Jean-Baptiste *Colbert*, der von Ludwig XIV. eingesetzte Generalkontrolleur der französischen Finanzen, seit 1661 daran, die auf Jahre hinaus verschuldete Staatskasse in Ordnung zu bringen und gleichzeitig den steigenden Finanzbedarf des absolutistischen Frankreich zu befriedigen.

Finanzbedarf und Wirtschaftsplanung

Colbert wollte vor allem eine aktive Handelsbilanz erreichen um den Geldzustrom nach Frankreich zu vermehren. Zu diesem Zweck traf er aber nicht nur handelsbelebende Maßnahmen, sondern er bemühte sich ebenso nachhaltig darum, die Attraktivität des französischen Warenangebots für den Binnen- wie für den Außenmarkt zu steigern. Die *Gewerbeförderung* trat damit gleichgewichtig neben die Handelsförderung. Colbert orientierte sein Finanz- und Wirtschaftsprogramm (vgl. M 4) an Grundsätzen der Handels- und Gewerbeförderung, die heute unter dem Begriff „*Merkantilismus*" zusammengefasst werden. Er erweiterte sie jedoch und passte sie den spezifischen Erfordernissen und Gegebenheiten Frankreichs an, so dass man die dortige Ausprägung des Merkantilismus mit einer gewissen Berechtigung als „Colbertismus" bezeichnen kann.

Um den erhofften Gewinnzuwachs von Handel und Gewerbe möglichst gut für die staatlichen Finanzinteressen nutzen zu können, musste Colbert auch das in Frankreich praktizierte Steuerpachtsystem wirkungsvoller machen. Private Einnehmer, die den Steuereinzug vom Staat gepachtet hatten, trieben die Steuern ein und behielten als Entschädigung für diese Dienstleistung und ihre Unkosten einen beträchtlichen Teil der erhobenen Gelder für sich. Der dem Staat verbleibende Anteil am Steueraufkommen betrug 1661 ganze 27,2 %. Eine deutliche Erhöhung dieses Anteils und die dazu notwendige schärfere Kontrolle der Steuerpächter (etwa durch die Intendanten) waren zwangsläufige Bestandteile der wirtschafts- und finanzpolitischen Vorstellungen Colberts.

Von der Verwirklichung seiner Wirtschaftsziele versprach er sich nicht zuletzt verlässliche Grundlagen zur Aufstellung eines – bis zu dieser Zeit keineswegs üblichen – geordneten *Staatshaushaltes* (Budget bzw. Etat). Dieser sollte Staatsausgaben und -einnahmen zum Ausgleich bringen und eine längerfristige, finanziell abgesicherte Wirtschaftsplanung des Staates ermöglichen.

Colberts Wirtschaftsprogramm

Erfolge und Grenzen merkantilistischer Wirtschaftspraxis

Die von Colbert durchgeführten oder eingeleiteten Wirtschaftsmaßnahmen bezogen sich schwerpunktmäßig auf Verbesserungen der Verkehrsstruktur, Veränderungen in der Zollpolitik, neue Formen der gewerblichen Produktion und die Sicherung der Rohstoffgrundlage: Durch den Bau sicherer und zeitsparender *Verkehrswege* (Straßen, Kanäle) sollte der Handel ebenso beschleunigt werden wie durch die *Beseitigung von Binnenzöllen*, die den französischen Handelsraum einheitlich zusammenfassen sollte. Ausländische Gewerbeerzeugnisse wurden mit hohen *Einfuhrzöllen* belegt, Rohstoffeinfuhren dagegen begünstigt. Für französische Waren und Rohstoffe galt jeweils das Gegenteil. Damit das Angebot preisgünstiger, gleichwohl hochwertiger Waren, vor allem des gehobenen Bedarfs, ausgeweitet werden konnte, sorgte er für die Gründung und Förderung leistungsfähiger *Manufakturen*; er ließ beispielsweise ausländische Fachleute anwerben und erleichterte ihnen mit großzügigen Privilegien, Darlehen, Zuschüssen, Steuervorteilen, Befreiung von Zunftzwängen u. ä. den Start als Unternehmer. Wichtigste Voraussetzung für die besondere Leistungsfähigkeit der Manufakturen war die arbeitsteilige Organisation der Warenfertigung. Durch den Erwerb von *Kolonien* im asiatischen und im amerikanischen Raum (z. B. Louisiana) wurde nicht nur die Rohstoffbasis verbreitet, sondern gleichzeitig wurden auch neue Absatzmärkte erschlossen. Die Wirtschaftspolitik Colberts war grundsätzlich erfolgreich: Der dem Staat zufließende Anteil an den Steuereinnahmen war schon 1667 mit 60,5 % mehr als doppelt so hoch wie beim Regierungsantritt Ludwigs XIV. und die Staatseinnahmen wurden von 32 Mio. Livres im Jahre 1661 auf 99,5 Mio. Livres 1678 verdreifacht. Rückschläge waren politisch bedingt: Die durch die Kriege seit etwa 1670 rasch anwachsenden Staatsausgaben ließen nur einmal (1669) einen ausgeglichenen Staatshaushalt zu, und im Todesjahr Ludwigs XIV. (1715) waren die Staatsausgaben doppelt so hoch wie die Einnahmen. Während der Regierungszeit des Königs wuchs die *Staatsverschuldung* von 17 Mio. Livres auf 3500 Mio. Livres an.

Einem dauerhaften Erfolg der merkantilistischen Wirtschaftspolitik waren noch von anderer Seite her Grenzen gesetzt: Manche Unternehmensprojekte misslangen, andere wurden als Prestigeobjekte oder aus einem allzu engen Autarkiedenken heraus trotz mangelnder Rentabilität weitergeführt. Auch die Tatsache, dass z. B. der französische Wirtschaftsraum bei weitem nicht vollständig zollrechtlich vereinheitlicht wurde, weist auf deutliche Abweichungen zwischen Programm und Wirklichkeit des Colbertismus hin. Finanzpolitisch verheerend waren die Folgen der königlichen Kriegspolitik und die nach Colberts Tod zunehmenden Missbräuche in der Praxis der Steuererhebung.

Folgen in der Gesellschaft

Die ständisch gestufte Gliederung der französischen Gesellschaft in *Geistlichkeit* (Erster Stand), *Adel* (Zweiter Stand) sowie *Bürger und Bauern* (Dritter Stand) blieb auch in der Zeit des Absolutismus im Wesentlichen erhalten. Dies schloss jedoch eine starke Differenzierung innerhalb der Stände ebenso wenig aus wie eine begrenzte Mobilität zwischen den Ständen. Aufstiegsmöglichkeiten eröffneten sich vor allem den zahlreichen Fachleuten bürgerlicher Herkunft, die sich dem absolutistischen Staat durch ihre Spezialkenntnisse, z. B. in Wirtschafts- oder Verwaltungsangelegenheiten, unentbehrlich machten. Gelangten sie zu Reichtum, übernahmen sie meist bald die Lebensformen des Adels und glichen sich diesem damit äußerlich an. Durch den Kauf von Staatsämtern, mit denen die Erhebung in den Adelsstand verbunden war, konnten sie Mitglieder der „noblesse de robe" (Amtsadel) werden. Da dem Großteil des alten Schwert- oder Geblütsadels die zum Ämterkauf nötigen Mittel fehlten, wurde der Staatsdienst – mit Ausnahme der Hofämter und hoher Offiziersstellen – bald zum Monopol des dem Bürgertum entstammenden Amtsadels. Somit gab es zwar eine gewisse Durchlässigkeit von unten nach oben, doch wurden die Standesgrenzen dadurch nicht grundsätzlich in Frage gestellt.

Innerhalb der altüberkommenen Adelsschicht vollzogen sich tiefgreifende funktionale Veränderungen, indem frühere Formen der politischen und militärischen Eigenständigkeit durch den absoluten Monarchen aufgehoben und durch Aufgaben im unmittelbaren Umfeld des Königs, beispielsweise im Hofdienst, ersetzt wurden. Wegen seiner Nähe zum König und aufgrund wirtschaftlicher Privilegierung hatte der Hofadel die herausragende gesellschaftliche Rolle. Der Provinz- und Landadel konnte mit dieser Entwicklung häufig nicht Schritt halten, verlor vielfach an Bedeutung oder geriet gar in ernste wirtschaftliche Schwierigkeiten. Angehörigen dieser Adelsschicht blieb allenfalls eine militärische Karriere offen oder der Weg in eines der hohen Kirchenämter, die nach wie vor ausschließlich mit Adeligen besetzt wurden.

Paradoxerweise wirkte im absolutistischen Staat bei aller gesellschaftlichen Differenzierung doch gleichzeitig eine deutliche Tendenz zu gesellschaftlicher Vereinheitlichung: Durch den immer größer werdenden Abstand zwischen dem Herrscher und den Regierten gerieten die Mitglieder aller Stände in eine zwar zunächst noch deutlich abgestufte Untertanenposition, die sich aber in der weiteren historischen Entwicklung auf den „gemeinsamen Nenner des Staatsbürgers" zubewegte.

Gesellschaftlicher Notstand

Große Teile des Adels und des gehobenen Bürgertums profitierten wirtschaftlich und gesellschaftlich von absolutistischem Herrschaftssystem und merkantilistischer Wirtschaftspolitik. In anderen Bevölkerungsgruppen, vor allem im bäuerlichen Bereich und in der bürgerlichen Unterschicht, vollzog sich ein gesellschaftlicher und wirtschaftlicher Abstieg bis zur untersten Grenze des Existenzminimums, nicht selten auch noch weiter zum reinen Hungerdasein. Verursacht war diese Misere durch die einseitig handels- und gewerbefördernde Ausrichtung des merkantilistischen Wirtschaftsprogramms bei gleichzeitiger Vernachlässigung der Landwirtschaft, durch die oft willkürliche und überharte Steuerpraxis, durch Missernten und Kriegsfolgen. Hunger und bitterste Not waren für viele Franzosen bald an der Tagesordnung, so dass gegen Ende des 17. Jahrhunderts Unzufriedenheit und Sorge innerhalb der betroffenen Bevölkerungsschichten allmählich der schieren Verzweiflung wichen.

1 Manufaktur: Messerschmiede (1783)

2 „**Die Spinne und die Fliege**" (zeitgenössischer Kupferstich von Lagniet-Guérard). Der Text im Bild lautet übersetzt (von rechts oben nach links unten gelesen): „Je mehr man hat, um so mehr will man. Dieser Arme bringt alles, Getreide, Obst, Geld, Salat. Der dicke Adelige sitzt nur da und nimmt es entgegen. Er will ihm keinen freundlichen Blick gönnen. Die fliegende Mücke braucht gar nicht ins Netz zu gehen. Der eine gibt, der andere nimmt. Allen Herren alle Ehren. Mager wie ein angeketteter Windhund. Je mehr der Teufel hat, desto mehr will er. Der Adelige ist die Spinne und der Bauer die Fliege."

Wirtschaft: Eng verbunden mit der Entstehung des modernen Staates ist das Bemühen um eine möglichst wirkungsvolle Wirtschaftsordnung, welche die Finanzgrundlage des Staates und – im Idealfall – den Wohlstand der Untertanen bzw. Bürger sichert. Das Grundproblem hierbei ist die Regelung des Verhältnisses zwischen der wirtschaftlichen Handlungsfreiheit des Einzelnen (z. B. hinsichtlich des Eigentums) und den Eingriffs- bzw. Lenkungsmöglichkeiten des Staates. Bei starkem Überwiegen der staatlichen Wirtschaftslenkung spricht man von dirigistischen Wirtschaftsordnungen. Eine solche war der Merkantilismus (von lat. „mercator": Großkaufmann): Lenkung und Förderung der gewerblichen Wirtschaft (z. B. Ausbau des Manufakturwesens), handels-, steuer- und zollpolitische Maßnahmen sollten den Binnen- und Außenhandel beleben, eine aktive Handelsbilanz herbeiführen und so die dem Staat zur Verfügung stehende Geldmenge erhöhen. Oberstes Ziel war die Steigerung der politischen und militärischen Macht des absoluten Monarchen.

Als dirigistisch ist auch die zentral gelenkte Verwaltungswirtschaft („Planwirtschaft") in den sozialistischen Staaten des 20. Jahrhunderts einzustufen, die es dem Einzelnen verwehrt, Privateigentum an Produktionsmitteln zu besitzen und weitreichende wirtschaftliche Entscheidungen selbst zu treffen.

Marktwirtschaftliche („kapitalistische") Wirtschaftsordnungen, wie z. B. die „soziale Marktwirtschaft" der Bundesrepublik Deutschland, bieten dagegen einen breiten privatwirtschaftlichen Handlungsspielraum. Auch sie sind jedoch nicht frei von staatlichen Eingriffsmöglichkeiten und unterliegen wirtschaftsrechtlichen Rahmenbedingungen.

3 Gliederung der französischen Gesellschaft zur Zeit Ludwigs XIV.

Erster Stand: Klerus	Zweiter Stand: Adel	Dritter Stand: Bürger und Bauern		
Gesamtzahl ca. 130 000 Pers. = ca. 0,5 % der Bevölkerung	**Gesamtzahl** ca. 350 000 Pers. = ca. 1,5 % der Bevölkerung	**Gesamtzahl** ca. 24 Mio. Pers. = ca. 98 % der Bevölkerung		
Zusammensetzung *Hoher Klerus* (adeliger Herkunft) 143 Bischöfe ca. 750 Äbte ca. 250 Äbtissinnen ca. 8000 Prälaten und Domherren *Niederer Klerus* (bürgerlich-bäuerlicher Herkunft) ca. 60 000 Priester ca. 35 000 Nonnen ca. 25 000 Mönche	**Zusammensetzung** *Hofadel* ca. 4000 Familien *Amtsadel* (soweit nicht zum Hofadel zählend) und *Landadel* restliche Familien	**Zusammensetzung** *Bürger* Selbständige in Handwerk, Handel und Bankwesen Akademische Berufe Militär Beamte Seeleute Flößer und Flussfischer *Bauern* Acker- und Weinbauern Viehbauern Landarbeiter u. Tagelöhner	Männer 1 0,025 0,3 0,06 0,07 0,01 1 0,426 2,5	Frauen und Kinder (in Mio.) 3 0,075 0,05 0,24 0,21 0,03 3,5 1,7 7,5
Privilegien (vor allem des hohen Klerus) Befreiung vom Militärdienst, Steuerbefreiung (vorbehaltlich „freiwilliger" Aufgaben/ „dons gratuits"), Recht zur Erhebung des Zehnten, Ehrenrechte und eigene Gerichtsbarkeit	**Privilegien** Befreiung von den meisten Steuern, Feudalrechte (z. B. Anspruch auf Frondienste, Jagdrecht), Anrecht auf Ämter und Pfründen, Bezahlte Ehrenstellen („Sinekuren") in Verwaltung und Armee	**Privilegien** keine		

(Nach: Die französische Revolution, hrsg. von V. Wittmütz, Frankfurt am Main 1983, S. 8)

4 Voraussetzungen und Vorteile des Handels

Jean Baptiste Colbert legte in einer Denkschrift am 3. August 1664 dem ersten „Conseil de Commerce" (Rat von Wirtschaftsexperten) Ludwigs XIV. folgende Überlegungen vor:
„Ich glaube, man wird ohne weiteres in dem Grundsatz einig sein, dass es einzig und allein der Reichtum an Geld ist, der die Unterschiede an Größe und Macht zwischen den Staaten begründet. Was dies betrifft, so ist es sicher, dass jährlich aus dem Königreich einheimische Erzeugnisse (Wein, Branntwein, Weinessig, Eisen, Obst, Papier, Leinwand, Eisenwaren, Seide, Kurzwaren) für den Verbrauch im Ausland im

Wert von 12 bis 18 Millionen Livres hinausgehen. Das sind die Goldminen unseres Königreiches, um deren Erhaltung wir uns sorgfältig bemühen müssen ... Je mehr wir die Handelsgewinne, die die Holländer den Untertanen des Königs abnehmen, und den Konsum der von ihnen eingeführten Waren verringern können, desto mehr vergrößern wir die Menge des hereinströmenden Bargeldes und vermehren wir die Macht, Größe und Wohlhabenheit des Staates. Denselben Schluss können wir hinsichtlich des Zwischenhandels ziehen, d. h. derjenigen Waren, die wir aus Ost- und Westindien holen und nach Nordeuropa bringen könnten, von wo wir die zum Schiffbau nötigen Materialien selber heranführen könnten, worauf zum andern Teil Größe und Macht des Staates beruhen.

Außer den Vorteilen, die die Einfuhr einer größeren Menge Bargeld in das Königreich mit sich bringt, wird sicherlich durch die Manufakturen eine Million zur Zeit arbeitsloser Menschen ihren Lebensunterhalt gewinnen. Eine ebenso beträchtliche Anzahl wird in der Schifffahrt und in den Seehäfen Verdienst finden, und die fast unbegrenzte Vermehrung der Schiffe wird im gleichen Verhältnis Größe und Macht des Staates vermehren. Dies sind die Ziele, nach denen der König meines Erachtens aus guter Gesinnung und Liebe zu seinem Volk streben sollte. Als Mittel, sie zu erreichen, schlage ich vor: ...

Die ... Kaufleute sollten ... in allen Angelegenheiten ihres Handels unterstützt ... werden ... Alle Verwaltungsvorschriften im Königreich bezüglich der Wiederherstellung der Manufakturen sollten erneuert, die Ein- und Ausfuhrtarife überprüft ... und es sollte jährlich eine bedeutende Summe für Wiederherstellung der Manufakturen und die Förderung des Handels durch Conseilbeschluss ausgeworfen werden. Desgleichen bezüglich der Schifffahrt: Zahlung von Gratifikationen an alle, die neue Schiffe kaufen oder bauen oder große Handelsreisen unternehmen. Die Landstraßen sollten ausgebessert, die Zollstationen an den Flüssen aufgehoben, die kommunalen Schulden weiterhin abgelöst werden. Man bemühe sich unablässig die Flüsse im Innern des Königreiches schiffbar zu machen, soweit sie es noch nicht sind; man prüfe sorgfältig die Frage einer Verbindung der Meere über Guyenne und Burgund, unterstütze tatkräftig die Ost- und Westindische Kompanie und ermuntere jedermann zum Eintritt ... Darüber hinaus muss in jedem Conseil ein besonderes Problem des Handelssektors erörtert werden, z. B. ... der Handel mit dem Norden (Archangelsk, Moskau, Ostsee, Norwegen), die Binnenzölle, die Entschuldung der Gemeinden, Landstraßen, Binnen- und Seeschifffahrt, Manufakturen, Besuch der Seehäfen und etwaige Schwierigkeiten desselben."
(Zit. nach: Geschichte in Quellen, Bd. 3, München 1966, S. 448 f.)

5 **Wirtschaftspolitische Fehler?**
Im Jahre 1698 äußerte sich Vauban, der Festungsbaumeister Ludwigs XIV., zur wirtschaftlichen Situation Frankreichs:
„Wenn ich sage, Frankreich sei das schönste Land der Welt, so sage ich nichts Neues ... Wenn ich aber fortführe, es sei auch das reichste Land, so würde man das keineswegs glauben, da der Anschein dem widerspricht ... Wenn sich das ... nun nicht ... so verhält ..., so liegt das nicht etwa an Ungunst des Klimas, Bevölkerungsmangel oder Unfruchtbarkeit des Bodens. Das Klima ist ausgezeichnet, die Einwohner sind arbeitsam, geschickt, fleißig und zahlreich. Es liegt an den Kriegen, die Frankreich seit langer Zeit beunruhigt haben, und an der fehlerhaften Wirtschaftspolitik ... wer nur wenig von den ländlichen Verhältnissen weiß, erkennt ohne weiteres, dass die Einkommensteuern [tailles] eine der Ursachen des Übels darstellen ..., denn es besteht überhaupt kein Verhältnis mehr zwischen dem Einkommen des Steuerpflichtigen und der Steuer, mit der man ihn belastet ...

Leute von Macht und Ansehen erreichen es oft durch ihren Einfluss, dass der Steuerbetrag einer oder mehrerer Gemeinden weit unter die ihrer Zahlungskraft entsprechende Höhe gesenkt wird. Natürlich fällt diese Entlastung der einen Gemeinde zwangsläufig anderen benachbarten Gemeinden zur Last, die infolgedessen überbelastet werden ... Das führt schließlich dahin, dass jemand, der durch sein Talent in der Lage wäre ... sich und seiner Familie ein etwas besseres Leben zu ermöglichen, lieber gar nichts tut ... Er lässt ... das bisschen Land, das er hat, verwahrlosen und bearbeitet es nur zur Hälfte, denn er hat Angst, dass, wenn er ... gewinnt, was das Land hergeben kann, man das zum Anlass nehmen wird seine Taille zu verdoppeln ...

Die andere Ursache liegt in dem geringen Güterverbrauch, der wiederum in der Hauptsache auf zwei andere zurückzuführen ist. Die eine besteht in der Höhe und Menge der Gebühren und Provinzialzölle [Binnenzölle], die oft ebenso hoch sind wie der Preis und der Wert der Güter (etwa bei Wein, Bier, Obstwein), was zur Folge hatte, dass man so viele Weingärten gerodet hat … Die andere Ursache sind die unerhörten Schikanen der bei Erhebung der Gebühren tätigen Beamten … Diese Armeen von Steuerpächtern und Unterpächtern mit ihren Gehilfen aller Art sind die Blutegel des Staates … Vor der Erpressung durch diese … gilt es das kostbare Kapital, die Untertanen, zu schützen … Der König hat um so mehr Interesse daran, sie gut zu behandeln und zu erhalten, als seine Eigenschaft als König, sein Glück und sein Schicksal untrennbar mit ihnen verbunden sind und diese Verbindung erst mit seinem Tode endet …"
(Zit. nach: Geschichte in Quellen, Bd. 3, München 1966, S. 461 ff.)

6 Adel, Bürgertum und Bauern unter Ludwig XIV.

Der bürgerliche Schriftsteller und Zeitkritiker Jean de la Bruyère (1645–1696) kennzeichnete die französische Gesellschaft unter Ludwig XIV. im Jahre 1669 folgendermaßen:

„Während die Großen verabsäumen, sich mit den Interessen der Fürsten und des Staates, ja selbst mit ihren persönlichen vertraut zu machen; während sie nichts vom Wirtschaften und Sorgen eines Familienvaters wissen und sich ihrer Unkenntnis sogar rühmen; während sie sich von ihren Verwaltern ausbeuten und beherrschen lassen; während sie sich damit begnügen, Feinschmecker und Weinkenner zu sein …, zu erzählen, wie oft die Post von Paris nach Besançon oder Philippsburg fährt, unterrichten sich Bürger über die inneren und äußeren Angelegenheiten eines Reiches, machen sich mit der Regierungskunst vertraut, gewinnen Einsicht und politischen Sinn, lernen die Stärke und die Schwäche eines Staates kennen, trachten danach, ihre Stellung zu verbessern, verbessern sie, steigen immer weiter empor, werden mächtig und entheben den Fürsten der Sorge um einen Teil der Staatsgeschäfte. Die Großen, die vordem auf sie herabsahen, erweisen ihnen Achtung: glücklich, wenn sie ihre Schwiegersöhne werden …

Es gibt eine Art scheue Tiere, von männlichem und weiblichem Geschlecht, die man da und dort auf den Feldern sieht, dunkel, fahl und ganz von Sonne verbrannt, über die Erde gebeugt, die sie mit zäher Beharrlichkeit durchwühlen und umgraben; sie scheinen etwas wie eine Sprache zu besitzen, und wenn sie sich aufrichten, zeigen sie ein Menschenantlitz, und es sind in der Tat Menschen; nachts ziehen sie sich in ihre Höhlen zurück, wo sie sich von schwarzem Brot, Wasser und Wurzeln nähren. Sie ersparen den andern Menschen die Mühe zu pflügen, zu säen und zu ernten, damit sie leben können, und haben wohl verdient, dass ihnen nicht das Brot mangle, das sie gesät haben."
(Jean de la Bruyère, Die Charaktere oder die Sitten des Jahrhunderts, hrsg. von G. Hess. Leipzig 1940, S. 193 f. und 272 f.)

Arbeitsvorschläge und Fragen

a) Beschreiben Sie, wie Colbert in seiner Denkschrift (M4) wirtschaftspolitische Ziele und wirtschaftspraktische Maßnahmen miteinander in Beziehung setzt. Welche Schwerpunkte seines Programms werden dabei deutlich?
b) Erläutern Sie die Hauptaussagen Vaubans in M5. Welches Verhältnis zwischen staatlichem Wirtschaftsdenken und der Wirtschaftsmoral des Einzelnen wird in Vaubans Ausführungen beschrieben?
c) Wägen Sie am Beispiel des Merkantilismus Vor- und Nachteile einer dirigistischen Wirtschaftsordnung ab.
d) Wie kennzeichnete La Bruyère die Lage der französischen Stände unter Ludwig XIV. und wie sah er die besondere Beziehung zwischen Adel und Bürgertum? Inwiefern überschneiden sich in seinen Aussagen Sachanalyse und Polemik? (M6)
e) Werten Sie die Karikatur „Die Spinne und die Fliege" (M2) aus und stellen Sie dabei Bezüge zu M3 und M6 her.

3. Staatstheoretische Grundlagen des Absolutismus und zeitgenössische Gegenstimmen

Machtrechtfertigung: Staatsraison, Souveränität, Herrschaftsvertrag

Dem absolutistischen Herrschaftssystem, wie es vorbildgebend in Frankreich entstanden war, lag zwar keine geschlossene politische Theorie zugrunde, doch orientierte es sich an zahlreichen staatstheoretischen Vorstellungen, die seit dem Beginn der frühen Neuzeit von bedeutenden Staatsdenkern entwickelt worden waren. Vor allem drei Staatstheoretiker formulierten aufgund ihrer Erfahrungen mit der historisch-politischen Realität Prinzipien politischen Handelns, die zu Leitformeln des Absolutismus wurden.

Niccolò Machiavelli (1469–1527) hatte erbitterte Machtkämpfe der Fürstentümer und Stadtrepubliken Italiens in der Zeit der Renaissance erlebt; vor diesem Hintergrund gewann er die Auffassung, dass ein Herrscher nicht an Grundsätze der Religion und Moral gebunden sei, sondern sich einzig und allein an der Staatsraison, also am Daseinsrecht eines Staates und der Sicherung seiner Existenzgrundlagen, auszurichten habe. Politik wurde damit zur Technik des Machterwerbs und der Machterhaltung nach innen und außen. Im Willen zur bedenkenlosen Anwendung aller herrscherlichen Machtmittel sah Machiavelli das Hauptkriterium des erfolgreichen Fürsten.

Aus dem Erlebnis der konfessionellen Auseinandersetzungen in Frankreich erwuchs für *Jean Bodin* (1530–1596) die Forderung einer obersten, ungeteilten, alle Untertanen auf gleiche Gesetze verpflichtenden Staatsgewalt, die aber ihrerseits nicht den Gesetzen unterworfen war; die Staatsgewalt bezeichnete er als Souveränität. Am besten verkörpert sah er die Souveränität in einem monarchischen Herrschaftssystem bzw. in der Person des Monarchen selbst.

Für den englischen Philosophen *Thomas Hobbes* (1588–1679) war es der Kampf zwischen Parlament und Königtum, der sein politisches Denken bestimmte und ihn zu der Auffassung kommen ließ, dass der Krieg aller gegen alle der Naturzustand menschlichen Zusammenlebens sei („der Mensch ist dem Menschen ein Wolf"). Der Wille zur Selbsterhaltung zwingt nach Hobbes die Menschen dazu, sich in einem Herrschaftsvertrag einer absoluten Staatsgewalt zu unterwerfen, die den Rechtsfrieden und die innerstaatliche Ordnung sichert.

Machtbegrenzung: Naturrechtslehre und Gottesgnadentum

Politische Leitbegriffe wie Staatsraison, Souveränität und Herrschaftsvertrag könnten den Eindruck hervorrufen, als sei die Macht des absoluten Monarchen uneingeschränkt oder gar durch totalitäre Willkür gekennzeichnet gewesen. Es entsprach indessen den selbstverständlichen Denktraditionen des 17. Jahrhunderts, dass der Herrscher auf die göttlichen Gebote des Alten und Neuen Testamentes sowie auf das natürliche Gebot menschlicher Gerechtigkeit verpflichtet blieb und seiner Macht von daher Schranken gesetzt waren.

Abgeleitet waren solche Machtbegrenzungen zum einen aus der Überzeugung, dass der Herrscher kraft göttlicher Gnade als weltlicher Stellvertreter Gottes regiere („Gottesgnadentum"), zum anderen aus naturrechtlichen Vorstellungen, die bis in die Antike zurückreichen. Die Naturrechtslehre spricht jedem Menschen einen Grundbestand unveräußerlicher, ewiger Rechte zu (z. B. auf Leben und Glück), die sich aus seiner Natur als vernunftbegabtes, gemeinschaftsbildendes Wesen unmittelbar einsichtig ergeben. *Naturrecht* und *Gottesgnadentum* machten nicht zuletzt das Wohl der Untertanen zum – wenn auch nicht immer beachteten – Maßstab herrscherlichen Handelns.

Machtkritik der Zeitgenossen

Das Beispiel Frankreichs unter Ludwig XIV. zeigt freilich: Der staatstheoretisch abgesicherte, theologisch und naturrechtlich gleichwohl eingegrenzte Herrschaftsanspruch des absoluten Monarchen und die politisch-gesellschaftliche Wirklichkeit absolutistischer Herrschaftspraxis klafften weit auseinander. Ruhmsucht und Repräsentationsstreben des Königs, seine übersteigerte Machtpolitik nach innen und außen, die ins Unermessliche gehenden Kosten für Hofhaltung und Kriegführung, wirtschaftspolitische Einseitigkeit und wirtschaftspraktische Willkür waren die wichtigsten Ursachen für dieses immer deutlicher zutage tretende Missverhältnis. Während die bäuerliche Bevölkerung und die unteren Schichten des Bürgertums weithin in ohnmächtiger Verzweiflung verharrten, mehrten sich, vor allem gegen Ende der Regierungszeit Ludwigs XIV., die kritischen Stimmen aus der unmittelbaren Umgebung des Königs, und eine ernstzunehmende Opposition bei maßgeblichen Mitgliedern der Geistlichkeit und des Adels begann sich abzuzeichnen.

François de Fénelon (1651–1715), Erzbischof von Cambrai und zeitweiliger Erzieher der Enkel Ludwigs XIV., richtete um 1695 in einem Brief besonders eindringliche Worte der Kritik an den König: „Man hat Ihre Macht auf dem Ruin aller Stände des Königreiches aufbauen wollen, gerade als ob Sie dadurch groß werden könnten, dass Sie Ihre Untertanen erniedrigten, während doch das Glück der Untertanen die einzig wahre Grundlage aller königlichen Größe ist … Sie haben für nichts Augen als für Ihren Ruhm und Ihren Vorteil …; als wären sie der Gott dieser Erde und als ob alles Übrige nur dazu geschaffen wäre, Ihnen aufgeopfert zu werden. Und doch ist es gerade umgekehrt: Nur zum Wohle Ihres Volkes hat Gott Sie auf die Erde gestellt!"

1 Karikatur auf Ludwig XIV. Mehr als ein Jahrhundert nach dem Tode des „Sonnenkönigs" zeichnete der englische Dichter W. M. Thackeray (1811–1863) diese Sicht des Monarchen. Unter der Karikatur steht (von links nach rechts): „Rex", „Ludovicus", „Ludovicus Rex".

Absolutistische Herrscherporträts

2 **Ludwig XIV.** (lebensgroßes Bildnis von H. Rigaud, 1701)

3 Friedrich der Große (Gemälde von Anton Graff, um 1770)

> **Werkstatt Geschichte:**
> **Herrscherbilder**
>
> Herrscherbilder werden zur historischen Quelle, denn durch sie werden vor allem Selbstverständnis, Legitimation und Wirkung der Herrscher auf die Nachwelt deutlich. Der Soziologe Max Weber unterscheidet zwischen der charismatischen Herrschaft, der traditionellen Herrschaft und der rationalen Herrschaft.
>
> Die charismatische Herrschaft betont die übernatürlichen Fähigkeiten des Führers, dessen Wille und Kraft als Person im Mittelpunkt der Darstellung stehen. Auf Herrschaftssymbole oder -insignien wird völlig verzichtet.
>
> Anders bei der traditionellen Herrschaft, die auf dem Glauben an die Heiligkeit altüberkommener Ordnung beruht. Symbole nehmen daher eine zentrale Bedeutung ein. Wichtig ist hier im Herrscherbild auch die erkennbare Ableitung der Macht des Herrschers von Gott (Gottesgnadentum).
>
> Die rationale Herrschaft gründet auf dem Glauben an die Legalität von Ordnung auf der Basis der Vernunft. Darauf bezieht sich der absolutistische Monarch, dessen Herrscherbild zwar noch Symbole und Insignien enthält, die aber in den Hintergrund treten. Im aufgeklärten Absolutismus sind Herrschaft und Macht vernunftgemäße Voraussetzung für die Ordnung in der menschlichen Gesellschaft. Herrschaftsinsignien und religiöse Bezüge haben keine Bedeutung mehr. Die Person des Monarchen, sein Wissen und Können, seine Fähigkeiten und sein Einsatz für die Bevölkerung treten in den Vordergrund. Gerade diese Eigenschaften sind es, mit denen im 19. und 20. Jh. z. B. das Herrscherbild Friedrichs des Großen zum Staatsmythos hochstilisiert wurde.

Souveränität (von lat. „superioritas", „supranitas": Obergewalt, „Oberkeit", Obrigkeit): Der durch den französischen Staatstheoretiker Jean Bodin (1530–1596) geprägte Ausdruck bezeichnet die höchste und unabhängige Staatsgewalt nach innen und außen. Im absolutistischen Herrschaftssystem kam die Souveränität einzig dem Fürsten zu und wurde durch ihn, den „Souverän", verkörpert. Über die Idee der Staatsräson und verstärkt durch staatstheoretische Vorstellungen der Aufklärung wurde die Souveränität auf den Staat im Ganzen übertragen. Moderne Demokratien schreiben in Anlehnung an Jean-Jacques Rousseau (1712–1778) die Souveränität der Gesamtheit ihrer Staatsbürger zu („Volkssouveränität").
Bis heute gelten solche Staaten als souverän, die Selbstregierung nach innen haben und nach außen frei von fremden staatlichen Rechtsordnungen und Machtansprüchen sind. Staatliche Souveränität kann eingeschränkt werden durch vertragliche Bindung bzw. die Verlagerung politischer Entscheidungskompetenzen von Einzelstaaten auf internationale Organisationen und Gremien (z. B. UNO, EU oder Nato).
Naturrecht: Bereits im Altertum entstand die Auffassung, dass der Natur eine von Gott gesetzte Ordnung zugrunde liege, die allen Menschen aller Zeiten, unabhängig von menschlichen Rechtsordnungen und Herrschaftsverhältnissen, eine Reihe gleicher und unauslöschlicher Rechte verleihe. Diese Naturrechtslehre beeinflusste – bis hin zu den Grundrechten unserer Verfassung – die staatstheoretische Entwicklung der Neuzeit in starkem Maße. Kernstücke der naturrechtlichen Staatstheorie sind die im 17./18. Jahrhundert aufgestellte Lehre vom Staats- oder Gesellschaftsvertrag und das engstens damit verknüpfte Widerstandsrecht, das es einem Menschen bzw. einem ganzen Volk erlaubt, sich gegen die herrschende Staatsgewalt aufzulehnen, wenn alle anderen rechtlichen Mittel gegen staatliches Unrecht versagen. Auch die maßgeblich durch den Niederländer Hugo Grotius (1583–1645) entwickelte Völkerrechtslehre entspringt naturrechtlichen Vorstellungen.

5 **Ratschläge für einen Fürsten**
Niccolò Machiavelli (1469–1527), Beamter und Diplomat der Republik Florenz, forderte von einem Fürsten u. a. folgendes Verhalten:
„Man muss … wissen, dass es zwei Wege gibt, zu kämpfen: auf gesetzlichem und auf gewaltsamem Wege. Das Erste ist die Sitte der Menschen; das Zweite die Weise der Tiere. Oft aber reicht das Erste nicht zu, und so muss zu der zweiten Manier gegriffen werden. Einem Fürsten ist daher nötig bald den Menschen, bald das reißende Tier spielen zu können … ein kluger Fürst kann … sein Wort nicht halten, wenn dessen Erfüllung sich gegen ihn selbst kehren würde und wenn die Ursachen aufhören, die ihn bewogen haben es zu geben. Wenn die Menschen insgesamt gut wären, so würde dieser Rat nichts wert sein. Da sie aber nicht viel taugen und dir ihrerseits nicht Wort halten, so brauchst du es ihnen auch nicht zu halten: Und einem Fürsten kann es nie an Vorwand fehlen seinen Wortbruch zu beschönigen … Ich wage zu behaupten, dass es sehr nachteilig ist, stets redlich zu sein; aber fromm, treu, menschlich, gottesfürchtig, redlich zu scheinen ist sehr nützlich … ein Fürst, und absonderlich ein neuer Fürst, kann nicht immer alles das beachten, was bei anderen Menschen für gut gilt; er muss oft handeln um seinen Platz zu behaupten, wider Treue, wider Menschenliebe, wider Menschlichkeit, wider Religion …
Nichts verschafft einem Fürsten soviel Achtung, als große Unternehmungen und glänzende Leistungen … vor allen Dingen muss ein Fürst in jeder seiner Handlungen den Ruf des Großen und Hervorstechenden suchen …
Kein Staat glaube jemals mit Sicherheit auf etwas zählen zu können, sondern rechne beständig mit der Ungewissheit aller Dinge: Denn die Welt ist so beschaffen, dass man jedesmal da, wo man einer Verwicklung entgeht, in eine andre hineingerät. Die Klugheit besteht darin, unter ihnen zu wählen und die geringste auszusuchen. Ferner muss ein Fürst Sinn für tüchtige Leistungen bekunden und vorzügliche Männer in jedem Fache ehren …
Sein Volk muss er zu den gehörigen Zeiten im Jahre mit Festlichkeiten und Schauspielen be-

schäftigen …, sich menschenfreundlich und freigebig beweisen, dabei aber seine Würde in allen Dingen behaupten; sie darf niemals vernachlässigt werden."
(N. Machiavelli, Der Fürst, Leipzig o. J., S. 100 ff. und 121 ff.)

6 Souveränität als Inbegriff der Staatsgewalt

In seinem 1576 erschienenen Handbuch „Über den Staat" gab Jean Bodin (1530–1596) eine differenzierte Definition der staatlichen und fürstlichen Souveränität:

„Der Begriff der Souveränität beinhaltet die absolute und dauernde Gewalt eines Staates, die im Lateinischen ‚majestas' heißt … Souveränität bedeutet höchste Befehlsgewalt. [Die lateinische Formel hierzu lautet: ‚Majestas est summa in cives ac subditos legibusque soluta potestas'; wörtlich übersetzt: Souveränität ist die höchste und von den Gesetzen gelöste Gewalt über Bürger und Untertanen.] … Souveränität wird weder durch irgend eine Gewalt, noch durch menschliche Satzung, noch durch eine Frist begrenzt … Souverän ist nur derjenige, der allein Gott als Größeren über sich anerkennt …

Die Staatsgewalt ist dann absolut und souverän, wenn sie nur dem göttlichen Gebot und dem Naturrecht unterworfen ist … Die Inhaber der Souveränität sind auf keine Weise den Befehlen eines anderen unterworfen, geben den Untertanen Gesetze, schaffen überholte Gesetze ab um dafür neue zu erlassen. Niemand, der selbst den Gesetzen oder der Befehlsgewalt anderer untersteht, kann dies tun. Darum gilt, dass der Fürst von der Gewalt der Gesetze entbunden ist …

Absolute Gewalt bedeutet Freiheit gegenüber den positiven, d. h. durch menschlichen Rechtsakt gegebenen Gesetzen, nicht gegenüber dem Gesetz Gottes … Denn wenn Gerechtigkeit der Zweck der Gesetze ist und die Gesetze das Werk des Fürsten sind, der Fürst aber das Abbild Gottes ist, so folgt daraus, dass die Gesetze des Fürsten nach dem Muster des göttlichen Gesetzes beschaffen sein sollten."
(Jean Bodin, Über den Staat, hrsg. von Gottfried Niedhart, Stuttgart 1976, S. 19 ff., 31 f., 37 f.)

7 Der Herrschaftsvertrag als Staatsgrundlage

Im Jahre 1651 legte Thomas Hobbes in der staatstheoretischen Abhandlung „Leviathan oder Stoff, Form und Gestalt eines bürgerlichen und kirchlichen Staates" seine Auffassung von Grundlage und Zweck des Staates dar:

„Die Menschen, die von Natur aus Freiheit und Herrschaft über andere lieben, führten die Selbstbeschränkung, unter der sie … in Staaten leben, … mit dem Ziel und der Absicht ein, dadurch für ihre Selbsterhaltung zu sorgen … Denn die natürlichen Gesetze wie Gerechtigkeit, Billigkeit, Bescheidenheit, Dankbarkeit, kurz, das Gesetz, andere so zu behandeln, wie wir selbst behandelt werden wollen, sind an sich, ohne die Furcht vor einer Macht, die ihre Befolgung veranlasst, unseren natürlichen Leidenschaften entgegengesetzt, die uns zu Parteilichkeit, Hochmut, Rachsucht und Ähnlichem verleiten. Und Verträge ohne das Schwert sind bloße Worte und besitzen nicht die Kraft einem Menschen auch nur die geringste Sicherheit zu bieten …

Der alleinige Weg zur Errichtung einer solchen allgemeinen Gewalt, die in der Lage ist, die Menschen vor dem Angriff Fremder und vor gegenseitigen Übergriffen zu schützen und ihnen dadurch eine solche Sicherheit zu verschaffen, dass sie sich durch eigenen Fleiß und von den Früchten der Erde ernähren und zufrieden leben können, liegt in der Übertragung ihrer gesamten Macht und Stärke auf einen Menschen oder eine Versammlung von Menschen, die ihre Einzelwillen durch Stimmenmehrheit auf einen Willen reduzieren können. Das heißt soviel wie einen Menschen oder eine Versammlung von Menschen bestimmen, die deren Person verkörpern sollen, und bedeutet, dass jedermann alles als eigen anerkennt, was derjenige, der auf diese Weise seine Person verkörpert, in Dingen des allgemeinen Friedens und der allgemeinen Sicherheit tun oder veranlassen wird … Dies ist mehr als Zustimmung oder Übereinstimmung: Es ist eine wirkliche Einheit aller in ein und derselben Person, die durch Vertrag eines jeden mit jedem zustande kam … Ist dies geschehen, so nennt man diese zu einer Person vereinte Menge *Staat*, auf lateinisch *civitas*. Dies ist die Erzeugung jenes großen *Leviathan* [alttestamentarisches Symbol für die assyrische und ägyptische Großmacht] oder besser, um es ehrerbietiger auszudrücken, jenes sterblichen Gottes, dem wir unter dem unsterblichen Gott unseren Frieden und Schutz verdanken … Wer diese Person verkörpert, wird Souverän genannt und be-

sitzt, wie man sagt, höchste Gewalt, und jeder andere daneben ist sein Untertan ...
Von dieser Einsetzung eines Staates werden alle Rechte und Befugnisse dessen oder derer abgeleitet, denen die höchste Gewalt durch Übereinstimmung des versammelten Volkes übertragen worden ist ... Da die Mehrzahl übereinstimmend einen Souverän ernannte, hat derjenige, welcher dagegen stimmte, nunmehr mit den übrigen übereinzustimmen, das heißt, sich mit der Anerkennung aller zukünftigen Handlungen des Souveräns zufriedenzugeben, oder aber er wird rechtmäßig von den Übrigen vernichtet."
(Thomas Hobbes, Leviathan, hrsg. von Iring Fetscher, Frankfurt a. M. 1984, S. 131, 134 ff., 138)

8 „Die Folgen sind nicht abzusehen."
Der lange am Hofe Ludwigs XIV. lebende Herzog von Saint-Simon (1675–1755) war einer der kritischsten Beobachter der letzten Regierungsjahre des Königs:
„Man muss es offen sagen: Der König war weniger denn mittelmäßig begabt, aber sehr bildungsfähig. Er war ruhmsüchtig und hielt auf Ordnung und Gesetz. Er besaß natürlichen Verstand, war mäßig, verschwiegen ... und – so sonderbar es klingen mag – im Kern seines Wesens gütig und gerecht. Gott hatte ihn wohl dazu befähigt, ein guter, ja vielleicht ein großer Monarch zu werden, wenn nicht fremde Einflüsse [Erzieher, Ratgeber] dazu gekommen wären ...
Aus allem geht hervor, dass man Grund genug hat, jene greuliche Erziehung bitter zu beklagen, die ihr Ziel einzig darin sah, Geist und Herz des Monarchen zu vergiften. Ebenso jene nichtswürdige Götzendienerei vor dem Fürsten und die grausame Politik seiner Minister, die ihn immer unerreichbarer machte. Um *ihrer* Größe, *ihrer* Macht und *ihres* Glückes willen lagen sie ihm beständig in den Ohren mit Schmeicheleien über *seine* Macht, *seine* Größe und *seinen* Ruhm. Sie waren sein Verderb ...
In allem liebte er Glanz, Verschwendung, Fülle. Es war wohlberechnet, dass er die Sucht ihm hierin nachzueifern in jeder Weise begünstigte ... Wer alles draufgehen ließ für Küche, Kleidung, Wagen, Haushalt und Spiel, der gewann sein Wohlwollen ... Indem er so den Luxus gewissermaßen zur Ehrensache und für manche zur Notwendigkeit machte, richtete er nacheinander alle zugrunde, bis sie schließlich einzig und allein von seiner Gnade abhingen. So befriedigte er seinen Hochmut und seinen Ehrgeiz. Sein Hof war blendend, und die Rangunterschiede verschwanden in einem allgemeinen Wirrwarr. Er hat dem Lande damit eine Wunde geschlagen, die wie ein Krebsschaden an allem frisst. Vom Hofe aus hat die Verschwendungssucht Paris, die Provinzen, das Heer ergriffen. Man schätzt einen jeden, der eine gewisse Stellung einnimmt, nur nach seinem Aufwand in Küche und Haus ein ... Alle Stände sind in heillosem Durcheinander. Der Hochmut wächst ins Ungemessene. Die Folgen sind nicht abzusehen. Untergang und Umwälzung sind im Anzuge ..."
(Der Hof Ludwigs XIV. nach den Denkwürdigkeiten des Herzogs von Saint-Simon, hrsg. von W. Weigand, Leipzig 1913, S. 359, 364 f., 368 f.)

Arbeitsvorschläge und Fragen

a) Worin sahen Machiavelli, Bodin und Hobbes die Rechtfertigung und worin die Begrenzung herrscherlicher Macht? Inwieweit sind ihre Vorstellungen darauf gerichtet, Machtmissbrauch zu verhindern (M 5 – M 7)?
b) Diskutieren Sie, ausgehend von Machiavellis Herrschaftsverständnis, die Frage, ob und inwieweit Politik moralischen Maßstäben unterliegen müsse (M 5).
c) Vergleichen Sie die staatstheoretischen Grundlagen absolutistischer Monarchien mit denen moderner Diktaturen hinsichtlich der Machtlegitimierung und der Machtbegrenzung.
d) Interpretieren Sie die von Saint-Simon vorgetragene Kritik an der Herrschaftspraxis Ludwigs XIV. nach Inhalt und Form (M 8).
f) Analysieren Sie, in welcher Weise und mit welchem Ziel Thackeray sich mit dem Staatsporträt Ludwigs XIV. auseinandersetzt (M 1 und M 2).
g) Untersuchen Sie die Herrscherdarstellungen auf S. 100 f. Welche Wirkungsabsichten sind zu erkennen? Ziehen Sie auch den Text auf S. 101 hinzu.

4. Die Krise des Ancien régime im 18. Jahrhundert

Die Opposition gegen den Absolutismus formiert sich

Das Ansehen des französischen Königtums war seit dem Tode Ludwigs XIV. in allen Bevölkerungsschichten gesunken. Zu den Misserfolgen in der Außenpolitik, den langen und opferreichen Kriegen kam eine wachsende Unzufriedenheit aller Gesellschaftsschichten mit den bestehenden Zuständen. Die Durchsetzung der absolutistischen Gewalt des Monarchen und der merkantilistischen Wirtschaftsform hatte einen *grundlegenden Wandel* der feudalen Ordnung herbeigeführt. Der Anspruch der Geistlichkeit (Erster Stand) und des Adels (Zweiter Stand) auf persönliche und sachliche Leistungen der Bauern, auf Ämter- und Steuerprivilegien war ursprünglich die Bezahlung für die Leistungen der beiden ersten Stände für den Staat, für Gerichte, Verwaltung und Kriegsdienst. Die absolutistische Monarchie hatte aber diese Grundlage des Feudalsystems beseitigt, indem sie den Ersten und Zweiten Stand ihrer staatlichen Aufgaben enthob bzw. diese stark einschränkte, ihre Privilegien gegenüber dem Dritten Stand aber unangetastet ließ.

Innerhalb des Dritten Standes forderten die Bauern, d. h. 22 Millionen der etwa 25 Millionen zählenden Bevölkerung, die Abschaffung aller Dienste und Abgaben für den Gutsherrn und freies Eigentum. Zudem hatte sich die Lage der Bauern im Merkantilismus drastisch verschlechtert. Zu den hohen Abgaben und Frondiensten kamen die indirekten Steuern auf Grund und Vermögen, die direkten Steuern auf Salz und Brot.

Die Einnahmen dagegen wurden durch die merkantilistische Wirtschaftslenkung bewusst niedrig gehalten. Denn um einen hohen Gewinn durch den Verkauf der Fertigwaren aus den Manufakturen zu erzielen wurden die Löhne der Beschäftigten auf einem Mindeststand eingefroren. Wegen der niedrigen Löhne mussten daher die Bauern ihre landwirtschaftlichen Produkte zu Billigpreisen abgeben, damit sich der Arbeiter einer Manufaktur ernähren konnte.

Noch schlechter als den Bauern ging es der untersten Schicht der Bürger, den Lohnarbeitern, Straßenhändlern und Arbeitslosen. Sie konnten aus eigenem Vermögen zur Besserung ihrer Situation überhaupt nichts beitragen, sie waren den Auswirkungen der wirtschaftlichen Entwicklungen wie z. B. dem Anstieg des Getreidepreises hilflos ausgeliefert. Sie kämpften täglich um ihre Lebensexistenz und waren daher auch zu radikalen Veränderungen der Situation bereit. Reich und selbstbewusst dagegen war durch den Merkantilismus das Großbürgertum geworden: Es forderte die soziale und politische Gleichberechtigung mit dem Ersten und Zweiten Stand.

Adel und Geistlichkeit besaßen gegenüber dem Dritten Stand weiterhin Privilegien, bildeten aber keine einheitliche Schicht. Die Unterschiede im Besitz, im politischen Einfluss und in der damit verbundenen gesellschaftlichen Position waren gewaltig. Der niedere Adel kämpfte um Wiederherstellung seiner alten Rechte, die der König eingeschränkt hatte; der Hochadel dagegen wollte seine Macht gegenüber dem König erhalten und ausweiten. Beiden gemeinsam war der Wille, ihre Privilegien gegenüber dem Dritten Stand unter keinen Umständen antasten zu lassen.

Wie unterschiedlich die Gründe der Unzufriedenheit und Forderungen der drei Stände waren, wie sehr sie sich auch gegenseitig um wirtschaftliche, gesellschaftliche und politische Vorteile bekämpften, gemeinsam war ihnen, dass sie ihre Lage verbessern wollten.

1 Die Lage des Dritten Standes (zeitgenössische Karikatur, 1789). Die Umschrift lautet übersetzt: „Erklärung der Allegorie. Der Dritte Stand trägt allein die Lasten des Königtums, unter denen er wankt; ein Adliger erschwert die Last, indem er sich aufstützt; der Priester scheint beim Tragen der Last helfen zu wollen, aber nur mit einer Fingerspitze."

Der absolutistische Staat vor dem Bankrott

Die Belastungen des größten Teiles der Bevölkerung waren eine Folge des gewaltigen *Haushaltsdefizits* des französischen Staates. Die Unterstützung der amerikanischen Siedler in ihrem Unabhängigkeitskrieg gegen England (ab 1776) hatte zwar zu einem Sieg über den alten Kolonialgegner geführt, der staatliche Schuldenberg erhöhte sich dadurch aber sprunghaft. Von 1736 bis 1774 stiegen die Staatsschulden im Vergleich zum Haushalt von 36 % auf 67 %, bis zum Jahre 1789 auf 100 %. Der Friedensschluss mit England schuf wirtschaftlich keine Besserung. Englische Importe (Tuche und Industriewaren) überschwemmten den französischen Markt und die Landwirtschaft wurde zusätzlich durch Missernten hart getroffen. Das Haushaltsdefizit verschärfte die sozialen Spannungen, da der Adel seine Verluste durch Erhöhung der Pachtabgaben und zusätzliche Fronleistungen auszugleichen versuchte. Eine Rettung der Staatsfinanzen schien nur möglich, wenn die Privilegien des Adels abgebaut wurden.

Der Kampf um die Macht: König und Parlamente

Gegen den Abbau der Privilegien des Ersten und Zweiten Standes sprachen sich am entschiedensten immer wieder die *Parlamente* (s. S. 84) aus. Sie hatten den Königen zunächst wertvolle Dienste gegen die Einmischungsversuche von Partikulargewalten geleistet, hatten aber allmählich selbst feudale Machtinteressen entwickelt und wurden so zu hartnäckigen Gegnern des absolutistischen Königtums. Ihr Recht, Einsprüche gegen königliche Gesetze zu erheben, machte das Parlament von Paris zusammen mit den 13 Provinzparlamenten zur führenden oppositionellen Kraft gegen den König.
Jeder Versuch des französischen Königs seine Macht absolutistisch auszuüben führte daher vor allem im 18. Jahrhundert zu erbitterten Auseinandersetzungen mit den Parlamenten, die entschieden feudalständische Interessen vertraten. Schon Ludwig XIV. hatte 1673 das Einspruchsrecht der Parlamente faktisch aufgehoben, es jedoch formaljuristisch weiter bestehen lassen. Nach seinem Tode konnten die Parlamente ihre Rechte jedoch wieder weitgehend herstellen. Der Kampf des Königtums mit dem Hochadel erreichte nach Ludwig XIV. einen

erneuten Höhepunkt, als Ludwig XV. (1715–1774) die Räte des Pariser Parlaments aus der Stadt verbannte. Dessen Nachfolger, Ludwig XVI. (1774–1792), setzte bei seinem Regierungsantritt die Parlamentsräte wieder ein, so dass sie bei den anstehenden Versuchen der Steuerreform erneut zum Gegenspieler der absolutistischen Monarchie wurden.

Reformerische Ideen zur Überwindung der Wirtschaftskrise und des drohenden Staatsbankrotts kamen vor allem von den Anhängern einer neuen sozialen und volkswirtschaftlichen Lehre, den „*Physiokraten*" (von griech. Physiokratie: Herrschaft der Natur). Vom Naturrecht leiteten sie eine neue Gesellschafts- und Wirtschaftslehre ab. Nach ihren Gesellschaftsvorstellungen lebt der Mensch in zwei Ordnungen, dem „ordre naturel", d. h. der von Gott ewig und unveränderlich geschaffenen Ordnung, und dem „ordre positif", d. h. dem herrschenden politischen System. Der Herrscher hat die Aufgabe, die irdische Ordnung der göttlichen anzugleichen. Die Wirtschaftslehre der Physiokraten ist eine totale Abkehr vom Merkantilismus: Einzige Quelle des Wohlstandes und der Wirtschaft sind die im Boden angehäuften Geschenke der Natur. Händler und Gewerbetreibende schaffen daher keinen neuen Reichtum, sie gehören zur „unproduktiven Klasse", da sie bestehende Stoffe nur umwandeln oder von Ort zu Ort bringen. Die „produktive Klasse" der Bevölkerung bilden die Bauern. Sie sollten daher von allen feudalen und merkantilistischen Bindungen befreit werden. Die Physiokraten forderten Freiheit der Person, Freizügigkeit und Freihandel. Sie griffen damit sowohl die Grundlagen des Absolutismus als auch der feudalen Gesellschaftsordnung an und wurden zu Vorläufern des wirtschaftlichen Liberalismus. Von den Ideen der Physiokraten geprägt war Robert Jacques Turgot, den Ludwig XVI. 1774 zum Finanzminister ernannte.

Gegen Absolutismus und Merkantilismus: die Physiokraten

Mit *Turgot* begann eine Reihe von Reformversuchen mit dem Ziel, den Staatsbankrott Frankreichs abzuwenden. Er stützte sich auf den König und wollte mit seiner Hilfe die Privilegien der ersten beiden Stände abbauen. Turgot beendete die staatlichen Eingriffe in die Wirtschaft, begann eine dezentralisierte Selbstverwaltung aufzubauen, schuf eine einheitliche Grundsteuer, befreite die Bauern von einigen Frondiensten, hob die Zünfte auf (Gewerbefreiheit) und gab den Getreidehandel, bisher vorwiegend ein Recht der Privilegierten, für alle Franzosen frei. Mit diesen Maßnahmen stieß er auf den erbitterten Widerstand der Parlamente. Als er zudem eine Einschränkung des königlichen Hofes verlangte und sich gegen eine weitere Beteiligung am amerikanischen Unabhängigkeitskrieg aussprach, war dies der Anlass für den König, Turgot zu entlassen. Die entscheidende Ursache dafür war Turgots Politik, eine einheitliche Grundsteuer durchzusetzen und damit Privilegien des Ersten und Zweiten Standes anzutasten.

Reformversuche gegen den Staatsbankrott

Der Nachfolger Turgots, der Genfer Bankier Jacques *Necker*, entwarf einen entgegengesetzten Plan. Er suchte die Unterstützung der Privilegierten, wollte daher die Provinziallandtage (Ständevertretung der Provinzen) wieder beleben und mit ihrer Hilfe eine Steuerreform durchführen. Necker war für staatliche Eingriffe in die Finanz- und Wirtschaftspolitik, er setzte die Getreidepreise fest und nahm hohe Staatsanleihen auf. Dies entsprach zwar weitgehend den wirtschaftlichen Interessen der Privilegierten, dennoch ließen sie sich von Necker nicht für seine Pläne gewinnen. Wie Turgot scheiterte auch er am Widerstand der Parlamente und des Hofadels. Als er – gegen die Gewohnheiten – in einem Rechenschaftsbericht in 100 000 Exemplaren das Haushaltsdefizit veröffentlichte, war das der Anlass zu seiner Entlassung.

2 Lebenshaltungskosten der städtischen Bevölkerung in Frankreich im 18. Jahrhundert (in % des Einkommens) und Anstieg der Löhne

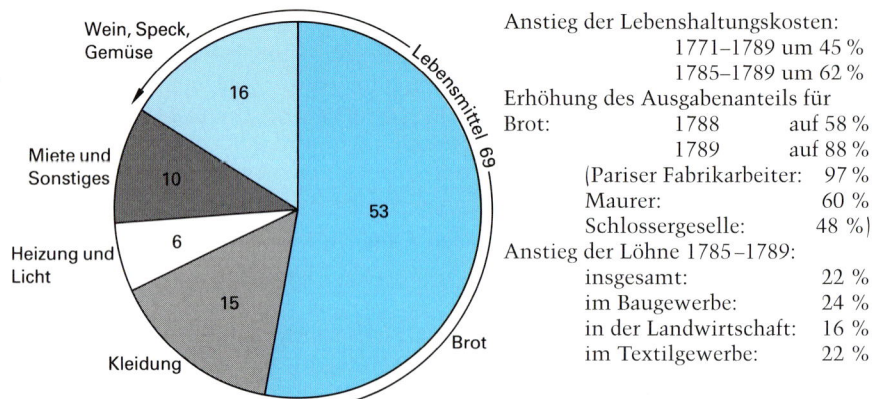

Kreisdiagramm:
- Lebensmittel: 69 (Brot 53, Wein, Speck, Gemüse 16)
- Kleidung: 15
- Heizung und Licht: 6
- Miete und Sonstiges: 10

Anstieg der Lebenshaltungskosten:
   1771–1789 um 45 %
   1785–1789 um 62 %
Erhöhung des Ausgabenanteils für
Brot: 1788   auf 58 %
         1789   auf 88 %
   (Pariser Fabrikarbeiter: 97 %
   Maurer: 60 %
   Schlossergeselle: 48 %)
Anstieg der Löhne 1785–1789:
   insgesamt: 22 %
   im Baugewerbe: 24 %
   in der Landwirtschaft: 16 %
   im Textilgewerbe: 22 %

1783 ernannte Ludwig XVI. Charles Alexandre de *Calonne* zum Finanzminister. Calonne wusste, dass er eine Steuerreform nicht mit den Privilegierten und den Parlamenten durchführen konnte. Der mögliche Weg, die Generalstände einzuberufen, erschien ihm wegen des ungeklärten Wahlmodus zu unsicher, daher berief er die Notabeln ein: 144 vom König auserwählte, an Bildung, Rang und Vermögen bedeutende Männer. Von ihnen erhoffte er Unterstützung der Regierung, doch die Notabeln lehnten ebenfalls den Plan einer Grundsteuer ab. Viele von ihnen forderten die Einberufung der „authentischen Vertreter der Nation" (Lafayette), also der Generalstände. Dies verlangten bald auch die Parlamente.

Nachdem ein letzter Versuch des Königs, durch Verhaftung der Parlamentsräte eine Steuerreform gewaltsam durchzuführen, an der aufgebrachten Öffentlichkeit gescheitert war, beauftragte der König Jacques Necker, die *Generalstände* einzuberufen. Sie traten am 5. Mai 1789 zusammen. Am Streit um den Abstimmungsmodus dieses Gremiums entzündete sich die Französische Revolution.

3 Der Machtkampf zwischen Krone und Parlament

Nach dem Tode Ludwigs XIV. kämpften die Parlamente hartnäckig um die Wiederherstellung ihrer alten Rechte und beschrieben mehrfach ihre Aufgaben gegenüber der absolutistischen Monarchie.

3a Das Parlament von Bordeaux schrieb dazu 1757 an den König:

„… Noch erkennt die Nation in dieser Körperschaft [dem Parlament] den Garanten ihres Gehorsams, ihren alten Bürgern, den getreuen Dolmetscher ihrer Empfindungen, den Sprecher ihrer Bedürfnisse, oder vielmehr, sie anerkennt sich selbst, ob das Parlament nun im Namen Euerer Untertanen Ihnen die unwandelbare Treue, welche sie Ihnen gegenüber hegt, oder auch mitunter das Bedauern ausdrückt, dass Ihre Völker sich infolge außerordentlicher Notlage vor der Unmöglichkeit sehen der ganzen Größe Ihrer Herzensregung zu folgen. In jedem Falle geschieht es durch Vermittlung dieser Körperschaft, dass die Nation [zu Ihnen] spricht, … Wenn auch Ihr Parlament, Sire, niemals daran gedacht hat, irgendeinen Teil der legislativen Gewalt an sich zu bringen, die vollkommen der geheiligten Person des Souveräns zusteht, so ist es doch nichtsdestoweniger in allen Fragen der Gesetzgebung sein legaler Rat. Pflicht und Eid zwingen es zu urteilen, ob das Gesetz zum Besten des Monarchen und seiner Untertanen diene. Es misst es an alten und grundlegenden Gesetzesakten; es vergewissert sich, dass ihm nichts innewohnt, was gegen die ursprünglichen Gesetze verstieße, an denen die Sicherheit des Thrones so gut hängt wie Ruhe und Glück der Völker … Unter all diesen Handlungen, Sire, ist unverkennbar die wahre, die wichtige, die wesentliche die der Überprüfung des Gesetzes, die in wohldurchdachtem Urteil wie jedes Urteil in voller Freiheit der Abstimmung gefunden werden muss … Wenn wir der Tradition der Ordonnanzen folgen und bis zu den ältesten Kapitularien unserer Könige zurückgehen [stoßen wir auf den Grundsatz]: Lex consensu populi fit et constitutione regis, und also bestehen Gesetze gleichermaßen aus der königlichen Willensmeinung und aus der Zustimmung der Untertanen … Bis hinauf zur Lex Salica zeigen die erhabensten Denkmale der Monarchie, dass die Prinzipien dieser Prüfung niemals gewankt haben. Dieses heilige Gesetz gründet die Monarchie; auf diesem Grundsatz ruht Ihr Thron. Hier ist das allgemeine Prinzip der unabhängigen Gewalt unserer Könige und der gesetzlichen Freiheit ihrer Untertanen. Aus dieser erhabenen Quelle fließen die gleichen Prinzipien, deren Überprüfung wie freie und freiwillige Registrierung wir soeben als notwendig bezeichnet haben. Wer sie anrührt, der zerstört völlig diese geheiligten Prinzipien und mit ihnen die Gesetze und alle Formen gesetzlicher Herrschaft … Ja, Sire, das Parlament ist seinem Wesen nach eine beratende Körperschaft."

3b Das Parlament der Bretagne stellte 1787 fest:

„… Die Grundwahrheit: ‚Wie der König will, will es das Gesetz', dieses alte Sprichwort kann in zwei einander entgegengesetzten Weisen ausgelegt werden. Man kann es so verstehen, dass die Gesetze alles wollen, was der König will, oder aber, dass der König alles wolle, was die Gesetze vorschreiben. Die erste Deutung kann nur zu einer despotischen Regierung passen, wo es außer dem Willen eines Einzigen kein Gesetz gibt. Die zweite Deutung trifft hingegen auf die monarchische Regierung zu, in der sich der Wille des Souveräns immer im Einklang mit den Gesetzen befinden muss … Wenn auch in einer Monarchie die Gesetze letztlich immer im Namen des Königs verkündet werden, so können sie doch so lange nicht als solche gelten, wie sie nicht die Zustimmung der Nation erhalten haben."

3c Eines der vielen Flugblätter, mit denen der Dritte Stand das französische Volk zu informieren versuchte, setzt sich in einem Dialog mit der Rolle der Parlamente auseinander (1788):

„D: Was seid ihr von Natur aus?
R: Wir sind Beamte des Königs, die mit der

4 Unterschiedliche Steuern im Ancien régime

5 Frankreichs Parlamente 1789

Rechtsprechung für sein Volk beauftragt sind.
D: Was habt ihr vor zu werden?
R: Gesetzgeber, d. h. die Machthaber im Staate.
D: Wie könnt ihr denn die Herren des Staates werden?
R: Wenn wir legislative und exekutive Gewalt zugleich besitzen, dann gibt es nichts mehr, was uns widerstehen könnte.
D: Wie gedenkt ihr denn vorzugehen um so weit zu gelangen?
R: Indem wir vor dem König, dem Klerus, dem Adel und dem Volk jeweils verschiedene Haltungen an den Tag legen werden.
D: Wie verhaltet ihr euch dem König gegenüber?
R: Wir werden versuchen dem König das Vertrauen des Volkes zu entziehen, indem wir uns allen seinen Wünschen widersetzen und damit das Volk glauben machen, wir seien seine wahren Interessenvertreter, und dass wir die Steuerregistrierung zum Allgemeinwohl ablehnen.
D: Wird das Volk denn nicht merken, dass ihr euch nur deswegen der Steuer widersetzt, um nicht selbst zahlen zu müssen?"
(Zit. nach: Geschichte in Quellen, Bd. 4, München 1981, S. 122 f.)

6   Die Natur – Quelle des Wohlstandes

Francois Quesnay, der vom Kleinbauernsohn zum Leibarzt Ludwigs XIV. aufgestiegen war, schuf maßgeblich die theoretischen Grundlagen der Physiokraten und formulierte 1758 deren Leitsätze (Auszug):
„I. Die königliche Macht soll die einzige sein und allen Individuen der Gesellschaft und allen unbilligen privaten Interessen überlegen …
III. Der Souverän und die Nation dürfen niemals aus den Augen verlieren, dass der Boden die einzige Quelle des Reichtums ist und nur der Ackerbau dessen Reichtum vermehrt …
IV. Der Besitz von Grund und Boden wie von beweglichem Gut muss denen, die ihn rechtmäßig innehaben, gesichert sein. Die Sicherheit des Eigentums ist nämlich die wesentliche Grundlage der ökonomischen Ordnung der Gesellschaft …
V. Die Steuern dürfen nicht zerstörerisch wirken oder in einem Missverhältnis zum Nationaleinkommen stehen; ihre Erhöhung hat sich nach den Einkommenserhöhungen zu richten. Die Steuern müssen unmittelbar vom Nettoprodukt des Bodens ausgehend erhoben werden und nicht vom Arbeitslohn der Menschen …
IX. Wenn eine Nation viel Land zu bebauen hat und leicht einen bedeutenden Handel mit landwirtschaftlichen Produkten treiben kann, dann soll sie nicht zuviel Geld und Menschenkraft ans Handwerk und an den Handel mit Luxusgütern verwenden, was zu Lasten der landwirtschaftlichen Arbeiten und Ausgaben geht. Vorrangig soll das Land mit wohlhabenden Bauern bevölkert sein.
XI. Die Abwanderung von Menschen, die ihren Reichtum aus dem Königreich mitnehmen, muss verhindert werden.
XIII. Jeder muss die Freiheit haben auf seinem Besitz die Produkte anzubauen, die ihm sein Interesse, seine Möglichkeiten und die Beschaffenheit des Landes zum Zwecke des größtmöglichen Ertrags nahelegen …
XV. Die zum Anbau von Getreide bestimmten Ackerflächen sollen nach Möglichkeit zu großen Betrieben zusammengelegt werden, die von wohlhabenden Bauern bewirtschaftet werden können …
XVI. Der Außenhandel mit einheimischen landwirtschaftlichen Produkten darf nicht behindert werden, denn je höher der Absatz ist, desto höher ist auch die Reproduktion …
XX. Das Auskommen der unteren Bevölkerungsschichten darf sich nicht verschlechtern, denn diese können gar nicht genug zum Verbrauch beitragen …
XXV. Die vollständige Freiheit des Handels muss gewahrt bleiben …"
(Zit. nach: Geschichte in Quellen, Bd. 4, München 1981, S. 129 ff.)

7   Die Gesellschaft Frankreichs am Ende des Ancien régimes

1856 schrieb Alexis de Tocqueville, Außenminister Frankreichs nach der Revolution 1848, Verfasser staatstheoretischer Schriften und Analytiker der politischen Ereignisse des 19. Jh.:
„Obwohl das Schicksal des Adels und das des Bürgertums sich stark voneinander unterschieden, glichen sie sich doch in einem Punkt: Der bürgerliche Mensch lebte letzten Endes genauso getrennt vom Volk wie der Edelmann selbst. Weit davon entfernt, sich den Bauern zu nähern, hatte er sich der Berührung mit ihrem Elend entzogen; anstatt sich eng mit ihnen zu verbün-

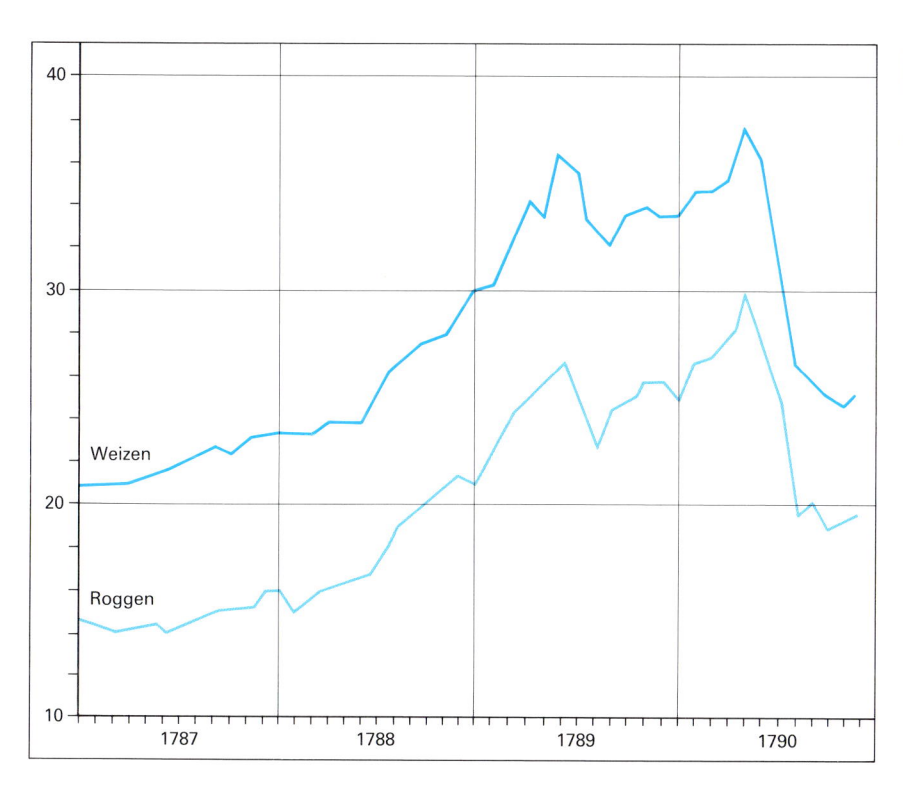

8 Preisentwicklung bei Weizen und Roggen 1787–1790 in Frankreich

den um gemeinsam mit ihnen gegen die gemeinsame Ungleichheit zu kämpfen, hatte er nur versucht, zu seinem Vorteil neue Ungerechtigkeiten zu schaffen: Er war ebenso eifrig darangegangen sich selbst Ausnahmen zu verschaffen, wie der Adel bedacht war seine Privilegien aufrechtzuerhalten. Diese Bauern, aus denen er hervorgegangen war, waren für ihn nicht nur entfremdete, sondern sogar unbekannte Menschen geworden, und erst nachdem er ihnen Waffen in die Hand gedrückt hatte, merkte er, dass er Leidenschaften entfacht hatte, von denen er nicht die geringste Vorstellung gehabt hatte, die er ebensowenig einzudämmen wie zu leiten vermochte, und deren Opfer er werden sollte, nachdem er sie einst entfacht hatte … Als aber der Bürger auf diese Weise ganz vom Adeligen isoliert war und der Bauer vom Adeligen und vom Bürger, als sich, da innerhalb aller Klassen ein analoger Vorgang weiterlief, in jeder Klasse kleine, besondere Vereinigungen bildeten, die fast genauso voneinander isoliert waren wie die einzelnen Klassen, da stellte sich heraus, dass das Ganze nur noch eine homogene Masse war, deren einzelne Teile aber nicht mehr untereinander zusammenhingen. Es gab keinen Verband mehr, der der Regierung hätte hinderlich sein können, keinen, der sie unterstützt hätte. Es war so weit, dass das gesamte großartige Gebäude dieser Fürsten in einem Augenblick vollständig zusammenstürzen konnte, sobald die Gesellschaft, die sein Fundament bildete, in Bewegung geriet."
(A. de Tocqueville, Das Zeitalter der Gleichheit; zit. nach: Politische Weltkunde I, 3, Stuttgart 1972, S. 60 f.)

Arbeitsvorschläge und Fragen

a) Vergleichen Sie die Aussagen der Texte M 3 a – c zu Funktion und Rolle der Parlamente.
b) Fassen Sie die Leitgedanken der Physiokraten zusammen (M 6) und vergleichen Sie diese mit den Grundsätzen des Merkantilismus (s. S. 91 ff.)
c) Beurteilen Sie die Gründe, die Tocqueville für den Zusammenbruch des Ancien régime anführt (M 7).

5. Das politische Denken der Aufklärung – neue Vorstellungen von Staat, Gesellschaft und Individuum

Revolution des Denkens

Seit der Zeit des Humanismus und der Renaissance entfernte sich das Denken des Menschen zwar langsam aber ständig mehr von den Lehren der bisher bestimmenden Autoritäten Theologie und Kirche. 1637 verfasste René Descartes seine „Abhandlung über die Methode des richtigen Vernunftgebrauchs". Er betrachtete die menschliche Vernunft und das logische Denken als alleinige Richtschnur gegenüber den überlieferten „Wahrheiten": Nur was der Mensch mit seiner Vernunft erkennen kann, ist wahr. Nach diesem Prinzip des *Rationalismus* begann eine neue Bestandsaufnahme aller Fragen über den Menschen und die Welt. Im Geiste des Rationalismus wollten die Philosophen des 18. Jh. einen neuen Menschen schaffen, den „aufgeklärten Menschen", dessen Glück nicht in einem erhofften Jenseits, sondern in einem von ihm gestalteten Diesseits liegt. So verkündete der deutsche Philosoph Immanuel Kant nicht nur das Recht, sondern zugleich die Pflicht des Menschen zum autonomen Gebrauch seiner Vernunft: „Aufklärung ist der Ausgang des Menschen aus seiner selbstverschuldeten Unmündigkeit." Alle spekulativen Aussagen über die Seele, über Unsterblichkeit und Gott wurden zurückgewiesen.

Voltaire: Wortführer für Vernunft, Menschenrechte und Toleranz

Die Gedanken der Aufklärung, das Vertrauen auf die Macht der Vernunft, auf die Wissenschaft, die Rationalität und das kritische Denken waren vor allem in Frankreich weit verbreitet. Die Missstände im französischen Staat beim Tode Ludwigs XIV. boten Anlass genug zur Kritik. Aufklärerisches Denken fand in Frankreich daher auch Eingang in politische Ideen. Es waren besonders bürgerliche Kritiker, die das politische System kritisierten und ihre Ideen in Flugschriften und Büchern verbreiteten oder in den Salons diskutierten. Einer von ihnen war *Voltaire*, der in seinen „Lettres philosophiques" die Zustände in Frankreich mit denen in England verglich. Voltaire kämpfte gegen Justizirrtümer, für Toleranz und persönliche Freiheit, für die Abschaffung der Hörigkeit und die Menschenrechte. Stilistisch meisterhaft, oft mit geistreicher Polemik griff er in alle aktuellen Konflikte ein und wurde zu einem „Orakel" seiner Zeit. Voltaire war erfüllt von dem Glauben, dass die Menschen die Wahrheit nur zu erlernen und zu erfahren brauchten um ihr zu folgen. Der Sieg der Vernunft war für ihn unbezweifelbar: „Wir leben in einem Zeitalter, wo die Vernunft mit jedem Tag mehr in die Paläste der Großen wie in die Läden der Kaufleute und Bürger eindringt."

Die „Enzyklopädie": durch Wissen zu Glück und Tugend?

Voltaire schrieb mehrere Beiträge für ein Werk, das alles aus der Sicht der Aufklärer Wissenswerte der Zeit zusammenfasste um dem Menschen die Kenntnisse zu vermitteln, die ihm ein Leben in Glück und Tugend ermöglichten: die *„Enzyklopädie"*. Dieses „Methodische Sachwörterbuch der Wissenschaften, Künste und Gewerbe" erschien 1751 bis 1780 in 35 Bänden. Das Ziel der Herausgeber, des Schriftstellers Diderot und des Naturforschers d'Alembert, war die methodische Darstellung sämtlicher Kenntnisse und Fähigkeiten des Menschen sowie die Anleitung zu handwerklicher und maschineller Praxis.

Die „Enzyklopädie" erreichte in Frankreich große Wirkung, so dass auch dadurch politische Ideen und Kritik an der Gesellschaft weit verbreitet wurden. Inhaltlich nahmen die Autoren vielfach recht extreme Positionen ein. So führte die mechanische Welterklärung – angewandt auf den menschlichen Organismus – zur Leugnung der Seele und Gottes.

Die Vorstellungen über das Verhältnis von Mensch und Staat führten zum Gedanken der *Volkssouveränität*, die auch von anderen Staatstheoretikern gefordert wurde.

Rationalistisches Denken brachte schon vor Voltaire und den Enzyklopädisten eine entscheidende Wende in die Auffassung vom Staat. Das Verhältnis von Staat, Volk und Individuum wurde durch die Vorstellung eines Vertrages zwischen Herrscher und Beherrschten (vgl. S. 98) vernunftgemäß begründet. Nach Thomas Hobbes' zutiefst pessimistischem Menschenbild brachte für den Engländer John Locke das Erlebnis der „Glorreichen Revolution" eine optimistische Sicht. In seiner Schrift „Zwei Abhandlungen über die Regierung" (1689) bestimmte er den Staatsbegriff ausschließlich von der *Nützlichkeit* aus. Nach Locke hat der Staat die Aufgabe, dem Bürger ein geordnetes Leben und sein Recht auf Eigentum zu sichern. Die Gesetze haben nur dem Wohl des Volkes zu dienen. Um das zu ermöglichen forderte Locke die Trennung von Exekutive und Legislative. Denn nur so sei gewährleistet, dass die Freiheit des Bürgers nicht mehr eingeschränkt wird als zur Erreichung dieses Staatszwecks notwendig. Wenn der Staat sich anmaßen sollte den Bürger in seiner Freiheit zu bedrohen oder sein Eigentum anzutasten, so gilt der Vertrag als gebrochen; die Bürger seien dann zum Widerstand berechtigt.

Locke: Über die Staatsgewalten

1 **Ludwig XIV. besucht die Akademie der Wissenschaften in Paris** (zeitgenössischer Stich von S. Leclerc). Die Akademie wurde 1666 auf Veranlassung des Königs und Colberts nach dem Vorbild der „Royal Society" in London gegründet.

2 **Titelseite der „Encyclopédie"** (Erstausgabe von 1751). Für den deutschsprachigen Raum gibt es ein vergleichbares Werk: das „Große vollständige Universal-Lexicon aller Wissenschaften und Künste" mit insgesamt 68 Bänden.

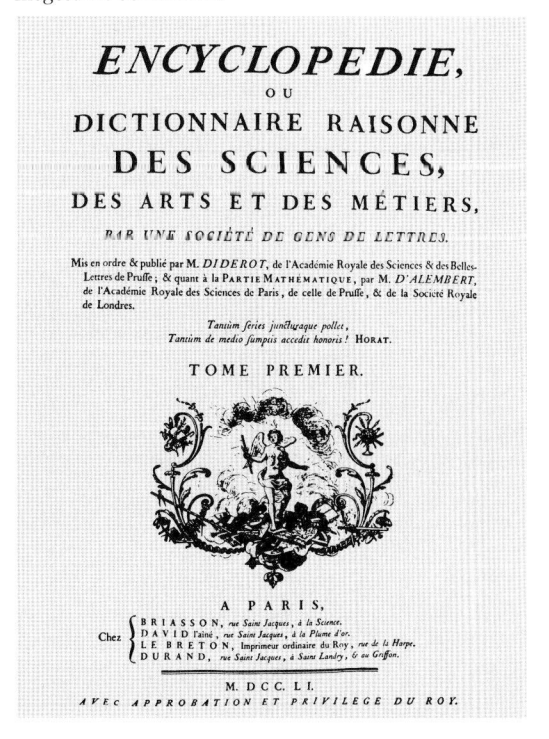

Montesquieu: Über den Geist der Gesetze

Wie für die meisten Staatstheoretiker der Zeit war auch für Charles de Montesquieu die englische Entwicklung das große Vorbild. In seinem Hauptwerk „Vom Geist der Gesetze" (1748) wird der Gedanke Lockes von der Trennung der Gewalten zum Zentralmotiv. Exekutive, Legislative und Judikative sollen sich gegenseitig in Schranken halten und so die individuelle Freiheit der Bürger sichern. Dieser Gedanke der *Gewaltenteilung* wurde wenige Jahrzehnte später Grundlage der Verfassung der USA und ist heute Bestandteil aller demokratischen Verfassungen.

Rousseau: Über den Gesellschaftsvertrag

Nicht England, sondern die kleinen Bauern- und Stadtrepubliken der Schweiz waren für Jean-Jacques Rousseau das Ideal. In seiner Schrift „Du Contrat social" (1762) kam er deshalb zu einer äußersten Gegenposition zu Hobbes, denn der *Gesellschaftsvertrag* bedeutet für ihn keine Selbstaufgabe des Einzelnen. Im Gegenteil, die vertragsabschließenden Bürger sind für ihn allein die Träger der Souveränität *(Volkssouveränität)*. Diese könne weder übertragen noch geteilt werden: Die Bürger sollen unmittelbar selbst alle öffentlichen Angelegenheiten entscheiden (direkte Demokratie). Dieser allgemeine Wille des Volkes („volonté générale") komme vor allem in der Legislative zum Ausdruck. Die staatsbürgerliche Freiheit des Einzelnen besteht nach Rousseau darin, den Gesetzen zu gehorchen, die er sich selbst geschaffen hat.

Rousseaus Vorstellungen räumen dem Einzelnen zwar völlige Freiheit in der Selbstbestimmung ein, sie zwingen aber auch jeden die selbst gegebenen Regeln absolut einzuhalten, führen somit auch zur Unfreiheit. Daher wurden seine Gedanken in späterer Zeit auch von totalitären Systemen als Legitimation missbraucht.

3 Voltaire über die Bürgerrechte in England

Voltaire musste 1726–1729 wegen seiner Kritik an der französischen Monarchie nach England ins Exil gehen. Aus dieser Sicht verglich er die Zustände in England mit denen in Frankreich:

„Soweit ist die englische Gesetzgebung schließlich gelangt: jeden Menschen wieder in alle natürlichen Rechte einzusetzen, deren er in fast allen Monarchien beraubt ist. Diese Rechte sind: völlige Freiheit seiner Person und seiner Güter, die Freiheit durch das Organ seiner Feder zur Nation zu sprechen, das Recht in Strafsachen nur durch ein Geschworenenkollegium unabhängiger Männer gerichtet zu werden, das Recht friedlich jede beliebige Religion zu verkünden unter Verzicht auf die Ämter, die den Anglikanern vorbehalten sind. Das nennt man Vorrechte. Und es ist in der Tat ein sehr großes und sehr glückliches Vorrecht vor so vielen Nationen, dass ihr beim Einschlafen sicher seid, am nächsten Tag mit dem gleichen Vermögen aufzuwachen, wie ihr es am Vorabend hattet, dass ihr nicht mitten in der Nacht aus den Armen eurer Frau und eurer Kinder gerissen werdet um in einen Gefängnisturm oder eine verlassene Gegend geführt zu werden, dass ihr nach dem Aufwachen das Recht habt alles zu veröffentlichen, was ihr denkt, dass ihr, wenn ihr wegen schlechter Handlungen, Reden oder Schriften angeklagt seid, nur nach dem Gesetz gerichtet werdet. Ein Ausländer genießt dort [in England] die gleiche Freiheit seiner Güter und seiner Person und wenn er angeklagt wird, kann er verlangen, dass die Hälfte der Geschworenen aus Ausländern zusammengesetzt ist. Ich wage zu behaupten, dass, wenn man das Menschengeschlecht versammelte um Gesetze zu machen, man die Gesetze zu seiner Sicherheit auf diese Weise machen würde. Warum folgt man diesen Gesetzen also nicht in den anderen Ländern?"
(Zit. nach: Politische Weltkunde I, 3, Stuttgart 1972, S. 57 f.)

4 Voltaire über das Steuerrecht in England

Im neunten Brief seiner „Lettres philosophiques" schrieb Voltaire über das englische Steuerrecht (Die französische Ausgabe wurde bei ihrem Erscheinen 1734 durch ein Gerichtsurteil verboten):

„Ein Mann ist hier keineswegs von der Entrich-

tung gewisser Steuern befreit, weil er ein Edelmann oder Priester ist; alle Auflagen werden vom Unterhause geregelt, das, wenn es auch das zweite dem Range nach, dennoch dem Ansehen nach das erste ist. Die Lords und die Bischöfe können wohl in Steuerfragen einen Gesetzesvorschlag des Unterhauses ablehnen; aber sie haben kein Recht etwas daran zu ändern. Sie müssen ihn entweder annehmen oder ablehnen, ohne jeden Vorbehalt. Wenn der Vorschlag von den Lords bestätigt und vom König gutgeheißen worden ist, dann zahlt eben jedermann, und zwar nicht nach seinem Range (wie in Frankreich), was albern ist, sondern gemäß seinen Einkünften. Hier gibt es weder eine Taille noch sonst eine willkürliche Kopfsteuer, sondern eine dem wirklichen Wert des Grundeigentums entsprechende Abgabe. Der gesamte Grundbesitz ist unter dem berühmten König Wilhelm III. einer Einschätzung unterzogen worden ... Die Grundsteuer bleibt sich immer gleich, obwohl der Bodenertrag gestiegen ist; so fühlte sich niemand bedrückt ... Der Bauer sieht seine Füße nicht von Holzschuhen zerschunden. Er isst Weißbrot, ist gut gekleidet; er scheut sich weder seinen Viehstand zu vermehren, noch auch sein Dach mit Ziegeln einzudecken, da er keine Angst haben muss, deswegen im folgenden Jahr mehr Steuern bezahlen zu müssen ..."
(Zit. nach: Quellen zur Geschichte der Neueren Zeit, hrsg. v. G. Guggenbühl/H. C. Huber, Zürich 1976, S. 297)

5 John Locke: Naturzustand und freiheitliche Gesellschaft

In seinem Werk „Zwei Abhandlungen über die Regierung" (1689) äußerte sich Locke zur „Glorreichen Revolution" und zur neuen englischen Verfassung:

„Um politische Gewalt richtig zu verstehen und sie von ihrem Ursprung herzuleiten müssen wir erwägen, in welchem Zustand sich die Menschen von Natur aus befinden. Es ist ein Zustand vollkommener Freiheit, innerhalb der Grenzen des Naturgesetzes ihre Handlungen zu regeln und über ihren Besitz und ihre Person zu verfügen, wie es ihnen am besten scheint, ohne Erlaubnis einzuholen oder vom Willen eines anderen abhängig zu sein ... Ist dies auch ein Zustand der Freiheit, so ist es doch nicht ein Zustand der Zügellosigkeit ... Im Naturzustand herrscht ein Naturgesetz, das für alle verbindlich ist: Die Vernunft – sie ist dieses Gesetz – lehrt alle Menschen, wenn sie nur um Rat fragen, dass niemand ... einem anderen an seinem Leben, seiner Gesundheit, seiner Freiheit oder seinem Besitz Schaden zufügen soll. Denn alle Menschen sind das Werk eines einzigen allmächtigen und unendlich weisen Schöpfers ... Der Kriegszustand ist ein Zustand der Feindschaft und Zerstörung ... Die Vermeidung dieses Kriegszustandes ... ist ein Hauptgrund, dass die Menschen den Naturzustand verlassen und sich zu einer Gesellschaft vereinigen ...
Die Menschen sind, wie schon gesagt, von Natur aus alle frei, gleich und unabhängig. Niemand kann ohne seine Einwilligung aus diesem Zustand verstoßen und der politischen Gewalt eines anderen unterworfen werden. Die einzige Möglichkeit diese natürliche Freiheit aufzugeben und die Fesseln der bürgerlichen Gesellschaft anzulegen ist die, dass man mit anderen Menschen übereinkommt, sich zusammenzuschließen und in einer Gemeinschaft zu vereinigen um behaglich, sicher und friedlich miteinander zu leben, in dem sicheren Genuss des Eigentums und mit größerer Sicherheit denen gegenüber, die ihr nicht angehören. Jede beliebige Anzahl von Menschen kann dies tun, denn es verletzt nicht die Freiheit der übrigen; sie verbleiben wie zuvor in der Freiheit des Naturzustandes ...
Das große Ziel der Menschen, die in eine Gemeinschaft eintreten, ist der Genuss ihres Eigentums in Frieden und Sicherheit, und das große Instrument und die Mittel dazu sind die Gesetze, die in dieser Gesellschaft erlassen werden. Das erste und grundlegend positive Gesetz aller Staatswesen ist daher die Errichtung der legislativen Gewalt – so wie das erste und grundlegende natürliche Gesetz, das sogar die Legislative selbst binden muss, die Erhaltung der Gesellschaft und, soweit es mit dem öffentlichen Wohl vereinbar ist, jeder einzelnen Person in ihr ist. Diese legislative Gewalt ist nicht nur die höchste Gewalt des Staates, sondern sie liegt auch geheiligt und unabänderlich in jenen Händen, in die die Gemeinschaft sie einmal gelegt hat. Keine Vorschrift ... kann die Verpflichtung eines Gesetzes haben, wenn sie nicht durch jene Legislative sanktioniert ist, die von der Allgemeinheit gewählt und ernannt worden ist ...

Die legislative Gewalt ist jene, die das Recht hat zu bestimmen, wie die Macht des Staates zur Erhaltung der Gemeinschaft und ihrer Glieder gebraucht werden soll ... Bei der Schwäche der menschlichen Natur, die stets dazu neigt, nach der Macht zu greifen, dürfte es eine zu große Versuchung sein, wenn diejenigen, die die Macht besitzen Gesetze zu erlassen, auch die Macht hätten diese auszuführen. Sie könnten sich selbst vom Gehorsam gegen die Gesetze, die sie erlassen haben, ausnehmen und das Ganze nach Inhalt und Durchführung auf ihren persönlichen Vorteil ausrichten ... Die legislative und die exekutive Gewalt werden daher oftmals voneinander getrennt."
(Zit. nach: Grundriss der Geschichte, Dokumente, Bd. 1, Stuttgart 1985, S. 127 f.)

6 **Montesquieu: Über die Freiheit und die Verfassung**
In seinem Hauptwerk „Vom Geist der Gesetze" schrieb Montesquieu 1748:
„Was die Freiheit ist.
Es ist wahr, dass in den Demokratien das Volk zu tun scheint, was es will. Aber frei sein heißt in staatlichen Dingen nicht, tun zu dürfen, was einem gerade einfällt. Im Staate, also in einer von Gesetzen beherrschten Gemeinschaft, kann die Freiheit nur darin bestehen, alles tun zu können, was man soll, und nicht gezwungen zu sein etwas zu tun, was man nicht wollen soll.
... Es ist aber eine immer wieder festzustellende Tatsache, dass jeder Mensch, der Macht hat, auch in Gefahr steht sie zu missbrauchen; er hält damit erst inne, wenn er auf Widerstand stößt. Sogar der Beste braucht solche Schranken. Damit man die Gewalt nicht missbrauchen kann, müssen Maßnahmen getroffen werden, so dass die Gewalt die Gewalt aufhält ...
Von der Verfassung Englands.
Jeder Staat verfügt über drei Arten der Gewalt: über die Gewalt, Gesetze zu geben, über die Gewalt, die Handlungen zu vollziehen, die in den Bereich des Völkerrechts gehören, und über die Gewalt, für die Beobachtung alles dessen zu sorgen, was in das Gebiet des bürgerlichen Rechts fällt. In Ausübung der ersten dieser Gewalten setzt der Fürst – oder die Obrigkeit – vorübergehend oder dauernd gültiges Recht und verbessert oder hebt die gültigen Gesetze auf; in der Ausübung der zweiten schließt er Frieden, erklärt er Krieg, entsendet oder empfängt er Gesandtschaften, sorgt für die öffentliche Ordnung, sichert er sein Land vor dem Einbruch einer feindlichen Macht; in der Ausübung der dritten bestraft er Verbrechen und schlichtet er Zwistigkeiten unter Privatpersonen. Man kann diese Letztere als richterliche, die zweite einfach als vollziehende Gewalt des Staates bezeichnen.
...
Wenn die Ausübung der gesetzgebenden und der vollziehenden Gewalt einer einzigen Person oder einer einzigen Behörde zusteht, so gibt es keine Freiheit, weil zu befürchten ist, dass alsdann der betreffende Alleinherrscher oder die betreffende Behörde nach Willkür Gesetze geben, die sie auch willkürlich vollziehen können. Es gibt auch keine Freiheit, wo die richterliche nicht von der gesetzgebenden und der vollziehenden getrennt ist. Wäre sie mit der gesetzgebenden vereinigt, so käme dies der Aufrichtung einer schrankenlosen Macht über Leben und Freiheit der Bürger gleich; denn der Richter könnte selbst die Gesetze aufstellen. Wäre sie mit der vollziehenden Gewalt vereinigt, so könnte der Richter seine Entscheidungen mit der Kraft des Unterdrückers durchsetzen. Es wäre das allgemeine Verderben, wenn ein einzelner Mensch oder eine einzelne Behörde, gleichgültig, ob adelig oder demokratisch, alle drei Gewalten ausüben würde und dadurch Macht bekäme, sowohl Gesetze zu schaffen, als auch die den Staat betreffenden Beschlüsse auszuführen und über Verbrechen und Zwistigkeiten unter Privatpersonen richterliche Entscheidungen zu treffen ..."
(Zit. nach: Quellen zur Geschichte der Neueren Zeit, hrsg. von G. Guggenbühl/H. C. Huber, Zürich 1976, S. 309 ff.)

7 **Rousseau: Über den Gesellschaftsvertrag und den Gemeinwillen**
In seinem Werk „Du Contrat social" (Vom Gesellschaftsvertrag) (1762) beschäftigte sich Rousseau vor allem mit dem Verhältnis von Staat, Gemeinwille und Einzelwille:
7a Buch I, Kapitel 6:
„Der Gesellschaftsvertrag.
‚Wie findet man eine Gesellschaftsform, die mit der ganzen gemeinsamen Kraft die Person und das Vermögen jedes Gesellschaftsmitgliedes

verteidigt und schützt und kraft derer jeder Einzelne, obgleich er sich mit allen vereint, gleichwohl nur sich selbst gehorcht und so frei bleibt wie vorher?' Dies ist die Hauptfrage, deren Lösung der Gesellschaftsvertrag gibt ...
Alle diese Klauseln lassen sich, wenn man sie richtig auffasst, auf eine einzige zurückführen, nämlich auf das gänzliche Aufgehen jedes Gesellschaftsmitgliedes mit allen seinen Rechten in der Gesamtheit, denn indem er sich ganz hingibt, so ist das Verhältnis zunächst für alle gleich, und weil das Verhältnis für alle gleich ist, so hat niemand ein Interesse daran, es den anderen drückend zu machen ... An die Stelle der einzelnen Person jedes Vertragsschließenden setzt solcher Gesellschaftsvertrag sofort einen geistigen Gesamtkörper, dessen Mitglieder aus sämtlichen Stimmabgebenden bestehen, und der durch eben diesen Akt seine Einheit, sein gemeinsames Ich, sein Leben und seinen Willen erhält. Diese öffentliche Person, die sich auf solche Weise aus der Vereinigung aller Übrigen bildet, wurde ehemals Stadt genannt und heißt jetzt Republik oder Staatskörper. Im passiven Zustand wird er von seinen Mitgliedern Staat, im aktiven Zustand Oberhaupt, im Vergleich mit anderen seiner Art Macht genannt. Die Gesellschaftsgenossen führen als Gesamtheit den Namen Volk und nennen sich einzeln als Teilhaber der höchsten Gewalt Staatsbürger und im Hinblick auf den Gehorsam, den sie den Staatsorganen schuldig sind, Untertanen."

7b Buch I, Kapitel 7:
„Vom Staatsoberhaupt.
Damit demnach der Gesellschaftsvertrag keine leere Form sei, enthält er stillschweigend folgende Verpflichtung, die allein den Übrigen Kraft gewähren kann; sie besteht darin, dass jeder, der dem allgemeinen Willen den Gehorsam verweigert, von dem ganzen Körper dazu gezwungen werden soll; das hat keine andere Bedeutung, als dass man ihn zwingen werde frei zu sein. Denn die persönliche Freiheit ist die Bedingung, die jedem Bürger dadurch, dass sie ihn dem Vaterland einverleibt, Schutz gegen jede persönliche Abhängigkeit verleiht, eine Bedingung, die die Stärke und Beweglichkeit der Staatsmaschine ausmacht und den bürgerlichen Verpflichtungen, die ohne sie sinnlos, tyrannisch und den ausgedehntesten Missbräuchen ausgesetzt wären, Rechtmäßigkeit gibt."

7c Buch II, Kaptiel 3:
„Ob der allgemeine Wille irren kann.
Oft ist ein großer Unterschied zwischen dem Willen aller und dem allgemeinen Willen; Letzterer geht nur auf das allgemeine Beste aus, Ersterer auf das Privatinteresse und ist nur eine Summe einzelner Willensmeinungen. Zieht man nun von diesen Willensmeinungen das Mehr und Minder, das sich gegenseitig aufhebt, ab, so bleibt als Differenzsumme der allgemeine Wille übrig ... Um eine klare Darlegung des allgemeinen Willens zu erhalten, ist es deshalb von Wichtigkeit, dass es im Staate möglichst keine besonderen Gesellschaften geben und jeder Staatsbürger nur für seine eigene Überzeugung eintreten soll ... Diese Vorsichtsmaßnahmen können einzig und allein bewirken, dass der allgemeine Wille immer klar ersichtlich ist und das Volk sich nicht irrt."
(Zit. nach: Politische Weltkunde I, 3, Stuttgart 1972, S. 58f.)

Arbeitsvorschläge und Fragen

a) Vergleichen Sie die Verhältnisse auf rechtlichem und steuerlichem Gebiet, wie sie Voltaire für England beschrieb und wie sie in Frankreich existierten (M3 und M4 sowie auf S. 108 ff.: M3–M5).
b) Fassen Sie die Argumente zusammen, die Locke und Montesquieu für die Teilung der Gewalten anführen (M5 und M6).
c) Untersuchen Sie, ob sich aus M5 und M7 ein Widerstandsrecht der Bürger ableiten lässt. Begründen Sie ihre Feststellung.
d) Erarbeiten Sie aus M7, welche Gründe nach Rousseau zum Gesellschaftsvertrag führen und in welchem Verhältnis Vertrag und Freiheit zueinander stehen.
e) Erläutern Sie, wodurch bei Rousseau Gemein-, Gruppen- und Einzelwille unterschieden sind.

6. Das „unvergleichliche Jahr" 1789: Revolution für die Freiheit

6.1 Aufstand gegen das Ancien régime

Bürgerliches Selbstbewusstsein

Persönlichkeiten wie der Bankier Jacques Necker (S. 107 f.), den Ludwig XVI. zweimal zu seinem Finanzminister machte, verdeutlichen, wie wichtig das Bürgertum für den Staatsdienst und die Wirtschaft Frankreichs geworden war. Vor diesem Hintergrund äußerte das gebildete Bürgertum seine *Kritik* an den politischen und gesellschaftlichen Zuständen mit wachsendem Selbstbewusstsein. In den seit Ende des 17. Jahrhunderts entstandenen Cafés und in privaten Zirkeln trafen sich Rechtsanwälte, Richter, Ärzte, Schriftsteller, Fachleute der zivilen und militärischen Verwaltungen. Hier wurden Voltaires Loblied auf den englischen Parlamentarismus, Montesquieus Vorstellung von der Trennung der Gewalten im Staat und Rousseaus Forderung nach der Volkssouveränität lebhaft diskutiert. Die Nachrichten vom Unabhängigkeitskampf der englischen Kolonisten in Nordamerika wurden leidenschaftlich kommentiert, der schließliche Erfolg der Aufständischen galt als Beweis für die Realisierbarkeit der aufklärerischen Ideen.

Im Frühjahr 1784 wurde ein Theaterstück zum Politikum: die erste öffentliche Aufführung der „Hochzeit des Figaro". Vier Jahre lang hatte der Abenteurer, Geschäftsmann und Schriftsteller Pierre Caron de Beaumarchais gegen das ausdrückliche und wiederholte Verbot seines Stücks durch Ludwig XVI. angekämpft. Die Auseinandersetzung hatte die Öffentlichkeit beschäftigt, dem König wurden Unterdrückung und Tyrannei vorgeworfen. Nur mit der Hilfe einflussreicher Personen am königlichen Hof, insbesondere aus der Umgebung der Königin, war es schließlich gelungen, dem König die Aufhebung des Verbots abzuringen. „Die Hochzeit des Figaro" wurde zum bisher erfolgreichsten Stück in der Geschichte des Theaters. Napoleon meinte später, mit ihm habe die Revolution begonnen.

Beginnt die Revolution mit dem König?

Die politische Krisenlage der vorangegangenen Jahre (S. 105 ff.) veranlasste Ludwig XVI., erstmals seit 1614 wieder die *Generalstände* einzuberufen, die Ständeversammlung des Königreichs Frankreich. Von der Geschichtsschreibung ist diese Entscheidung des Königs in ihrer Bedeutung lange unterschätzt worden. Heutige Historiker wie François Furet sehen darin sogar den ersten Schritt zu einer grundlegenden Umwälzung, einen ersten revolutionären Akt – auch wenn Ludwig XVI. dies keineswegs beabsichtigt hatte – und stellen u. a. deshalb die Notwendigkeit der weiteren Ereignisse des Jahres 1789 in Frage: Die Monarchie Frankreichs habe sich schon vorher auf dem Weg hin zu einer konstitutionellen Monarchie befunden. Was war in diesem Sinne revolutionär an der Einberufung der Generalstände?

Den königlichen Einberufungsbriefen (24. Januar 1789) wurde ein Dekret beigefügt, das nicht nur die bereits angekündigte Verdoppelung der Vertreter des Dritten Standes bestätigte, sondern das auch erstmals ein *Wahlrecht* festlegte und die *Wahlverfahren* genau regelte. Zwar wurde die Trennung der drei Stände Klerus, Adel und Dritter Stand (Tiers état) bei der Bestimmung ihrer Vertreter beibehalten, aber es hieß auch: „Der König … hat bestimmt, dass seine Untertanen alle aufgerufen sind bei der Wahl der Abgeordneten, die diese große und feierliche Versammlung bilden sollen, mitzuwirken." Damit wurde zum ersten Mal auch jedem Mitglied des Dritten Standes das Wahlrecht zuerkannt. Das Dekret nannte dafür nur zwei Voraussetzungen: das Alter von mindestens 25 Jahren und die Eintragung auf der Steuerliste. Und es wurde kein Unterschied zwischen aktivem und passivem Wahlrecht gemacht: Jeder Wahlberechtigte war auch wählbar.

Die Wahl der Abgeordneten erfolgte also in nach Ständen getrennten Wahlversammlungen auf der Ebene der königlichen Verwaltungsbezirke. Dabei waren für die drei Stände unterschiedlich organisierte Wahlverfahren vorgesehen, die dann Auswirkungen auf die *Zusammensetzung der Generalstände* hatten. So führte das Wahlverfahren für den Klerus zu einem Übergewicht der niederen Geistlichkeit in den Generalständen. Beim Dritten Stand hatte ein in mehrere Ebenen gestuftes Wahlverfahren zur Folge, dass in der entscheidenden Wahlversammlung des königlichen Verwaltungsbezirks kaum noch einfache Leute als direkte Wähler und Wählbare für die Generalstände auftraten, sondern die wohlhabenden und gebildeten Mitglieder des Bürgertums. Dem entsprach die spätere Zusammensetzung in den Generalständen: Von 621 Abgeordneten des Dritten Standes waren 214 Rechtsanwälte und Notare, 178 waren Grundbesitzer, Landwirte, Händler, 158 Richter an niederen Gerichtshöfen, 29 Bürgermeister und Gemeindeverwalter, 12 Ärzte; dazu kamen noch einige Finanzfachleute, Adelige, Angehörige der Militärverwaltung sowie nicht ausübende Priester.

Auf allen Ebenen des Wahlverfahrens wurden bei den Versammlungen *Beschwerdehefte* („cahiers de doléances") verfasst bzw. aus vorausgehenden Fassungen zusammengestellt. Denn Delegierte bzw. Abgeordnete hatten in der traditionellen Vorstellung ein *imperatives Mandat*: Sie waren die Übermittler kollektiver Klagen und Wünsche, nicht die Träger eines individuell geprägten politischen Willens. Die Beschwerdehefte waren eine traditionelle Einrichtung der schriftlichen Klageführung als Informationsquelle für den Monarchen, und Ludwig XVI. hatte in seinem Dekret ausdrücklich gewünscht, „dass auch in den entferntesten Gegenden des Reiches und in den am wenigsten bekannten Behausungen jeder die Sicherheit haben soll, dass seine Wünsche und Be-

Wahlen und Beschwerdehefte

QU'EST-CE QUE LE TIERS-ÉTAT (1)?

Le plan de cet Écrit est assez simple. Nous avons trois questions à nous faire.

1°. Qu'est-ce que le Tiers-État? — TOUT.

2°. Qu'a-t-il été jusqu'à présent dans l'ordre politique? — RIEN.

3°. Que demande-t-il? — A ÊTRE QUELQUE CHOSE.

1 Politische Kampfschriften
Von den vielen politischen Schriften, die 1788/89 erschienen, schlug „Was ist der Dritte Stand" im Januar 1789 wie eine Bombe ein. Ein Bestseller: In wenigen Wochen wurden 30 000 Exemplare verkauft.
Ihren ungeheuren Erfolg verdankte die zunächst anonyme Broschüre vor allem den drei Leitsätzen in Form von Aphorismen, die zu immer wieder verwendeten Slogans wurden:
„1. Was ist der Dritte Stand? Alles.
2. Was ist er bis jetzt in der öffentlichen Ordnung gewesen? Nichts.
3. Was verlangt er? Etwas zu sein."

schwerden bis zu Ihm gelangen". Etwa 40 000 solcher Beschwerdehefte aus den drei Ständen und aus allen Gegenden Frankreichs sind erhalten. Sie geben ein vielfältiges Bild von den Lebensverhältnissen im vorrevolutionären Frankreich. Sie machen aber auch deutlich, dass Beschwerden, Wünsche und Erwartungen nicht nur zwischen Klerus, Adel und Drittem Stand, sondern auch innerhalb jedes Standes unterschiedlich, ja widersprüchlich waren. Die Ereignisse des Jahres 1789 wurden von diesen Unterschieden und Widersprüchen mitbestimmt, die entscheidenden Veränderungen hatten unterschiedliche Triebkräfte.

Revolution in Versailles: das Bürgertum

Als am 5. Mai 1789 in Versailles die Generalstände eröffnet wurden, waren Konflikte voraussehbar. Zu unterschiedlich waren die Vorstellungen und Erwartungen des Königs und der etwa 1200 Abgeordneten: Ludwig XVI. wollte die Finanznot des Staates durch neue Steuern beheben, Klerus und Adel wollten überwiegend eben diese Finanznot für eine Bestätigung ihrer Vorrechte, ja für eine Einschränkung der absolutistischen Macht des Königs nützen. Die Abgeordneten des Dritten Standes schließlich hofften entsprechend ihrer sozialen Herkunft auf eine Verfassung und forderten politische Mitwirkung. Zwar hatte der König die Verdoppelung ihrer Abgeordnetenzahl zugestanden, doch ein wichtiger Punkt im Sinne wirksamer politischer Mitwirkung blieb ungeklärt: Nach altem Brauch sollten die drei Stände zunächst getrennt beraten und abstimmen, dann jeweils eine Stimme abgeben, gemäß dem Beschluss in der getrennten Abstimmung. Somit nützte dem Dritten Stand seine Zahl von über 600 Abgeordneten nichts, er konnte weiterhin überstimmt werden. Führende Männer des Dritten Standes drängten daher den König, in *gemeinsame Beratungen* aller Stände einzuwilligen, bei deren Entscheidungen das *Mehrheitsprinzip* gelten sollte. Als sich der Streit darüber wochenlang hinzog, entschlossen sich die Abgeordneten des Dritten Standes zum Handeln: Am 17. Juni erklärten sie sich nach dem Vorbild des englischen Unterhauses zur Vertretung des Volkes und forderten die beiden anderen Stände auf sich dieser Gesamtvertretung der Nation (*„Nationalversammlung"*) anzuschließen. Gemäß dem Grundsatz der Volkssouveränität war für viele Abgeordnete damit der Anspruch auf politische Mitentscheidung verbunden.

Teile des Klerus und einige Adelige folgten der Aufforderung. Aber der König, die meisten Mitglieder der hohen Geistlichkeit und der Adel insgesamt waren nicht gewillt nachzugeben. Wegen angeblich notwendiger Bauarbeiten ließ Ludwig XVI. den Sitzungssaal des Dritten Standes schließen. Die Nationalversammlung zog daher am 20. Juni in das nahe gelegene Ballhaus. Dort schworen die Abgeordneten „sich niemals zu trennen und sich überall zu versammeln, wo die Umstände es erfordern würden, solange bis die Verfassung geschaffen ist und auf festen Grundlagen ruht". Drei Tage später widersetzten sie sich auch dem König, als dieser den Beschluss des 17. Juni als illegal bezeichnete und den Ständen befahl, ihre getrennten Beratungen wieder aufzunehmen. Vor dieser entschlossenen Haltung wich der König zurück. Er forderte nun selbst die anderen Stände auf sich an der Nationalversammlung zu beteiligen. Entsprechend der selbstgestellten Aufgabe nannte diese sich nun „Verfassunggebende Nationalversammlung" *(Constituante)*.

Revolution in Paris: das Stadtvolk

In Paris bestimmten Arbeitslosigkeit und hohe Brotpreise das Leben. Am 11. Juli entließ der König den Finanzminister Necker, der vielen als der Garant notwendiger Veränderungen galt. Ludwig XVI. hatte inzwischen auch den

2 **Das „Unvollendete" von Louis David**
Am 28. Oktober 1790 beauftragte die Nationalversammlung den Abgeordneten und Maler Louis David, den „Ballhausschwur" vom 20. Juni 1789 darzustellen. Das Kolossalgemälde – die Personen in Lebensgröße – sollte im Sitzungssaal des Parlaments aufgehängt werden und die Vertreter des Dritten Standes als die „Macher" der Revolution verewigen. Zunächst entstand ein in Öl gemalter Entwurf: Der Astronom und baldige Bürgermeister von Paris, Bailly, verliest den Schwur, die Abgeordneten stimmen zu; im Vordergrund zwei katholische und ein protestantischer Geistlicher.
Als 1791 David mit dieser lavierten Federzeichnung anlässlich einer Ausstellung begeisterte Zustimmung fand, machte er sich an das Gemälde in der geplanten Größe. Aber es wurde nie vollendet. Die Ereignisse überrollten die ursprünglichen Absichten des Künstlers: Die meisten Akteure des 20. Juni 1789 galten bald als Verräter an der Revolution.

Befehl gegeben Truppen zusammenzuziehen. Das Gerücht verbreitete sich, dass ein militärischer Gewaltstreich gegen die Nationalversammlung bevorstehe. Es kam zu Zusammenstößen zwischen erregten Handwerkern und den königlichen Truppen, die meist aus ausländischen Söldnern bestanden; auch machten Räuberbanden die Stadt unsicher. Im Rathaus bildeten Vertreter des Dritten Standes deshalb eine Stadtregierung, die für jeden Stadtbezirk die Aufstellung einer *bewaffneten Bürgerwehr*, der „Nationalgarde", anordnete. Die Bürger übernahmen wieder die Stadtverwaltung wie in vorabsolutistischer Zeit. Die Suche nach Waffen und Munition führte dazu, dass am 14. Juli eine aufgebrachte Menge die *Bastille*, das königliche Gefängnis am Ostrand der Stadt, belagerte und in die als uneinnehmbar geltende Festung eindrang. Die Aufständischen vor der Bastille waren keine Bürgerlichen. Sie kamen aus den Vorstädten, vor allem aus dem Faubourg Saint-Antoine im Osten: Handwerksmeister mit ihren Gesellen und Arbeitern, die von der wirtschaftlichen Krise besonders betroffen waren. Die Soldaten der königlichen Gardes-Françaises sympathisierten mit diesem verarmten Stadtvolk und liefen zu den Aufständischen über. Schon am folgenden Tag rief der König Necker zurück und befahl seinen Truppen den Rückzug. Er selbst besuchte am 17. Juli Paris. Im Rathaus nahm er die wenige Tage zuvor geschaffene blau-weiß-rote Kokarde entgegen und heftete sie an seinen Hut. Dies wurde als Zeichen des Bündnisses zwischen König und Volk verstanden.

In der Erinnerung wurde der 14. Juli 1789 zu einem *Geschichtsmythos*, zum entscheidenden Tag der Revolution, an dem das revolutionäre Volk von Paris das Symbol der Unterdrückung erstürmt habe. Das war er nicht. Aber die Einnahme der Bastille zeigte, dass die Monarchie nicht über die Kräfte für einen Gegenangriff verfügte. Das Stadtvolk von Paris ermöglichte es dem vermögenden und gebildeten Bürgertum, die von der Nationalversammlung in Versailles beschlossene Revolution fortzuführen.

Revolution in ganz Frankreich: die Bauern

Die Nachricht von den Ereignissen in Paris verbreitete sich wie ein Lauffeuer im ganzen Land. Die Bürger der größeren Städte folgten dem Pariser Beispiel: Sie setzten Stadtregierungen ein und stellten Nationalgarden auf. Auch die Bauern sahen darin ein Signal. Zu lange warteten sie schon auf eine Beantwortung ihrer Klagen und Wünsche. Durch die Missernte von 1788 und einen harten Winter waren sie zusätzlich in Bedrängnis geraten. Hinzu kamen Gerüchte über umherziehende Räuberbanden. Dies alles führte nun zu einer panikartigen Bewegung, der sog. *„Großen Furcht"*: Die Bauern bewaffneten sich, stürmten Schlösser und Klöster, steckten sie in Brand und plünderten sie. Sie bemächtigten sich der Urkunden, die ihre Frondienste und Abgabepflichten festlegten, und vernichteten sie. Als die alarmierenden Nachrichten von den Unruhen und Aufständen in Versailles eintrafen, waren die Abgeordneten der Nationalversammlung mitten in der Diskussion über die Erklärung der Menschen- und Bürgerrechte. Die Nachrichten waren für die bürgerlichen Abgeordneten deshalb höchst alarmierend, weil das Eigentum an sich bedroht schien.

Die Zerstörung der alten Ordnung

Am Abend des 3. August beschloss der „Bretonische Klub" – etwa 100 Abgeordnete des Dritten Standes, die sich jeweils vor wichtigen Debatten berieten und ihr Vorgehen abstimmten –, auf feudalen Rechten beruhendes Eigentum vom Eigentum an sich zu trennen und die feudalen Rechte zu opfern. Mit diesem

2 Leben in Paris – Februar 1789. Das 2-kg-Brot galt als notwendige tägliche Nahrung für eine vierköpfige Familie. 1788/89 herrschte eine seit langem nicht mehr bekannte Hungersnot. Im Laufe des Jahres 1789 wurde Brot in Paris immer seltener, die Bäckereien wurden häufig geplündert. Das 2-kg-Brot erreichte schließlich Preise bis zu 3 Livres (60 Sous)!

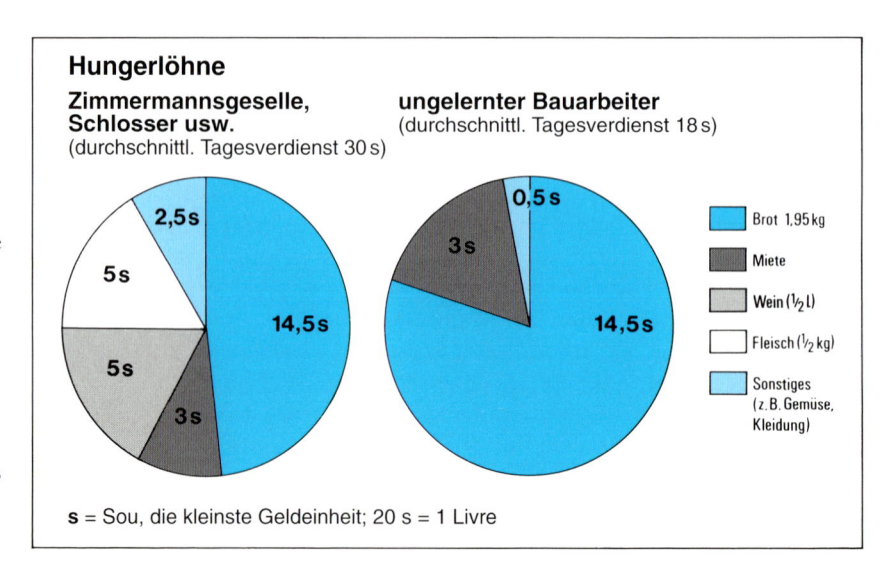

Hungerlöhne

Zimmermannsgeselle, Schlosser usw.
(durchschnittl. Tagesverdienst 30 s)

- 14,5 s
- 2,5 s
- 5 s
- 5 s
- 3 s

ungelernter Bauarbeiter
(durchschnittl. Tagesverdienst 18 s)

- 14,5 s
- 0,5 s
- 3 s

- Brot 1,95 kg
- Miete
- Wein (½ l)
- Fleisch (½ kg)
- Sonstiges (z.B. Gemüse, Kleidung)

s = Sou, die kleinste Geldeinheit; 20 s = 1 Livre

gemeinsamen Vorsatz gingen die Mitglieder des Bretonischen Klubs in die Beratungen. Die Sitzung des 4. August sollte mit der Diskussion eines vorbereiteten Erlasses beginnen, der den militärischen Schutz von Besitz und Personen für notwendig erklärte. Doch schon die ersten Wortmeldungen gaben der Debatte eine neue, überraschende Richtung: Es ging nicht mehr um die Sicherheit für Besitz und Personen, sondern um die Berücksichtigung des bäuerlichen Zorns. War auch das Vorgehen geplant, so war doch – darin stimmen alle Beurteilungen überein – die nun entstehende Begeisterung sehr reell und ergriff schnell die gesamte Versammlung. Bis in die frühen Morgenstunden wurde ein Beschluss nach dem anderen gefasst. So wurden die Gerichtsbarkeit und die Jagdrechte der Grundherren, die Leibeigenschaft, die Steuerbefreiungen und die Ämterkäuflichkeit abgeschafft. Es sollte keine Untertanen mehr, sondern nur noch freie *Bürger* („citoyen") mit den gleichen Rechten und Pflichten geben. Frankreich veränderte sich grundlegend. Die Beschlüsse des 4./5. August und die in der folgenden Woche dazu verabschiedeten Gesetze zählen für Furet zu den „Gründungstexten des modernen Frankreich": Sie zerstörten von Grund auf die aristokratische Gesellschaft und setzten an ihre Stelle das freie, autonome Individuum. Die Zeit vor dem 4. August galt nun bald als das „Ancien Régime", als eine unwiderruflich vergangene Zeit.

4 Theater als Spiegel der Zeit

Die erste öffentliche Aufführung der Komödie „Die Hochzeit des Figaro" dauerte fünf Stunden, denn häufig wurden die Schauspieler durch die Beifallsstürme des Publikums unterbrochen und mussten einzelne Passagen wiederholen. Zwar spielte die Handlung im spanischen Andalusien und die Schauspieler trugen spanische Kostüme, doch der Inhalt war brisant: Figaro, Diener des Grafen Almaviva, möchte Susanne heiraten, die Dienerin der Gräfin. Doch dazu muss der Graf nach altem Recht seine Zustimmung geben. Der Graf aber will nicht, denn auch er hat Gefallen an der hübschen Dienerin

---

Revolution: Mit „Revolution" – wörtlich: Umwälzung – meint man allgmein eine grundlegende und tiefgreifende Veränderung der Verhältnisse. Im politischen Bereich wird damit eine schnelle Umkehrung der Machtverhältnisse bezeichnet, wobei meist der Widerstand der Herrschenden mit Gewalt gebrochen werden muss. Dort, wo dieser Gewaltaspekt fehlt, wird „Revolution" mit einem Adjektiv oder einer anderen Ergänzung versehen: die „Glorious Revolution" 1688 in England, die „Nelkenrevolution" 1974 in Portugal, die „friedliche Revolution" und die „samtene Revolution" 1989 in der DDR bzw. in der Tschechoslowakei.
In der Französischen Revolution wurde der Begriff der „Gegenrevolution (Konterrevolution)" geprägt für jene Bestrebungen, die einer radikalen Umwälzung entgegenwirken oder dies versuchen. In ihrem Verlauf, gekennzeichnet durch Eigendynamik und Radikalisierung, gilt die Französische Revolution als der Prototyp der neuzeitlichen Revolutionen und dient vielen als negativer Beweis für die Notwendigkeit von Reformen statt Revolution.
Für den bis in die Gegenwart einflussreichen deutschen Philosophen G. W. F. Hegel (1770–1831) allerdings, stellte die Französische Revolution eine wichtige Stufe im Fortschreiten der Menschheitsgeschichte zu Freiheit und Entfaltung des Geistes dar. Mitte des 19. Jh. übernahmen Karl Marx und Friedrich Engels die Vorstellung einer stufenweisen Entwicklung der Menschheit in revolutionären Prozessen, sahen aber die Antriebskräfte der Entwicklung nicht im Geist, sondern in den materiellen und ökonomischen Veränderungen. Seit Marx unterscheidet man in einer Erweiterung des Begriffes je nach Bereich oder Trägern zwischen politischer, sozialer oder kultureller bzw. bürgerlicher oder proletarischer Revolution. Wird die Revolution von einer Regierung veranlasst, so spricht man von einer „Revolution von oben". Der Übergang zwischen Revolution und Reform wird dann fließend.

gefunden. Im Bündnis mit der Gräfin siegt schließlich der listige Diener. Der adelige Graf wird lächerlich gemacht.

Der lange Monolog des Figaro im V. Akt galt Zeitgenossen als dramaturgisches Wagnis. Doch die darin ausgedrückten Gedanken sowie das geschilderte Schicksal machten gerade diese Stelle zu einer der am meisten beklatschten Szenen des Stücks:

„Nein, Herr Graf, Sie werden (Susanne) nicht haben … Sie werden sie nicht haben! Weil Sie ein großer Herr sind, glauben Sie, auch ein großer Geist zu sein! Adel, Reichtum, Rang und
5 Würden, all das macht Sie so stolz! Was haben Sie denn geleistet für so viele Vorteile? Sie haben sich die Mühe gegeben, geboren zu werden, weiter nichts. Im Übrigen sind Sie ein ganz gewöhnlicher Mensch. Während ich, zum Don-
10 nerwetter, verloren im dunkelsten Gewühl der Menge, mehr Fleiß und Verstand aufwenden musste um überhaupt existieren zu können, als seit hundert Jahren für die Regierung ganz Spaniens aufgebracht wurden! Und Sie wollen den
15 Kampf mit mir … Gibt es etwas Wunderlicheres als mein Schicksal? … Ich studiere Chemie, Pharmazie und Chirurgie, und der ganze Einfluss eines mächtigen Herrn reicht gerade aus, mich zum Träger einer Veterinärlanzette zu machen.
20 Müde, kranke Tiere noch trauriger zu stimmen, und um einen ganz anderen Beruf auszuüben stürze ich mich blindlings auf das Theater. … In aller Eile schreib ich eine Komödie, die im Palast eines Sultans spielt. Als spanischer Autor
25 glaub ich den Propheten Mohammed mit gutem Gewissen kritisieren zu können: Sofort beklagt sich irgendein obskurer Gesandter … und siehe da, mein Lustspiel wird, den mohammedanischen Fürsten zuliebe … verbrannt. –
30 Wenn man den Geist nicht unterdrücken kann, rächt man sich, indem man ihn misshandelt. – Es erhebt sich gerade ein Streit über das Wesen des Reichtums, und … so schreib ich eine Abhandlung über den Wert des Geldes und über
35 seinen Ertrag: Sofort befinde ich mich am Eingang einer Gefängnisfestung, wo ich Hoffnung und Freiheit ließ. Oh, könnt ich nur mal einen von den Mächtigen zu fassen kriegen, die so schnell das Böse verdammen, das sie selber be-
40 fohlen haben, wenn eine gerechte Ungnade seinen Hochmut gebrochen hat! Ich würd ihm sagen, dass die gedruckten Dummheiten nur dann wichtig werden, wenn man ihre Verbreitung behindert, dass gerade die Freiheit des Tadelns den Wert des Lobes erhöht und dass nur die kleinen 45 Menschen die kleinen Stiche der Feder fürchten. Eines Tages wurde man es überdrüssig, einen so unbedeutenden Menschen wie mich auf Kosten des Staates zu füttern und setzte mich wieder auf die Straße … Ich greife wieder zu meiner 50 Barbier-Ausrüstung, … ziehe rasierend von Stadt zu Stadt und lebe endlich ohne Sorgen. In Sevilla treff ich einen vornehmen Herrn; … ich verhelf ihm zu einer Frau und zum Dank dafür will er mir die meinige wegnehmen … Wie ist 55 mir dies alles widerfahren? Warum dieses und nicht anderes? Wer hat das über mich verhängt?"
(Pierre Caron de Beaumarchais, Le Mariage de Figaro, hrsg. von Maurice Rat, Paris 1964, S. 310 ff., Übersetzung K. Sturm)

5 Am Vorabend einer Revolution

Der Engländer Arthur Young beobachtete auf drei Reisen 1787–1789 die Zustände in Frankreich. Zum 17. Oktober 1787 schrieb er in sein Reisetagebuch:

„Habe heute mit einer Gesellschaft gespiest, deren Unterhaltung sich ausschließlich mit der Politik beschäftigte. In der ganzen Runde herrschte die Meinung vor, dass man sich am Vorabend einer großen Umwälzung in der Re- 5 gierung befinde. Alles weise darauf hin: die große Unordnung in den Finanzen, mit einem Fehlbetrag, der ohne die Generalstände nicht zu decken ist; keine genaue Vorstellung über das, was das Egebnis ihrer Zusammenkunft sein 10 könnte; kein Minister, … der über die nötigen Eigenschaften verfügt um ewas anderes als Linderungsmittel zu finden; auf dem Thron ein Fürst mit den besten Absichten, aber ohne die erforderlichen geistigen Fähigkeiten um in 15 einem solchen Augenblick selbst zu regieren; ein Hof, der vergnügt in Saus und Braus lebt und damit das große Elend verschlimmert …; eine tiefe Gärung in allen Schichten der Gesellschaft, die sich begierig nach Veränderungen 20 sehnen ohne zu wissen, was sie anstreben oder wünschen sollen; ein Streben nach Freiheit, das seit der amerikanischen Revolution von Stunde zu Stunde wächst."
(A. Young, Voyages en France, Paris 1988, S. 78 f., Übersetzung K. Sturm)

6 Beschwerden und Forderungen

6a Die Bauern eines kleinen Dorfes im Osten Frankreichs ließen in ihr Beschwerdeheft schreiben:

„1. Das kostbarste Gut für uns als Franzosen besteht darin, dass wir in regelmäßigen Zeitabständen Generalstände haben.

4. Das kostbarste aller Güter ist die persönliche Freiheit der Bürger; mit allem Nachdruck erheben wir Einspruch gegen die königlichen Verhaftungsbefehle und jegliche willkürliche Einsperrung.

20. Das Wild und die Tauben verzehren unsere Felder. Um dem abzuhelfen, müsste man es den Besitzern oder Pächtern gestatten, das Wild, das ihr Land betritt, zu töten."

6b Die Bewohner eines Ortes in der Nähe von Versailles forderten:

„1. dass alle Steuern von den drei Ständen ohne irgendwelche Ausnahmen bezahlt werden, von jedem Stand gemäß seinen Kräften;

5. dass jegliche Art von Zehnten in Naturalien völlig beseitigt wird;

8. dass die Eigentumsrechte heilig und unverletzlich sind;

9. dass rascher und mit weniger Parteilichkeit Recht gesprochen wird;

10. dass alle Frondienste, welcher Art sie auch sein mögen, beseitigt werden;

11. dass die Einziehung zum Heeresdienst nur in den dringenden Fällen erfolgt und dass alle Stände ohne irgendwelche Ausnahmen oder Befreiung dazu beitragen."

(P. Hartig, Die Französische Revolution, Stuttgart 1972, S. 14, 34)

7 Konstituierung eines nationalen Parlaments

Der Abgeordnete Sieyès am 17. Juni 1789:

„Diese Versammlung stellt nach Prüfung der Vollmachten fest, dass sie sich bereits aus den Vertretern zusammensetzt, die von zumindest 96 % der Nation auf direktem Weg entsandt worden sind.

Eine so große Anzahl von Vertretern darf nicht untätig bleiben, nur weil die Abgeordneten einiger Kreise oder einiger Klassen von Bürgern fehlen; denn die Abwesenden, die zur Teilnahme aufgerufen waren, können die Anwesenden

8 Die Zerstörung der Bastille, zeitgenössische Darstellung von Le Sueur

Bereits einen Tag nach der Einnahme der Bastille begann der völlige Abriss der mächtigen Festung. Die Arbeiter tragen auf ihrer Kopfbedeckung die Kokarde in den Farben Blau-Weiß-Rot, die zum Erkennungszeichen der Revolutionäre wurde. Weiß, die Uniformfarbe der königlichen Wachsoldaten, mit Blau und Rot, den Farben der Pariser Bürgermiliz – so entstand die dreifarbige Fahne des modernen Frankreich, die Trikolore. Der 14. Juli wurde später zum Nationalfeiertag der Franzosen.

nicht daran hindern, ihre Rechte voll auszuüben …

Die Benennung ‚Nationalversammlung' ist die einzige, die der Versammlung bei dem gegenwärtigen Stand der Dinge zukommt, weil die Mitglieder, aus denen sie sich zusammensetzt, … direkt von nahezu der gesamten Nation entsandt worden sind, weil – da die Versammlung eine unteilbare Einheit darstellt – keiner der Abgeordneten, von welcher Schicht der Klasse er auch gewählt sein mag, das Recht hat, seine Funktionen getrennt von der gegenwärtigen Versammlung auszuüben. Die Versammlung wird nie die Hoffnung aufgeben, in ihrer Mitte alle noch heute abwesenden Abgeordneten zu vereinigen …"

(J.-B. Duvergier, Collection complète des lois, décrets, ordonnances, règlements et avis du Conseil d'État … de 1788 à 1824, zit. n.: I. u. P. Hartig, Die Französische Revolution. Stuttgart 1988, S. 41)

9 Die Nacht des 4. August 1789

Die 1847 veröffentlichte „Histoire de la Révolution française" von Jules Michelet gilt in Frankreich als ein Meisterwerk der Geschichtsschreibung:

„Der Herzog von Aiguillon sagte, ihm seien, als er gestern für strenge Maßnahmen gegen jene, die die Schlösser angriffen, gestimmt habe, erhebliche Bedenken gekommen. Er habe sich gefragt, ob diese Menschen wirklich schuldig seien […] Hitzig und mit großer Leidenschaft sprach er weiter gegen die adelige Tyrannei, also gegen sich selbst.

Es war der 4. August, um 8 Uhr abends. Eine denkwürdige Stunde, in der die Adelsherrschaft nach 1000-jähriger Machtausübung abdankt, abschwört, sich selbst verwünscht.

Ein Bretone, ein unbekannter Abgeordneter, der nie sprach, weder vorher noch nachher, Herr Le Guen von Kerengal, begibt sich auf die Rednertribüne und verliest ungefähr zwanzig anklagende und drohende Zeilen.

Er warf der Versammlung vor, … die Brandschatzung der Schlösser nicht verhindert zu haben, indem sie die in ihnen aufbewahrten grausamen Waffen nicht zerstört habe. Nämlich jene ungerechten Dokumente, die den Menschen zum Tier erniedrigen …

‚Lasst uns gerecht sein! Man schaffe uns diese Dokumente, diese Denkmäler der Grausamkeit unserer Vorfahren herbei! Wer von uns würde nicht einen Scheiterhaufen aus diesen schändlichen Urkunden machen! …'

Die Begeisterung griff um sich. Herr von Beauharnais schlug vor, dass von nun an die Strafen für alle, Adelige und Nichtadelige, die gleichen sein, dass die Ämter allen offenstehen sollten. Jemand forderte die kostenlose Rechtsprechung, ein anderer die Aufhebung der grundherrlichen Gerichtsbarkeit …

Alles schien beendet. Ein nicht weniger großes Ereignis begann. Nach den Privilegien der Stände ging es um die Privilegien der Provinzen. Jene Provinzen, die besondere Vorrechte hatten, erröteten wegen ihres Egoismus. Sie wollten Frankreich sein, was dies auch immer für ihr eigenes Interesse, für ihre alten, liebgewordenen Traditionen bedeuten mochte …

Die Nacht war weit fortgeschritten, es war zwei Uhr … Seit dieser wunderbaren Nacht gab es keine Stände mehr, sondern nur Franzosen, keine Provinzen mehr, sondern nur das eine Frankreich. Es lebe Frankreich!"

(J. Michelet, Histoire de la Révolution française, Edition établie et annotée par Gérard Walter, Bibliothèque de la Pléiade, Paris 1952, Bd. 1, S. 212 ff., Übersetzung K. Sturm)

Arbeitsvorschläge und Fragen

a) Begründen und erläutern Sie die Ausbildung des bürgerlichen Selbstbewusstseins und die vorrevolutionäre Emanzipation des Bürgertums (M 1 und M 4; Text S. 118).

b) Ordnen Sie die von Arthur Young genannten möglichen Ursachen einer Revolution unterschiedlichen Bereichen (z. B. „Wirtschaft") zu und erläutern Sie diese Ursachen (M 5, M 3–4; siehe auch S. 105 f.).

c) Skizzieren Sie die politische Entwicklung des Jahres 1789 bis zum 4. August und erörtern Sie die revolutionäre Bedeutung der Ereignisse (M 6–9).

d) Interpretieren Sie die Inszenierung des Gemäldes „Der Ballhausschwur" hinsichtlich seiner politischen Aussagen (M 2).

6.2 Aufbruch in eine neue Zeit

Zu den fortwirkenden Ereignissen des Jahres 1789 gehört auch die „Erklärung der Menschen- und Bürgerrechte" am 26. August. Was veranlasste die Abgeordneten der Nationalversammlung zu einer solchen Erlärung? Es sind mehrere Motive erkennbar: Zunächst gab es das *Beispiel der englischen Kolonisten* in Amerika mit ihrer Unabhängigkeitserklärung von 1776. Bezeichnenderweise war es dann auch der Marquis de Lafayette – er hatte an führender Stelle im amerikanischen Unabhängigkeitskrieg mitgekämpft und befehligte nun die Pariser Nationalgarde –, der als erster der Nationalversammlung eine feierliche Erklärung der Menschenrechte vorschlug (11. Juli 1789). Seinen Entwurf hatte er mit der Unterstützung Thomas Jeffersons ausgearbeitet, der maßgeblich an der Abfassung der amerikanischen Unabhängigkeitserklärung beteiligt gewesen war.

Die Erklärung der Menschenrechte

Für namhafte Wortführer in der Nationalversammlung wie Sieyès war jedoch ein anderes Motiv maßgebend: Sie wollten „das große amerikanische Beispiel vervollkommnen". Sie folgten dabei den politischen Theoretikern der Aufklärung, die meinten, dass es zwar unterschiedliche Verfassungen geben könne – da das geschichtliche Erbe der Völker unterschiedlich sei – und dass Verfassungen veränderbar seien, aber gleichzeitig betonten die Aufklärer die Notwendigkeit eines höchsten, überall und immer gültigen Gesetzes. Manche Beschwerdehefte hatten denn auch eine Art *„Grundgesetz der Menschheit"* gefordert.

Dieser universelle Anspruch konnte überdies der Nationalversammlung – und dies ist ein drittes, aus der aktuellen politischen Situation entstandenes Motiv – eine *Legitimität*, eine begründete Autorität geben. Denn die Existenz unveräußerlicher und geheiligter Rechte, die „für alle Menschen, alle Zeiten, alle Länder" gelten, ermächtigte die selbst ernannte Nationalversammlung zum Handeln in einem politischen System, das weder eine solche Einrichtung noch deren Mitspracherecht vorsah. Die schließlich beschlossene Erklärung spiegelt diese Zielsetzungen deutlich wider: zunächst die Bestätigung der individuellen Rechte jedes Menschen, zu denen insbesondere Freiheit, Eigentum, Sicherheit und Widerstand gegen Unterdrückung gehören. Dann die Festlegung der Grundlinien für eine politische Ordnung, die auf diesem Individuum beruhte, z. B. das Verhältnis der einzelnen zum Gesetz, die Anerkennung der Meinungsvielfalt, und die Trennung der Gewalten im Staat als unabdingbare Voraussetzung für eine Verfassung.

Die Erklärung der Menschenrechte war in der Nationalversammlung jedoch nicht unumstritten, vor allem ihre gegenwärtige politische Zweckmäßigkeit wurde in Frage gestellt. Würde eine solche Erklärung, angesichts der tiefen wirtschaftlichen und sozialen Krise, angesichts der Unruhe in der Bevölkerung, die Entwicklung nicht zu weit vorantreiben? Die meisten Abgeordneten wollten nämlich eine Reform der Monarchie, nicht ihre Beseitigung. Die Entscheidung für eine öffentliche Erklärung der Menschenrechte wurde von den Ereignissen bestimmt: Nach der Zerstörung der alten Ordnung durch die Beschlüsse des 4./5. August entsprach eine solche Erklärung der inneren Logik. Am 26. August beschloss die Nationalversammlung, die bisher diskutierten und formulierten 17 Artikel feierlich zu verkünden, eine weiterführende Debatte wurde vertagt. Die Lösung aktueller Verfassungsprobleme – wie die Frage eines königlichen Vetos gegenüber den Entscheidungen der Nationalversammlung – erschien inzwischen dringlicher.

1 **Symbolische Darstellungen eines Jahrhundertereignisses**

1a Der Stich „Erklärung der Menschen- und Bürgerrechte" von Niquet le Jeune verdeutlicht den tiefen Unterschied zwischen Gegenwart und Vergangenheit.

1b Die bekannteste Darstellung der „Erklärung der Menschen- und Bürgerrechte" (S. 83) fand als Kupferstich große Verbreitung. Sie besteht aus zwei Teilen: einer Art Denkmal (unsere Abb. zeigt die obere Hälfte) und einem Aufsatz mit Inschrifttafel und allegorischen Darstellungen. Die Form als Denkmal und die Goldschrift in Antiqua zielen auf eine gemeinsame Aussage: eine ehrwürdige Botschaft, die dem Gedächtnis der Menschen eingegraben werden soll (vgl. die Präambel). Die zwei Tafeln erinnern an die traditionelle Darstellung der biblischen Zehn Gebote, der Gesetzestafeln, die Moses am Sinai von Gott empfing. Zwischen ihnen eine Pike mit Rutenbündel, die von einer phrygischen Mütze gekrönt wird. Es handelt sich um eine der Antike entlehnte bildliche Sprache: Einigkeit (Rutenbündel) und Wehrhaftigkeit (Pike) sind die Voraussetzung für die Freiheit (phrygische Mütze). Darüber eine Schlange, die sich selbst in den Schwanz beißt und damit den idealen Kreis beschreibt. Dieser Schlangenring versinnbildlicht seit dem 16. Jh. die Ewigkeit: Die Erklärung ruft immer gültige Prinzipien ins Gedächtnis der Menschen zurück. Die Inschrift über den Tafeln nennt Ort und Zeit der Erklärung und gibt einen historischen Hinweis auf die Entstehungszeit der Darstellung (1789/90), da sie die Annahme durch den König („accepté par le Roi") ausdrücklich erwähnt. Über der ganzen Darstellung symbolisiert eine Sonne den Sieg der Vernunft; in der Sonne das Dreieck der Gleichheit, in dessen Mitte ein weit geöffnetes Auge die Wachsamkeit darstellt. Die engelähnliche Figur auf der rechten Seite deutet mit einem Zepter auf die Vernunft, mit der linken Hand auf die Gesetzestafeln. Sie verkörpert das Gesetz, dessen Herrschaft mit der Erklärung begonnen hat (Zepter). Sie erinnert auch an einen in der abendländischen Kunstgeschichte wohlbekannten Bildtypus, nämlich an die Verkündigung an Maria: Der Engel des Gesetzes verkündet der französischen Nation und allen Betrachtern – er schaut aus dem Bild heraus – die frohe Botschaft der Menschenrechte. Die Nation (linke Figur) bekennt sich zur neuen Ordnung: Sie hat die eisernen Ketten der alten Unfreiheit zerrissen und trägt Kleider in den Farben Blau, Weiß, Rot. Dieses Bekenntnis verneint aber nicht die Monarchie: Die Nation trägt die Königskrone, und im Blau des Herrschermantels stehen die Bourbonenlilien. Die Blickrichtung der Figur drückt aus, woran sich die Nation in Zukunft auszurichten gedenkt: am Gesetz.

Die Verfassunggebende Nationalversammlung setzte sich aus den für die Generalstände gewählten Vertretern der Geistlichkeit, des Adels und des Dritten Standes zusammen, aber es war zu keinen entsprechenden Parteibildungen gekommen. Während der Diskussionen um die Menschenrechte im August 1789 gruppierten sich die Abgeordneten jedoch zusehends um einige Wortführer und es ergab sich eine *Zweiteilung*, die seither unsere Betrachtung des politischen Lebens mitbestimmt: „Links" und „Rechts". Aus der Sicht des Präsidenten der Versammlung versammelten sich links auf den wie in einem Amphitheater aufsteigenden Bänken die „Patrioten" und ihre Sympathisanten, die für Freiheit und Gleichheit eintraten. Ganz oben saßen die entschiedensten Anhänger dieser Grundsätze, Männer wie Robespierre. Rechts, auf den untersten Bänken, fanden sich die Gemäßigten ein. Als „Monarchisten" strebten sie eine Verfassung nach englischem Vorbild an, mit zwei Kammern und einem absoluten Vetorecht für den König. Ihnen schlossen sich nach oben die „Aristokraten" an, mit den bedingungslosen Verteidigern der alten, absolutistischen Ordnung in den letzten Bankreihen. Diese Aufsplitterung der beiden Lager in „Fraktionen" kündigte spätere Parteibildungen an.

Bei den Abstimmungen setzte sich fast immer die Sichtweise der „Linken" durch. Um dies zu verstehen, muss man sich die Umstände vergegenwärtigen, unter denen die Sitzungen der Nationalversammlung stattfanden. Sowohl in Versailles als auch ab Mitte Oktober 1789 in Paris wurden Atmosphäre und damit Arbeitsweise weitgehend durch den Sitzungssaal bestimmt: Ein riesiger Raum, der nicht nur die 1200 Abgeordneten aufnahm, sondern auch Hunderte von lärmenden Zuschauern. Um sich verständlich zu machen, musste man schreien; die Zuschauer reagierten auf jede Äußerung mit Lachen, Beifall oder Flüchen. So ging es den Abgeordneten immer auch darum, das spontan reagierende Publikum mitzureißen. Hinzu kam, dass es keine Redeordnung für die Debatten gab. Der Präsident der Versammlung wurde alle 14 Tage neu gewählt, so dass es ihm an der nötigen Autorität mangelte. Abwägende, rational geführte Diskussionen waren deshalb schwierig. Angesichts dieser Lage bekam

Links und Rechts

2 Meinungsmacher I: An einem Zeitungsstand (Titelblatt eines, den Freunden der Verfassung gewidmeten, „Almanach national", 1789). Die „Erklärung der Menschen- und Bürgerrechte" schuf eine nahezu unbegrenzte Meinungs- und Pressefreiheit. So gab es 1789 in Paris 184 verschiedene Zeitungen, 34 weitere im restlichen Frankreich.

eine Tatsache Bedeutung: die Vorbereitung wichtiger Entscheidungen außerhalb der Nationalversammlung. Die größte Wirkung erzielte dabei der Bretonische Klub, der bereits die revolutionären Beschlüsse vom 17. Juni und vom 4./5. August vorbereitet und durchgesetzt hatte. Aus dem Bretonischen Klub wurde der *Klub der „Jakobiner"*. Ihm gehörten bald etwa 400 Abgeordnete der „Linken" sowie viele sympathisierende Persönlichkeiten des öffentlichen Lebens an. Die Jakobiner wurden zusehends zu einer mit der Nationalversammlung rivalisierenden Macht. Dies um so mehr, als sie Filialen in ganz Frankreich gründeten, mit dem erklärten Ziel, durch die „Einheitlichkeit von Wünschen, Grundsätzen und Handeln die Revolution zu vollenden" (Satzung des Jakobinerklubs, 8. 2. 1789).

Eine vierte Gewalt: die Presse

Meinungs- und Pressefreiheit hatten viele Beschwerdehefte gefordert, und seit der Einberufung der Generalstände waren die übliche vorherige Zensur und Druckgenehmigung aufgehoben worden. Artikel 11 der „Erklärung der Menschen- und Bürgerrechte" verkündete dann: „Die freie Mitteilung der Gedanken und Meinungen ist eines der kostbarsten Menschenrechte." Zwar sah der Artikel bereits ein Gesetz gegen den Missbrauch der Pressefreiheit vor, doch dieses Gesetz kam erst im Herbst 1791 zustande. Die einstweilen grenzenlose *Pressefreiheit* wurde von den vielen Zeitungen und Zeitschriften ausgiebig genützt. Es war üblich, den Titel der Zeitung mit einem Motto zu versehen, z. B. „Die Großen erscheinen uns nur groß, weil wir auf den Knien liegen: Lasst uns aufstehen!", oder: „Eine freie Zeitung ist ein vorgeschobener Wachtposten, der ohne Unterlass für das Volk wacht." Die Zeitungen berichteten ausführlich von den Beratungen der Nationalversammlung und kommentierten sie. Sie griffen aber auch einzelne Abgeordnete wegen ihrer Äußerungen oder ihres Abstimmungsverhaltens persönlich, ja verleumderisch an; manche Blätter veröffentlichten sogar Listen „unpatriotischer" Abgeordneter und setzten diese damit den Angriffen aufgebrachter Leser aus. Um Druck auf die Nationalversammlung auszuüben, fehlte es auch nicht an Aufrufen zu Demonstrationen und zu aufständischer Zusammenrottung. Die meisten Zeitungen bestanden nur aus wenigen Seiten und hatten als tägliche Auflage kaum mehr als 3000

3   Meinungsmacher II: Versammlung patriotischer Frauen in einem Frauenklub (anonymes Aquarell, 1790/91).
Die lebhafte Anteilnahme der Frauen an der politischen Meinungsbildung war neu und wurde mit wachsendem Misstrauen beobachtet. 1793 wurden die Frauenklubs verboten.
Die politischen Klubs vesuchten Druck auf die Nationalversammlung auszuüben. Am einflussreichsten wurde der Klub der „Jakobiner", der regelmäßig im Dominikanerkloster in der Straße des hl. Jakob tagte. Ihm gehörten zunächst die Verfechter einer Verfassung an, dann die radikalen Anhänger einer Republik.

Exemplare, die zunächst über Abonnements, dann zunehmend über Zeitungsverkäufer in den Straßen ihre Leser fanden. Geringer Umfang und geringe Auflage entsprangen einer Notwendigkeit: Die Zeitung wurde oft im Ein-Mann-Betrieb hergestellt. Der Journalist betätigte sich auch als Drucker an einer kleinen handwerklichen Presse. Viele Journalisten waren selbst Abgeordnete. Während der Beratungen in der Nationalversammlung schrieben sie eifrig mit, betrauten auch den einen oder anderen Kollegen damit, denn offizielle Sitzungsprotokolle gab es noch nicht. Trotz Missbrauchs und bescheidener Anfänge: Durch Information und unterschiedliche Einflussnahme entstand allmählich eine vierte Gewalt im Staat, von der die Denker der Aufklärung noch nichts gewusst hatten, die sich aber in der modernen Demokratie als unentbehrlich erweist.

Bürger und Bürgerinnen: Wahlrecht nach Zensus und Geschlecht

Die Bezeichnungen „Bürger" („citoyen") und „Bürgerin" („citoyenne") waren mindestens seit den Ereignissen des August 1789 in aller Munde. Doch was war ihr Inhalt, d. h. wer durfte die damit zusammenhängenden Rechte ausüben, wer durfte wählen und gewählt werden? Als Ende Oktober die Nationalversammlung darüber beriet, zeigte sich, dass selbst innerhalb der „Linken" die Auffassungen sehr gegensätzlich waren. Robespierre trat für ein allgemeines männliches Wahlrecht ohne Einschränkung ein: Es entspreche der Erklärung der Menschen- und Bürgerrechte, dass sich alle Bürger für alle Stufen der Vertretung bewerben könnten. Auf der anderen Seite stand Sieyès, der schon im Juli von „aktiven" Bürgern und „passiven" Bürgern gesprochen hatte. Er fand Unterstützung bei den meisten „Patrioten", etwa wenn einer dieser Abgeordneten Robespierre als „niederträchtigen und abscheulichen Brandstifter" bezeichnete und meinte: „Gewiss darf die alte Aristokratie nicht durch eine neue Aristokratie ersetzt werden, aber welcher Mensch legt Wert auf sein Vaterland, auf den Boden, der ihn zur Welt kommen sah, wenn er dort nichts besitzt und wenn er seine Arme, seinen Fleiß überall einsetzen kann. Echte Bürger sind mit Sicherheit nur die Besitzenden." Die Geschichtsschreibung hat diese Haltung immer wieder als einen eigennützigen Reflex des Bürgertums interpretiert, das somit die Macht des Augenblicks für sich nützte. Doch vielen Abgeordneten erschien dies als die notwendige Konsequenz eines Ideals: Sie wollten den persönlich unabhängigen Bürger. Der Wähler sollte frei sein in seinen Entscheidungen, nicht beeinflussbar, nicht erpressbar, nicht käuflich. Dieser gedankliche Ansatz konnte dazu führen, die Armen und Abhängigen vom Wahlrecht auszuschließen.

Die Unterscheidung zwischen *Aktivbürgern und Passivbürgern* setzte sich in der Nationalversammlung durch. Ein Ausschuss legte fünf Voraussetzungen für das Wahlrecht fest: Der Aktivbürger musste als Franzose geboren oder Franzose geworden sein, er musste volljährig, d. h. 25 Jahre alt und mindestens seit einem Jahr vor der Wahl am Ort wohnhaft sein, einen Zensus (direkte Steuer) zahlen, die dem örtlichen Wert von drei Arbeitstagen entsprach, und er durfte nicht in einer abhängigen niedrigen Dienststellung leben. Ein weiterer Beschluss, das „Silbermark-Dekret", regelte die Wählbarkeit eines Aktivbürgers zum Abgeordneten der Nationalversammlung: Er musste einen erhöhten direkten Steuersatz von einer Silbermark und Grundbesitz vorweisen.

Gerade in Paris griffen viele Frauen aktiv ein in das Geschehen. Trotzdem: Sie wurden zwar mit „Bürgerin" angeredet, galten jedoch nicht als Aktivbürger. Weder die Aufklärung noch die Revolution änderten etwas an der Auffassung von der wesensmäßigen Unmündigkeit der Frau und damit von ihrer natürlichen Unterordnung unter den Mann. Erstmals gab es jedoch Frauen, die sich öffentlich widersetzten. 1791 veröffentlichte die Schriftstellerin Olympe de Gouges eine „Erklärung der Frauen- und Bürgerinnenrechte", deren Artikel 1 lautet: „Die Frau wird frei geboren und bleibt dem Manne gleich an Rechten. Gesellschaftliche Unterschiede können nur im allgemeinen Nutzen begründet sein." Und im Artikel 4: „... die Ausübung der natürlichen Rechte der Frau (hat) Grenzen nur in der ewigen Tyrannei, die der Mann ihr entgegensetzt; diese Grenzen müssen gemäß den Gesetzen der Natur und der Vernunft neu festgelegt werden." Doch solche Grundsätze und Forderungen blieben noch lange ohne Wirkung, Frankreichs Frauen mussten bis zum Jahr 1946 auf das Wahlrecht, auf ihre Anerkennung als gleichwertige Bürger warten.

Die Nation als Bekenntnis

Alle Umwälzungen des Jahres 1789 waren von Versailles und Paris ausgegangen. Wie stand das restliche Frankreich dazu? War die eine Nation von Bürgern, von der die Revolutionäre sprachen, Wirklichkeit oder nur ein ständig ausgesprochener Wunsch? Einer einheitlichen Willensbildung stand 1789 manches Hindernis im Wege: die in Jahrhunderten gewachsenen unterschiedlichen Gebräuche, Rechte und Sprachen in vielen Provinzen, die Schwierigkeiten der Nachrichtenübermittlung – im 300 km entfernten Dijon erfuhr man von der Einnahme der Bastille erst drei Tage später – und die durch den anhaltenden Nahrungsmangel fortdauernden Unruhen in den Dörfern und Städten des Landes. Um so erstaunlicher ist die Schnelligkeit, mit der sich Frankreichs Bewohner als Bürger einer gemeinsamen Nation zu fühlen begannen.

Die Bewegung nahm ihren Ausgang in den Städten, wo die alten Stadtverwaltungen unter königlicher Aufsicht durch nun gewählte Stadtausschüsse ersetzt wurden. Die Sorge um die Sicherung der Neuerungen und um die Aufrechterhaltung der Ordnung führte nicht nur zur Aufstellung von Bürgerwehren, den Nationalgarden, sondern auch zu *Bündnissen*, zunächst zwischen benachbarten Städten und Provinzen, in denen ein neuer Begriff auftauchte: *„la fraternité" – die Brüderlichkeit*. So entstand ein immer dichteres Netz verbrüderter Städte und Provinzen, das am 14. Juli 1790 mit dem großen „Fest der Verbrüderung" in

---

Nation und Volk: Der Begriff Nation entsprach zunächst einer ersten Bedeutung des Begriffes Volk: eine Gesamtheit von durch Sprache, Kultur und Geschichte verbundenen Menschen. So gab es an den großen Universitäten wie der Pariser Sorbonne unter den Studenten eine „deutsche Nation", eine „englische Nation" usw., aber auch eine „bretonische Nation". Mit der Französischen Revolution bekam „Nation" eine neue Bedeutung: die Gemeinschaft der Angehörigen eines Staates. In diesem Sinne sprach man zu Beginn des 19. Jh. z. B. von der „bayerischen Nation". Dieser Nationsbegriff nahm zwar in Frankreich im Verlauf der Revolution wieder das Element der Sprache in sich auf – unter dem Motto: „eine Nation, eine Sprache" begann die Unterdrückung der Regionalsprachen Frankreichs (Bretonisch, Elsässisch, Korsisch usw.), die bis in die Mitte des 20. Jh. andauerte –, aber „Nation" als Bekenntnis zu einer Gemeinschaft, die sich bestimmten Werten verpflichtet fühlt und innerhalb der Grenzen eines Staates lebt, blieb bestimmend. Im Gegensatz dazu gründet der deutsche Begriff Nation unter dem Einfluss Herders seit dem 19. Jh. wesentlich auf der Sprache und der von ihr bedingten Kultur.

Auch der Begriff Volk ist mehrdeutig. Eine zweite Bedeutung meinte die Masse der Bevölkerung, insbesondere die Unterschichten. „Volk" wurde dann oft verächtlich gebraucht. Durch Rousseaus Lehre von der Volkssouveränität wurde „Volk" in dieser Bedeutung jedoch aufgewertet und zu einem Symbolwort im politischen Kampf, mit dem politische Entscheidungen gerechtfertigt werden konnten.

Paris und gleichzeitigen Veranstaltungen überall im Land seine endgültige Bestätigung fand. In Paris gelobten Tausende von Abgesandten der Nationalgarden ganz Frankreichs feierlich Treue „der Nation, dem Gesetz und dem König". Was der Historiker Jules Michelet in seiner begeisterten Schilderung des 4./5. August vorwegnahm (S. 126, M 9), war nun sichtbar: Die Franzosen waren durch freiwillige Zustimmung die freien Bürger einer gemeinsamen Nation geworden. Doch diese Botschaft enthielt den Keim für spätere Konflikte. Die Fürsten Europas mochten es noch hinnehmen, dass die Bevölkerung des Elsass und des päpstlichen Avignon nun ihren Anschluss an die französische Nation erklärten. Wenn es aber ein allgemeiner Grundsatz im internationalen Recht werden sollte, dass die Zugehörigkeit zu einem Staat vom eigenen Willen und Bekenntnis der Völker abhing, dann war die fürstliche Souveränität bedroht. An der Grenzbrücke über den Rhein in Kehl grüßte die Inschrift: „Hier beginnt das Land der Freiheit". Sie musste in den Ohren der Fürsten Europas wie eine Kampfansage klingen.

4 Frauen und Politik

Nach der Auflösung der Frauenklubs Ende Oktober 1793 erklärte der Jakobiner Chaumette gegenüber protestierenden Frauen:

„Seit wann ist es Frauen gestattet, ihrem Geschlecht abzuschwören und sich zu Männern zu machen? Seit wann ist es Brauch, dass sie die fromme Sorge ihres Haushaltes, die Wiege ihrer Kinder verlassen um auf die öffentlichen Plätze zu kommen, von der Tribüne herab Reden zu halten, in die Reihe der Truppen zu treten, mit einem Wort, Aufgaben zu übernehmen, welche die Natur allein dem Mann zugeteilt hat? Die Natur hat zum Mann gesagt: Sei Mann! Die Wettrennen, die Jagd, der Ackerbau, die Politik und die Anstrengungen aller Art sind dein Vorrecht. Sie hat zum Weib gesagt: Sei Weib! Die Sorge für deine Kinder, die Einzelheiten des Haushalts, die süße Unruhe der Mutterschaft, das sind deine Arbeiten! Unkluge Frauen, warum wollt ihr Männer werden? Sind die Menschen nicht genug geteilt? Was braucht ihr mehr? Im Namen der Natur, bleibt, was ihr seid; und weit entfernt, uns um die Gefahren eines so stürmischen Lebens zu beneiden, begnügt euch damit, sie uns im Schoße unserer Familien vergessen zu machen, indem ihr unsere Augen auf dem entzückenden Schauspiel unserer durch eure zärtliche Fürsorge glücklichen Kinder ruhen lasst."

(H. Grubitzsch u. a. [Hrsg.]. Grenzgängerinnen. Revolutionäre Frauen im 18. und 19. Jahrhundert. Weibliche Wirklichkeit und männliche Phantasien, Düsseldorf 1985, S. 278)

5 Meinungsfreiheit

In der Debatte um den Artikel 10 fand der Beitrag des südfranzösischen Abgeordneten Rabaut Saint-Etienne starke Beachtung:

„Die Freiheit ist ein heiliges und unantastbares Recht, das der Mensch bei seiner Geburt mitbringt; dieses Recht gilt auch für die Meinungen. Die Freiheit der Meinungen entzieht sich jeglicher Macht: … Die Menschen haben niemals auf ihre Meinungen zugunsten der Allgemeinheit verzichtet. Also kann kein Mensch gezwungen werden, wie ein anderer zu denken … Nicht Toleranz fordere ich, denn dieses Wort beinhaltet einen Gedanken an Mitleid, der den Menschen erniedrigt. Ich fordere die Freiheit, die eine einzige für alle sein muss. Irren ist kein Verbrechen: Welcher Religion ein Mensch auch anhangt, er darf deshalb nicht seiner Rechte beraubt werden. Ich fordere die Freiheit für jene stets geächteten Menschen, die unstetig auf der Erde umherirren und die nur die Demütigung kennen, nämlich für die Juden.

Vielleicht wird man Ihnen darlegen, dass die uns umgebenden Nationen jene von der Freiheit ausnehmen, die sich nicht zur Religion der Mehrheit bekennen. Die französische Nation hat keinem Beispiel zu folgen, sondern selbst ein Beispiel zu geben …

Eine lange und blutige Erfahrung mit der Vergangenheit lehrt uns, dass es höchste Zeit ist, die Schranken niederzureißen, die den Menschen vom Menschen, den Franzosen vom Franzosen trennen …"

(Le Monde de la Révolution Française, Nr. 8, S. 20, Paris 1989, Übersetzung K. Sturm)

6 Menschen- und Bürgerrechte. Aus der Erklärung vom 26. August 1789:

„In der Überzeugung, dass die Unkenntnis, das Vergessen oder die Verachtung der Menschenrechte die alleinigen Ursachen der öffentlichen Missstände und der Verderbtheit der Regierungen sind, haben die in der Nationalversammlung vereinigten Vertreter des französischen Volkes beschlossen, in einer feierlichen Erklärung die natürlichen, unveräußerlichen und geheiligten Menschenrechte darzulegen, damit diese allen Mitgliedern des gesellschaftlichen Verbandes beständig vor Augen stehende Erklärung sie ohne Unterlass an ihre Rechte und Pflichten erinnert; damit die Handlungen der gesetzgebenden und der ausführenden Gewalt, da sie jeden Augenblick mit dem Zweck jeglicher politischen Einrichtung verglichen werden können, um so mehr geachtet werden; damit sich die Ansprüche der Bürger, die von nun an auf einfache und unbestreitbare Grundsätze gegründet sind, immer auf die Erhaltung der Verfassung und das Glück aller richten. Folglich anerkennt und verkündet die Nationalversammlung in Gegenwart und unter dem Schutze des Allerhöchsten Wesens die folgenden Menschen- und Bürgerrechte:

1. Die Menschen werden frei und gleich an Rechten geboren und bleiben es. Die gesellschaftlichen Unterschiede können nur mit dem allgemeinen Nutzen begründet werden.
2. Der Zweck jeder staatlichen Vereinigung ist die Bewahrung der natürlichen und unverjährbaren Menschenrechte. Diese Rechte sind die Freiheit, das Eigentum, die Sicherheit und der Widerstand gegen Unterdrückung.
3. Der Grundsatz jeglicher Staatshoheit liegt wesensmäßig bei der Nation. Keine Körperschaft, kein einzelner kann Herrschaft ausüben, die nicht ausdrücklich von ihr ausgeht.
4. Die Freiheit besteht darin, alles tun zu können, was einem anderen nicht schadet: So hat die Ausübung der natürlichen Rechte jedes Menschen nur jene Grenzen, die den anderen Mitgliedern der Gesellschaft den Genuss dieser gleichen Rechte sichern. Diese Grenzen können nur durch das Gesetz bestimmt werden.
5. Das Gesetz darf nur die der Gesellschaft schädlichen Handlungen verbieten. Alles, was das Gesetz nicht verbietet, ist erlaubt und niemand kann zu etwas gezwungen werden, was das Gesetz nicht befiehlt.
6. Das Gesetz ist der Ausdruck des allgemeinen Willens. Alle Bürger haben das Recht an seiner Gestaltung persönlich oder durch ihre Vertreter mitzuwirken. Es muss für alle Bürger das gleiche sein, ob es nun beschützt oder bestraft. Alle Bürger sind, da sie vor dem Gesetz gleich sind, in der gleichen Weise zu allen Ehrenämtern, öffentlichen Stellungen und Beschäftigungen gemäß ihren Fähigkeiten zugelassen, ohne einen anderen Unterschied als den ihrer Eigenschaften und Anlagen.
10. Niemand darf wegen seiner Meinungen, selbst der religiösen, bedrängt werden, vorausgesetzt, dass ihre Äußerung nicht die durch das Gesetz festgelegte öffentliche Ordnung stört.
11. Die freie Mitteilung der Gedanken und Meinungen ist eines der kostbarsten Menschenrechte; jeder Bürger kann also frei sprechen, schreiben, veröffentlichen, mit dem Vorbehalt, dass er verantwortlich ist für den Missbrauch dieser Freiheit in den von dem Gesetz festgelegten Fällen.
13. Für die Unterhaltung der öffentlichen Gewalt und für die Verwaltungsausgaben ist eine allgemeine Abgabe unerlässlich; sie muss gleichmäßig auf alle Bürger gemäß ihren Möglichkeiten verteilt werden.
16. Eine jede Gesellschaft, in der die Garantie der Rechte nicht gesichert und die Trennung der Gewalten nicht festgelegt ist, hat keine Verfassung.
17. Da das Eigentum ein unantastbares und geheiligtes Recht ist, kann es niemandem genommen werden. Es sei denn, die öffentliche, rechtmäßig festgestellte Notwendigkeit erfordert dies klar, und unter der Bedingung einer gerechten und vorherigen Entschädigung".
(Ministère de l'Éducation nationale [Hrsg.], 1789. Recueil de textes et documents du XVIIIe siècle à nos jours, Centre national de documentation pédagogique, Paris 1989, S. 75ff., Übersetzung K. Sturm)

7 1789 im Urteil – 200 Jahre später
Der französische Historiker Michel Winock schreibt:

„Trotz (seiner) Schattenseiten gebührt dem Jahr 1789 unsere Bewunderung und unsere Dankbar-

keit. Wenden wir uns gleich dem Wesentlichen zu: Frankreich erklärte gegenüber der Welt die Menschen- und Bürgerrechte. Natürlich hatten die Amerikaner auch, und vor den Franzosen, ihre Rechte verkündet, aber die von der Verfassunggebenden Versammlung beschlossenen Artikel ... haben eine universelle Tragweite. Diese Erklärung bleibt das Fundament unseres politischen Lebens, sie ist unser gemeinsames Grundgesetz, sie bleibt das Maß, mit dem die politischen Systeme gemessen werden; sie zieht die Trennungslinie zwischen dem Rechtsstaat und den anderen Staatsformen. ...
Die marxistische Kritik hat in dieser Erklärung deren bürgerliche Begrenzungen angeklagt, weil sie vom Eigentum als einem ‚unantastbaren und geheiligten Recht' spricht. Aber 200 Jahre später können wir beurteilen, wie gefährdet die Freiheit und sogar die Gleichheit sind, wenn der Staat aufgehört hat, das Eigentum zu achten. Rousseau selbst hatte den Grundsatz des Eigentums verteidigt, aber die sozialistische Linke musste einen langen Weg zurücklegen um zu dieser Erkenntnis zu gelangen: Die Aufhebung des privaten Eigentums führt geradewegs zur Auslöschung der Freiheiten. Ganz offensichtlich muss man aber auch den Missbrauch des Eigentums fürchten: Das Monopol tötet die Freiheit. Aber der Missbrauch eines Rechtes, der behoben werden kann, darf nicht als Vorwand für die Auslöschung des Rechtsgrundsatzes dienen."
(M. Winock, 1789. L'Année sans pareille, Paris 1988, S. 282, Übersetzung K. Sturm)

Arbeitsvorschläge und Fragen

a) Erörtern Sie die grundsätzliche Bedeutung der französischen „Erklärung der Menschen- und Bürgerrechte" und bestimmen Sie ihr Verhältnis zur Aufklärung (M 1 und M 5–7).
b) Was sind Menschenrechte, was Bürgerrechte? Nehmen Sie eine Zuordnung der Artikel in der Erklärung vom 26.8.1789 vor. Formulieren Sie den Unterschied zwischen beiden (M 6).
c) Erläutern und beurteilen Sie die Entscheidungen und Entwicklungen des Jahres 1789 in ihrer Bedeutung für die Gegenwart (Text, M 2–3 und Kap. 6.1).
d) 1923 urteilte der französische Schriftsteller Anatole France: „Im Grunde war die Französische Revolution [...] eine Angelegenheit des Bürgertums und der Kapitalisten." Nehmen Sie Stellung zu dieser Aussage.

7. Freiheit und Gleichheit in Frankreich

7.1 König und Kirche

Am Ende des Jahres 1789 glaubten viele noch an einen friedlichen Abschluss der Veränderungen in Staat und Gesellschaft. Erst im Rückblick lässt sich feststellen, dass sich unter der Oberfläche bereits Gegensätze aufbauten, die nach und nach die Revolution radikalisierten und schließlich in die Katastrophe führten. Die Entstehung der modernen französischen Nation im freien Bekenntnis zu den Errungenschaften von 1789 in einem vom fürstlichen Souveränitätsanspruch geprägten Europa war einer dieser Gegensätze. Zwei weitere Gegensätze wirkten sich vor allem im Inneren aus: zum einen die Haltung des Königs und des Hofes gegenüber dem Neuen, zum anderen das Verhältnis zwischen der katholischen Kirche und dem revolutionären Staat.

Eine friedliche Revolution?

Der König und die Revolution

Zunächst wies vieles auf ein Einlenken Ludwigs XVI. hin. Erschien er doch am 15. Juli 1789 unvermutet vor den Abgeordneten der Nationalversammlung in Versailles und bat sie in einer kurzen Erklärung um ihre Hilfe um „das Wohl des Staates zu sichern". Dabei sprach der König zum ersten Mal nicht von den „Generalständen", sondern von der „Nationalversammlung" und anerkannte damit die revolutionäre Handlung des 17. Juni. Und dann zwei Tage später: begleitet von Bürgerwehren, ohne Leibgarde, ohne Soldaten, kam Ludwig XVI. nach Paris. Beim Empfang im Rathaus trat Bailly, der am Vortag von der Nationalversammlung ernannte Bürgermeister, vor den König, ohne – wie es eigentlich üblich war – vor dem Monarchen niederzuknien. Ludwig XVI. nahm dies widerspruchslos hin, heftete sich die Kokarde an seinen Hut und zeigte sich damit an einem Fenster des Rathauses der jubelnden Menge. Revolution und Königtum schienen im Einklang, die Umwandlung Frankreichs innerhalb der Monarchie schien vorgezeichnet.

In Wirklichkeit – seine später gefundene Korrespondenz beweist es – war der König entschlossen, auf eine *Wiederherstellung der alten Ordnung* hinzuarbeiten. Ludwig XVI. und Marie-Antoinette waren im Geiste des Absolutismus aufgewachsen, und sie sahen in der Verteidigung der monarchischen Autorität ihre Pflicht. Dabei hofften sie auf die gegenrevolutionären Kräfte, selbst wenn diese aus dem Ausland kamen. Der Begriff „Ausland" hatte für den König und die Königin aufgrund ihrer dynastisch-familiären Verbindungen allerdings eine viel geringere Bedeutung als für das Volk, das nun durch die Verbrüderungs-Bewegung zu einer patriotischen, auf das gemeinsame Vaterland bezogenen Solidarität fand und bald in der bloßen Aufrechterhaltung solcher Beziehungen einen Verrat an der Sache Frankreichs witterte. Ludwig XVI. mied in seinem Widerstand die totale Konfrontation: Mit scheinbarem Nachgeben und punktueller Verweigerung hoffte er, die Revolutionäre in eine Sackgasse zu manövrieren, in einen Zustand der Unordnung, in dem sich die Bevölkerung wieder dem König als dem Retter in der Not zuwenden würde.

Volksbewegung für die Nationalversammlung

Ludwig XVI. weigerte sich die Erlasse anzuerkennen, die die Nationalversammlung zur Durchführung der Beschlüsse vom 4./5. August 1789 verabschiedet hatte. Trotzdem zeigte sich eine Mehrheit in der Nationalversammlung kompromissbereit, als es um die Frage eines königlichen Vetorechts gegenüber Entscheidungen der Volksvertretung ging. Die Rechte des Königs wurden zwar erheblich eingeschränkt, aber grundsätzlich anerkannt: Der Monarch erhielt ein *aufschiebendes (suspensives) Veto*, das seine Wirkung erst verlor, wenn ein so abgelehnter Beschluss von der Volksvertretung zweimal im gleichen Wortlaut erneut und in unterschiedlichen Legislaturperioden verabschiedet wurde. Den Widerstand des Königs brach dieser Kompromiss nicht, ja Ludwig XVI. verweigerte nun auch der Erklärung der Menschen- und Bürgerrechte seine Anerkennung. Die Wende brachte, wie schon im Juli, wieder eine Volksbewegung. Auslöser dafür war jedoch weniger der politische Konflikt, vielmehr die wachsende Hungersnot in Paris. Mit dem Ruf „Brot! Brot!" zogen am 5. Oktober 1789 etwa 10 000 Frauen aus allen Bevölkerungsschichten nach Versailles. Männer der Nationalgarde unter der Führung La Fayettes folgten ihnen einige Stunden später. Am Schloss kam es zu gewalttätigen Ausschreitungen, die Wut der Menge entlud sich vor allem gegenüber den königlichen Leibgardisten, von denen einige getötet wurden. Nur mit größter Mühe gelang es La Fayette, den Schutz des Schlosses zu sichern. Unter dem Druck der gewaltbereiten Menge sprach Ludwig XVI. die Anerkennung aller von der Nationalversammlung beschlossenen Veränderungen aus. Am nächsten Tag führten die Frauen den König und seine Familie im Triumphzug nach Paris. Und drei Tage später beschloss die Nationalversammlung, dass Ludwig XVI. nun *„König der Franzosen von Gottes Gnaden und durch die Verfassung"* sei.

Kirche: Enteignung und Unterwerfung

Die revolutionären Veränderungen des Frühjahrs und Sommers 1789 hatten nichts an der Finanzkrise des französischen Staates geändert. Doch woher die notwendigen Summen für die Gesundung der Staatskasse nehmen? Mit der Begründung, dass die Kirche in der Vergangenheit ihre umfangreichen Besitztümer nicht als persönliches Eigentum der Kleriker empfangen habe, sondern zur Verrichtung bestimmter Dienstleistungen, beschloss die Nationalversammlung Anfang November 1789 die *Beschlagnahme aller Kirchengüter* und ihren Verkauf zugunsten der Nation; als Gegenleistung übernahm der Staat den Unterhalt der Kleriker sowie die Kosten für das Schulwesen und für die Armenfürsorge. Diese Entscheidung zog eine weitere nach sich: Für eine Kirche, die ihre materielle Unabhängigkeit verloren hatte, musste eine neue Organisationsform gefunden werden. Die Nationalversammlung versuchte dies mit einem zweiten Beschluss im Juli 1790: Die *„Zivilverfassung des Klerus"* sollte alle Amtsträger der Kirche von den Bischöfen bis zu den Dorfpfarrern an die neue Ordnung binden und zum Dienst an der französischen Nation verpflichten. Diese Herauslösung der französischen Kirche aus ihrer transnationalen, nach Rom ausgerichteten Organisation rief vehemente Proteste hervor. Dies wiederum veranlasste die Nationalversammlung, von allen kirchlichen Amtsträgern einen *Treueid* auf die Zivilverfassung des Klerus zu fordern. Wer diesen Eid verweigerte, der verlor sein kirchliches Amt. Die Reaktion des Papstes ließ nicht auf sich warten: Er verurteilte nicht nur die einseitig vorgenommene Umgestaltung der französischen Kirche, sondern auch jene Artikel der Erklärung der Menschen- und Bürgerrechte, die die Freiheit des Gewissens und der Meinungen verkündeten. Der revolutionäre Staat geriet in einen grundsätzlichen Gegensatz zur katholischen Kirche. Trotz Aufklärung, trotz Revolution war aber Frankreich in vielen seiner Provinzen, ein tief gläubiges Land geblieben. Ein Bürgerkrieg war nun nicht mehr auszuschließen.

Die Emanzipation der Juden

Die Protestanten und vor allem die Juden hatten bereits im Ancien Régime einen minderen, regional allerdings uneinheitlichen Status gehabt. Nach Erlassung eines königlichen Toleranzediktes für die Protestanten 1787 gerieten bald auch die gesellschaftlichen Benachteiligungen der Juden in die öffentliche Diskussion. Die Beschwerdehefte dokumentierten eine eher ablehnende Haltung der Bevölkerung gegenüber den jüdischen Mitbürgern, und nur wenige Juden konnten an den Wahlen zu den Generalständen teilnehmen.
Auch die Revolutionäre taten sich schwer, den Juden bürgerliche Gleichheit vor dem Gesetz zuzusichern. Vorbehalte vieler Abgeordneter gegen eine völlige Gewerbefreiheit der Juden verzögerten deren gesellschaftliche Emanzipation. Erst nach dem Ende der Verfassungsberatungen räumt die Nationalversammlung im September 1791 allen Juden die Möglichkeit des Aktivbürgertums ein. Tatsächlich verändert sich das Ghetto-Dasein der Juden erst nach der Zeit der „Terreur", in der sie verstärkt Verfolgungen ausgesetzt sind. Ihre Rechtsstellung als gleichberechtigte Bürger wird erst in der Verfassung Napoleons festgeschrieben.

1 Der Eid auf die neue Kirchenverfassung (zeitgenössische Karikatur)
Der Begleittext zu dieser Karikatur lautet: „Eine Vorrichtung, die aristokratische Bischöfe und Pfarrer dazu bringt, den Eid entsprechend dem Erlass der Nationalversammlung in Gegenwart der städtischen Behörden zu leisten."

2 Revolution mit dem König?
König Ludwig XVI. schrieb nach dem 4.8.1789 an den Erzbischof von Arles:
„Ich bin mit diesem edlen und großmütigen Schritt der beiden ersten Klassen des Staates zufrieden. Sie haben der allgemeinen Verständigung, ihrem Vaterlande, dem König bedeutende Opfer gebracht ... Das Opfer ist schön, aber ich kann es nur bewundern; ich werde nie darein willigen, meine Geistlichkeit, meinen Adel um ihr Vermögen zu bringen ... Ich werde meine Zustimmung Dekreten verweigern, welche sie berauben würden; sonst würde mich einst das französische Volk der Ungerechtigkeit oder der Schwäche bezichtigen können.
Herr Erzbischof, Sie unterwerfen sich den Dekreten der Vorsehung; ich glaube mich denselben dadurch zu unterwerfen, dass ich mich diesem Enthusiasmus, der alle Klassen der Gesellschaft ergriffen hat, aber nur an meiner Seele vorüberstreift, nicht überlasse. Ich werde alles, was nur in meinen Kräften steht, aufbieten, um meinen Klerus, meinen Adel aufrechtzuerhalten ... Wenn mich Gewalt nötigte, meine Zustimmung zu geben, dann würde ich nachgeben, aber dann würde es auch in Frankreich weder eine Monarchie noch einen Monarchen mehr geben ... Die Zeiten sind ernst, ich weiß es, Hochwürden, und vom Himmel bedürfen wir der Erleuchtung. Geruhen Sie diese zu erflehen; wir werden erhört werden."
(Buchez/Roux, Histoire parlamentaire de la Révolution française. Paris 1834–1838, Bd. II, S. 248f., in: I. u. P. Hartig, Die Französische Revolution, Stuttgart 1988, S. 51)

3 Der Zug der Frauen nach Versailles
Bereits 1824 veröffentlichte François Auguste Mignet seine „Geschichte der Französischen Revolution von 1789 bis 1814". Über den Beginn und das Ende der Ereignisse am 5./6. Oktober 1789 schreibt er:
„Schon am 4. kündigten (in Paris) dumpfe Gerüchte, Aufforderungen zur Gegenrevolution, die Furcht vor Komplotten, die Erbitterung gegen den Hof und der zunehmende Schrecken ei-

ner Hungersnot eine Erhebung an; die Menge blickte schon nach Versailles.
Am 5. brach der Aufstand in gewaltiger, unwiderstehlicher Weise aus; der gänzliche Mangel an Mehl war das Signal dazu. Ein junges Mädchen trat in ein Wachthaus, nahm eine Trommel und zog wirbelnd mit dem Ruf ‚Brot! Brot!' durch die Straßen; bald hatte sich ein Geleit von Frauen um sie geschart. Dieser Zug bewegte sich in Richtung zum Rathaus, dabei immer größer werdend. Er überwand die berittene Wache an den Türen des Gemeindehauses und drang in das Innere ein, wobei er Brot und Waffen verlangte. Schließlich sprengte er die Türen auf, bemächtigte sich der Waffen, läutete die Sturmglocke und schickte sich an nach Versailles zu ziehen. Bald ließ das Volk in Masse denselben Wunsch vernehmen, und der Ruf ‚Nach Versailles' wird allgemein … Die Nationalgarde und die Französischen Garden verlangen, ihnen zu folgen. Der Kommandant La Fayette widersetzt sich lange Zeit dem Abmarsch; aber vergeblich …
Die im Marmorhof unter dem Balkon des Königs versammelte Menge verlangte ihn unter lautem Geschrei zu sehen. Der König zeigte sich. Man verlangte seine Abreise nach Paris – er versprach, sich mit seiner Familie nach dort zu begeben. Lauter Beifall erhob sich bei dieser Nachricht. Die Königin war entschlossen ihm zu folgen, doch die Stimmung war so stark gegen sie, dass die Reise nicht ohne Gefahr war; es galt, sie mit der Menge auszusöhnen. La Fayette schlug ihr vor, sie auf den Balkon zu begleiten; nach einigem Zögern willigte sie darin ein. Sie erschienen zusammen, und um sich der tobenden Menge durch ein Zeichen verständlich zu machen, ihre Erbitterung zu überwinden und ihre Begeisterung neu zu wecken, küsste La Fayette ehrfurchtsvoll die Hand der Königin; die Menge antwortete mit Jubel. Es blieb noch übrig, mit den Leibgarden Frieden zu schließen. La Fayette trat mit einer ihrer Angehörigen vor, heftete an dessen Hut seine eigene dreifarbige Kokarde und umarmte ihn vor den Augen des Volkes, das rief: ‚Es lebe die königliche Leibgarde!' …
Der Aufstand vom 5. und 6. Oktober war eine wahre Volksbewegung … Dieses Ereignis bezweckte Vernichtung der einstigen Macht des Hofes; es … überführte ihn aus der königlichen Residenz in Versailles in die Hauptstadt der Revolution und stellte ihn unter die Aufsicht des Volkes."
(F. A. Mignet, Geschichte der Französischen Revolution von 1789 bis 1814, Leipzig 1975, S. 102 f., 106 f.)

4 Verkauf der Kirchengüter im Distrikt Tours 1790–1795

4a Verteilung, Umfang und Preis nach Käufergruppen:

Käufer	Zahl	Fläche/Käufer in ha	Preis in Frs.
Geistliche	21	3,51	163 650
Adelige	2	51,50	106 972
Notare	33	12,66	250 557
Juristen	70	5,60	494 777
Verwaltungsbeamte	21	11,47	292 496
Freie Berufe	113	19,23	1 730 097
Kaufleute, Großhändler, Fabrikanten	249	10,49	2 266 214
Bauhandwerker	88	1,28	189 452
Handwerker (Textil und Leder)	51	1,39	120 965
Andere Handwerker	193	1,71	520 398
Bauern	207	2,57	337 284
Winzer	95	1,07	100 703
Gutsbesitzer	93	21,58	1 597 810
Pächter/Müller	80	11,02	390 811
Ohne Beruf	159	10,94	1 485 988

4b Anteil von Berufsgruppen am Gesamtwert der verkauften Nationalgüter

Juristen und Freiberufler	27 %
Kaufleute, Großhändler, Fabrikanten	22 %
Handwerker	8,3 %
Landwirte	19,3 %
Landwirte:	
Gutsbesitzer	15 %
Bauern	3,3 %
Winzer	1 %

(W. Lautemann/M. Schlenke [Hrsg.], Geschichte in Quellen 4, München 1981, S. 684)

5 **Kirche und Staat**

5a Am 2. November 1789 beschloss die Nationalversammlung:
„Art. 1. alle kirchlichen Güter sollen zur Verfügung der Nation stehen, mit der Einschränkung, dass unter der Aufsicht und nach Weisungen der Provinzen auf angemessene Weise für die Kosten des Gottesdienstes, den Unterhalt der Priester und die Armenpflege gesorgt wird.
Art. 2. Bei den Verfügungen, welche die Bestreitung des Unterhaltes der Priester betreffen, müssen für jede Pfarrstelle mindestens 1200 Livres jährlich veranschlagt werden, nicht eingerechnet die dazugehörige Wohnung und Gärten."
(W. Grab, Die Französische Revolution. Eine Dokumentation, München 1973, S. 43)

5b Aus dem Dekret der Nationalversammlung vom 27. November 1790:
„Art. 1. Die Bischöfe, ehemalige Erzbischöfe und im Amt verbliebene Pfarrer sind gehalten, soweit sie es noch nicht getan haben, den Eid zu leisten, zu dem sie ... verpflichtet sind: Sie schwören ..., mit Eifer über die Gläubigen der ihnen anvertrauten Diözese oder Pfarrgemeinde zu wachen, der Nation, dem Gesetz und dem König treu ergeben zu sein und mit allen ihren Kräften an der von der Nationalversammlung beschlossenen und vom König angenommenen Verfassung festzuhalten ...
Art. 7. Diejenigen ..., die ihr Amt behalten haben und die Eidesleistung verweigern ..., und die Mitglieder der gleichfalls aufgehobenen Orden der Weltpriester, werden, sofern sie sich – als Einzelperson oder als Körperschaft – weiterhin irgendwelche öffentliche Amtshandlungen anmaßen, als Ruhestörer der öffentlichen Ordnung verfolgt und ... bestraft."
(W. Grab, Die Französische Revolution. Eine Dokumentation, München 1973, S. 48)

Arbeitsvorschläge und Fragen	
	a) Untersuchen und begründen Sie, ob die von vielen Revolutionären angestrebte Einheit von König und Nation eine realistische politische Option war (M2 und M3). b) Erläutern Sie die Auswirkungen der kirchenpolitischen Maßnahmen der Nationalversammlung für Staat und Gesellschaft in Frankreich (M1, M4 und M5).

7.2 Die Verfassung von 1791

Missglückte Flucht des Königs

Mitte September 1791 akzeptierte Ludwig XVI. die von der Nationalversammlung ausgearbeitete Verfassung und legte einen Eid auf sie ab. Dies geschah unter den Nachwirkungen eines Ereignisses, das dem Monarchen seine Machtlosigkeit vor Augen geführt hatte: Am 20. Juni um Mitternacht verließ die königliche Familie in einer eigens dafür umgebauten Kutsche heimlich Paris. Ludwig XVI. wollte Lothringen im Osten Frankreichs erreichen, wo zuverlässige Truppen standen und wo er auf die Unterstützung seines habsburgischen Schwagers Leopolds II. hoffen konnte, der im benachbarten Belgien starke Truppenverbände zusammengezogen hatte. Der König ließ einen Brief an die Franzosen zurück, in dem er seine Rückkehr unter militärischem Schutz und die baldige Auflösung der Nationalversammlung ankündigte. Doch schon in der folgenden Nacht wurde er an einer Poststation erkannt und im lothringischen *Varennes* angehalten. Rasch herbeigeeilte Nationalgardisten brachten die königliche Familie dann zurück nach Paris, wo die Bevölkerung dem König einen eisigen Empfang bereitete.

1 **Gefangennahme Ludwigs XVI. in Varennes.** Anonymer englischer Kupferstich 1791. Text der drei „Sprechblasen" von rechts nach links: "I love my king but my duty to the Nation must prevail – besides the Assembly will be very glad to see you and we will take great care for you, upon my honour." – "What do you desert me?" – "Will fight for the Nation."

Verfassung: Volkssouveränität und Repräsentation

Am 20. Juni 1789 hatten die Abgeordneten der Nationalversammlung erklärt, dass sie dazu berufen seien, „die Verfassung des Königreiches festzulegen". Was meinten sie damit? Eine Wiederherstellung der traditionellen monarchischen Verfassung unter Beseitigung der absolutistischen Missbräuche? Oder ging es um die Schaffung einer neuen Verfassung auf neuer Grundlage? Diese Zweideutigkeit erklärt, warum in den zeitgenössischen Quellentexten von der Verfassung, von der geforderten Treue zu ihr, schon vor der endgültigen Fertigstellung im September 1791 die Rede ist. Eine Vorentscheidung für eine *völlig neue Verfassung* konnte in der Erklärung der Menschen- und Bürgerrechte gesehen werden, die die Nation zur Quelle jeglicher Staatsgewalt erklärt (Art. 3) und im Gesetz den Ausdruck des allgemeinen Willens sieht (Art. 6). Weitere Beschlüsse der Nationalversammlung rückten dann das *Prinzip der Volkssouveränität* noch mehr in den Vordergrund: Wenn auch durch ein Zensus-Wahlrecht, so werden doch die Beamten und Richter in den Departements gewählt und damit dem Einfluss der Regierung entzogen; den Richtern treten zudem Geschworene aus der Bevölkerung an die Seite. Die Abgeordneten waren andererseits überzeugt, dass sich in einem Staat von der Größe und mit der Bevölkerungszahl Frankreichs der allgemeine Wille nicht im strengen Rousseau'schen Sinne ausdrücken konnte, nämlich auf direktem Wege in regelmäßigen Basis-Versammlungen. Im Sinne einer wirksamen *Repräsentation der Volkssouveränität* entschied sich die Mehrheit für eine mächtige Volksvertretung, die deshalb nur aus einer Kammer bestand und der die Exekutive in der Hand des Monarchen untergeordnet wurde. Doch was sollte geschehen, wenn diese mächtige gesetzgebende Körperschaft entgegen dem allgemeinen Willen handelte? Der Vorschlag, eine Berufungsmöglichkeit an die Basis-Versammlungen zu schaffen, wurde verworfen. Die Abgeordneten sahen schließlich eine Lösung im suspensiven Vetorecht des Königs, der so als Korrektiv gegenüber einem Machtmissbrauch der Volksvertretung wirken konnte. Bald sollte sich jedoch zeigen, dass gerade hier der schwache Punkt des Verfassungssystems lag. Denn sein Funktionieren setzte – mit den Worten des Abgeordneten Brissot – „einen revolutionären König" voraus, d.h. einen Monarchen, der nicht nur die Unterordnung der Exekutive unter die Legislative akzeptierte, sondern der auch sein Vetorecht im Sinne der Volkssouveränität, im Sinne des allgemeinen Willens ausübte.

2 Aus der Verfassung von 1791

Den hier zitierten Einzelbestimmungen gehen die „Erklärung der Menschen- und Bürgerrechte" von 1789 und eine Präambel voraus.

„Titel III. Von den öffentlichen Gewalten
Art. 1. Es gibt nur eine Souveränität, unteilbar, unveräußerlich und unverjährbar. Sie gehört der Nation; kein Teil des Volkes und keine einzelne Person kann sich ihre Ausübung aneignen.
Art. 2. Die Nation, von der allein alle Gewalten ausgehen, kann sie nur durch Übertragung ausüben. Die französische Verfassung ist eine Repräsentativ-Verfassung. Ihre Repräsentanten sind die gesetzgebende Körperschaft und der König.
Art. 3. Die gesetzgebende Gewalt ist einer Nationalversammlung übertragen, die aus Abgeordneten besteht, die durch das Volk frei und auf Zeit gewählt werden, um sie mit Bestätigung des Königs … auszuüben.
Art. 4. Die Regierung ist monarchisch. Die ausführende Gewalt ist dem König übertragen, um unter seiner Autorität durch Minister und andere verantwortliche Beamte … ausgeübt zu werden.
Art. 5. Die richterliche Gewalt ist Richtern übertragen, die auf bestimmte Zeit vom Volk gewählt werden.

Kapitel I. Von der gesetzgebenden Nationalversammlung
Art. 1. Die Nationalversammlung … ist immerwährend und besteht aus einer Kammer.
Art. 2. Sie wird alle zwei Jahre durch Neuwahlen gebildet. Jeder Zeitraum von zwei Jahren bildet eine Legislatur.
Art. 5. Die gesetzgebende Körperschaft kann vom König nicht aufgelöst werden.

Kapitel II. Vom Königtum, der Regentschaft und den Ministern
Abschnitt I. Vom Königtum und dem König
Art. 2. Die Person des Königs ist unverletzlich und geheiligt; sein einziger Titel ist König der Franzosen.
Art. 3. Es gibt in Frankreich keine Autorität, die über dem Gesetz steht. Der König regiert nur durch das Gesetz. Und nur im Namen des Gesetzes kann er Gehorsam verlangen.

3 Verfassungselemente 1791

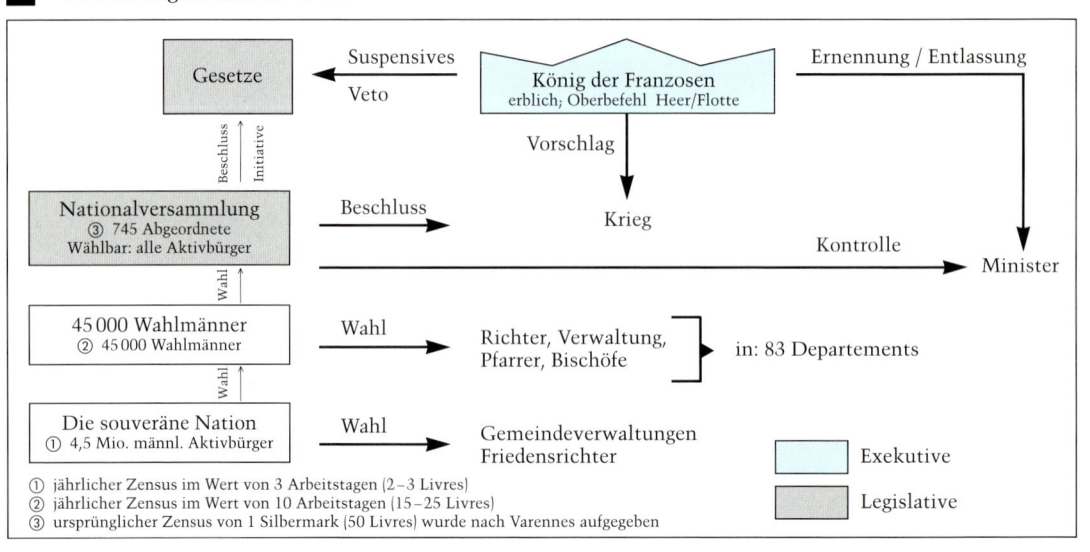

Abschnitt IV. von den Ministern
Art. 1. Allein dem König stehen Wahl und Entlassung der Minister zu.
Art. 7. Die Minister sind verpflichtet, jedes Jahr bei Eröffnung der Sitzungsperiode der gesetzgebenden Körperschaft einen Überblick über die Ausgaben ihres Zuständigkeitsbereichs zu geben, Rechenschaft abzulegen über die Verwendung der dafür bestimmten Summen und die Missbräuche anzuzeigen.

Kapitel V. Von der richterlichen Gewalt
Art. 1. Die richterliche Gewalt kann in keinem Fall durch die gesetzgebende Körperschaft oder durch den König ausgeübt werden.
Art. 2. Die Rechtsprechung erfolgt kostenlos durch die auf Zeit durch das Volk gewählten und durch Bestallungsurkunden des Königs, die er nicht verweigern kann, eingesetzten Richter."
(I. u. P. Hartig, Die Französische Revolution, Stuttgart 1984, S. 63 ff.)

4 Karikatur 1791. „Was machst du da, Schwager?" – „Ich bestätige."

5 „Neue Verfassung". Anonymer Stich, Ende 1789.

a) Welche der zitierten und dargestellten Verfassungsbestimmungen verweisen auf heutige Vorstellungen von einem Rechts- und Verfassungsstaat? Welche Bestimmungen wurden inzwischen geändert oder weiterentwickelt (M2 und M3)?
b) Ordnen Sie die zeitgenössischen Darstellungen M1, 4 und 5 den jeweiligen Phasen und Entscheidungsprozessen der Revolution zu und erläutern Sie deren Bedeutung. Inwiefern lassen die zeitgenössischen Zeichnungen bereits Unterschiede zwischen Verfassungswirklichkeit und Verfassungstext erkennen (M1 und M4)?

Arbeitsvorschläge und Fragen

7.3 Krieg und Republik

Monarchie oder Republik?

Das Wort „republikanisch" findet sich bereits in Texten aus der Anfangszeit der Verfassunggebenden (National-)Versammlung. Doch „republikanisch" meinte zunächst lediglich das Bekenntnis zur Volkssouveränität als wesentlichem politischen Inhalt der Revolution, noch nicht die Entscheidung für eine Regierungsform ohne den König. Vor der missglückten Flucht Ludwigs XVI. bekannte sich nur eine kleine Minderheit zur Republik. Solche Republikaner fanden sich u. a. im Cordeliers-Klub zusammen, der im April 1790 in einem Kloster der Franziskaner (Cordeliers) gegründet worden war. Seine Mitglieder, die vor allem ärmere, aber politisch interessierte Bürgerliche waren, kritisierten heftig Person und Verhalten des Königs, aber auch das Silbermark-Dekret, den von der Nationalversammlung festgelegten Zensus für die Wahl zum Abgeordneten (S. 131). Sie fühlten sich zu politischem Handeln berufen und befähigt, sollten aber mangels Vermögen nicht wählbar sein. Als „Demokraten" suchten sie das Bündnis mit den Handwerkern und Arbeitern der Vorstädte, unter denen die politische Unzufriedenheit ebenfalls wuchs.

In der Nationalversammlung gaben die vermögenden und gebildeten Bürgerlichen den Ton an. Sie wollten eigentlich die Revolution beenden und strebten deshalb einen Ausgleich mit dem König an. Unter der Führung La Fayettes und des Rechtsanwalts Barnave bemühten sie sich nach Varennes um Schadensbegrenzung: Der König sei „von den Feinden der Revolution entführt worden". Die Nationalversammlung beschloss zwar die vorläufige Amtsenthebung des Königs, aber ein gleichzeitig eingesetzter Untersuchungsausschuss über die Hintergründe der „Entführung" kam bald zu dem Ergebnis, dass Ludwig XVI. unschuldig sei.

Dies bedeutete in letzter Konsequenz die *Spaltung der patriotischen Partei*, die bisher weitgehend einvernehmlich den Gang der Ereignisse bestimmt hatte. Während die Jakobiner diese Entscheidung der Nationalversammlung noch als gültiges Gesetz respektierten, forderten der Cordeliers-Klub und andere politische Gruppen eine Volksbefragung und die Bestrafung des Königs. Am 17. Juli 1791 versammelten sich etwa 5000 Handwerker und Arbeiter zu einer Demonstration. Die Nationalgarde stellte sich ihnen entgegen, es kam zu einem Blutbad. Zum ersten Mal hatte die revolutionäre Bürgermiliz auf das Volk geschossen.

Ludwigs XVI. mit großem Beifall aufgenommene Rede anlässlich seiner Eidesleistung auf die Verfassung im September schien jenen Bürgerlichen, die auf eine Aussöhnung zwischen Königtum und Bürgertum setzten, Recht zu geben: „Ich nehme die Verfassung an, weil ich mich jetzt überzeugt habe, dass sie der allgemeine Wille ist, und weil ich nunmehr fühle, dass es schön und ehrenvoll ist, über ein freies Volk zu herrschen."

Gefahr der Gegenrevolution?

Kräfte einer möglichen Gegenrevolution hatten sich im *Ausland* gesammelt. In Worms bildeten meist verarmte Adelige aus den Provinzen, die Frankreich aus Treue zum König verließen, eine kleine Streitmacht. Aus Koblenz kamen immer wieder wütende Reden und Aufrufe gegen die neue Ordnung. Hier scharten sich Angehörige des vermögenden und verschwendungssüchtigen Hofadels um einen Bruder Ludwigs XVI. Vor allem der auf die Bauernaufstände des Juli 1789 folgende Verlust ihrer Privilegien hatte sie zur Emigration veranlasst. Obwohl es auch in Frankreich selbst gegenrevolutionäre Unruhen gab, war die Gefahr der Gegenrevolution insgesamt gering. Aber es gab eine *psychologische*

Seite: In der Bevölkerung hielten sich hartnäckig Gerüchte von einer aristokratischen Verschwörung und von dem drohenden Einmarsch ausländischer Truppen. Der königliche Fluchtversuch und die von Ludwig XVI. dabei ausgesprochenen Drohungen schienen solche Gerüchte zu bestätigen. Und als die Nationalversammlung den König vorläufig seines Amtes enthob, weigerten sich 293 Abgeordnete der Rechten, diese Suspendierung eines unverletzlichen Monarchen anzuerkennen und forderten offen das Eingreifen des Auslandes.

Doch die meisten Fürsten Europas hatten kein Interesse an einem Krieg. Zwar empfanden sie die Ereignisse in Frankreich als gefährlich und befürchteten eine revolutionäre „Ansteckung", aber 1790 führten Österreich und Russland einen Krieg gegen das Osmanische Reich und ab 1791 nahm vor allem Polen, wo es zu einer nationalen Erhebung kam, ihre Aufmerksamkeit in Anspruch. Auch Preußen war vornehmlich an Polen interessiert und England sah in der französischen Entwicklung einen eigenen handelspolitischen Vorteil.

Am 20. April 1792 stimmte die Gesetzgebende Versammlung *(Legislative)* – sie hatte verfassungsgemäß nach Neuwahlen die Constituante im Oktober abgelöst – für die *Kriegserklärung* an den Herrscher Österreichs, den jungen Franz II.

Frankreich will den Krieg

1 **Demütigung des Königs.** Am 20. Juni 1792 drangen zum ersten Mal mehrere tausend Vorstadtbewohner – sie nannten sich die „sans-culottes", weil sie die von den Adeligen und Bürgerlichen getragene Kniehose (culotte) verachteten – ins Tuilerienschloss ein. Sie forderten ohne Erfolg vom König die Zurücknahme seines Vetos zugunsten der Emigranten und der eidverweigernden Priester, hielten ihn aber stundenlang gefangen und zwangen ihn, die rote Jakobinermütze aufzusetzen und aus einer Rotweinflasche auf das Wohl der Sansculotten zu trinken.

Journée des sans Culottes

Les citoyens du fauxbourg St Antoine et St Marceau, chez le Roi, lui font une pétition, Louis 16 prend un bonnet rouge et le met sur sa tête en criant vive la Nation et buvant à la santé des sans Culottes.

Aber Frankreich war schlecht für einen Krieg gerüstet: Die Bewaffnung der Truppen war unzureichend, in vielen Truppenteilen mangelte es an Disziplin, das Offizierskorps war sehr uneinheitlich. Von den meist adeligen 9000 Offizieren waren nach dem königlichen Fluchtversuch etwa 6000 geflohen. Sie wurden entweder durch Unteroffiziere oder durch junge Bürgerliche ersetzt, die bisher in der Nationalgarde gedient hatten. Warum wollte Frankreich dennoch den Krieg?

Die neue Gesetzgebende Versammlung bestand aus Neulingen, denn die Verfassunggebende Versammlung hatte noch beschlossen, dass ihre Mitglieder nicht wieder wählbar seien. Tonangebend wurden jene Abgeordneten, die sich dem Jakobiner-Klub zuwandten, vor allem eine Gruppe, die nach der Herkunft ihrer Wortführer – z. B. Jacques Pierre Brissot – später die „Gironde" (Gegend um Bordeaux) genannt wurde. Die *Girondisten* warben für den Krieg. Sie sahen in ihm das Mittel zur Lösung der innenpolitischen Konflikte, aber auch einen Kreuzzug für die Freiheit. Die Kriegsbegeisterung sollte zugleich die Revolution im Inneren festigen und ihre Ideen ins Ausland tragen. Und deshalb glaubten die Girondisten auch an einen raschen Sieg: Die Völker Europas würden sich gegen ihre Fürsten erheben!

Ludwig XVI. und die Königin Marie-Antoinette wollten den Krieg seit Varennes. Sie rechneten mit der Niederlage Frankreichs und hofften, dann die alte Ordnung wieder herstellen zu können. Und der König tat manches um die Situation gegenüber dem Ausland zu verschärfen. So legte er im November 1791 zwar sein Veto gegen Dekrete der Nationalversammlung ein, die gegen die Emigranten und die eidverweigernden Priester gerichtet waren, und hielt hartnäckig daran fest, akzeptierte aber andererseits sofort einen Beschluss, der die Kurfürsten von Mainz und Trier aufforderte, die Ansammlungen der Emigranten in ihren Ländern, also z. B. in Koblenz, zu verbieten.

2 Frankreichs Kriegserklärung
Englische Karikatur 1792 (J. Gillray): "Gallic declaration of war or bumbardment of all Europe". Links die Nationalversammlung und darüber die Nation sowie Ludwig XVI. Rechts die Fürsten Europas; in den auf sie gerichteten „Strahlen" steht vor allem ein Wort: Liberty.

Die Erwartungen der Girondisten erwiesen sich als Trugschluss. Der Krieg fiel mit einer erneuten Wirtschaftskrise zusammen, die nun nicht mehr das Erbe des Ancien Régime und die Folge schlechter Ernten war, sondern die im Wesentlichen auf die Finanzpolitik der Revolutionäre zurückging. In Paris hatte sich eine Volksbewegung vor allem aus kleinen Ladenbesitzern und Handwerkern der Vorstädte gebildet: die *Sansculotten*. Sie erhoben wirtschaftliche Forderungen wie Lohnerhöhungen und Höchstpreise für Getreide, verlangten aber auch nach echter politischer Demokratie, nach einer zweiten Revolution. Zweimal kam es 1792 zu Aufständen in der Hauptstadt, in deren Verlauf die Sansculotten in die königlichen Räume im Tuilerienschloss eindrangen. Das erste Mal, im Juni 1792, kam Ludwig XVI. trotz stundenlanger Demütigungen noch verhältnismäßig glimpflich davon. Beim zweiten Mal, am 10. August 1792, floh der König mit seiner Familie zunächst in die nahe Nationalversammlung und unterstellte sich deren Schutz. Doch unter dem Druck der Sansculotten – sie hatten in einem erbitterten Kampf mit königstreuen Schweizergarden das Tuilerienschloss erobert – beschlossen die Abgeordneten die Amtsenthebung Ludwigs XVI. Ein gleichzeitig eingesetzter Exekutivrat übernahm bis zur Wahl eines Nationalkonvents nach allgemeinem Wahlrecht die verfassungsmäßigen Aufgaben des Königs.

Die Sanculotten waren von einem tiefen Misstrauen gegen die besitzenden Bürgerlichen erfüllt, sie verdächtigten sie des geheimen Einverständnisses mit dem äußeren Feind. Die ersten Kriegsmonate schienen dies zu bestätigen: Die Generäle führten die Offensive unzureichend aus, einige zogen sich zurück, andere legten ihr Kommando nieder, La Fayette verhandelte mit den Österreichern über eine Waffenruhe. Bei der Plünderung des Tuilerienschlosses hatten die Sansculotten Briefe des Königs gefunden, die sein Hoffen auf die Niederlage bekannt machten. Ein Verräter als König – Ludwig XVI. war untragbar geworden. Am 21. September 1792 erklärte der neugewählte *Nationalkonvent* die Monarchie für abgeschafft. Frankreich wurde eine Republik.

Eine zweite Revolution: Volksbewegung und Verrat

3 „La Marseillaise" (Isidore Pils, 1849). Rouget de Lisle trägt erstmals sein „Kriegslied der Rheinarmee" vor: am 25. April 1792 im Haus des Straßburger Bürgermeisters Dietrich (im Sessel). Tatsächlich war es Dietrich, der damals am Klavier sitzend die spätere Marseillaise vortrug. Das Gemälde gilt als Musterbeispiel republikanischer Propaganda in der Malerei. Am Ende des 19. Jh. hing es in den Rathäusern und Gemeindeämtern ganz Frankreichs und war über Generationen ein fester Bestandteil der schulischen Geschichtsbücher.

Stimmen des Volkes

4 Bürger beim Singen der Marseillaise, 1792

**Werkstatt Geschichte:
Politische Lieder**

Wie die Zeitung und die Karikatur, so erlebt auch das politische Lied in den Revolutionsjahren einen unglaublichen Aufschwung: Für das Jahr 1789 weiß man von 116 Titeln, vier Jahre später sind es über 700. In der Sicht des Historikers haben Zeitung, Karikatur und politisches Lied manches gemeinsam: Sie spiegeln Ereignisse und Zusammenhänge wider und geben eine Stellungnahme dazu ab. Doch während bei Zeitung und Karikatur eher die individuelle Sicht des Journalisten oder Zeichners zum Ausdruck kommt, sind es im politischen Lied eine kollektive Sicht und ein kollektiver Wille. Natürlich wird auch ein Lied zunächst von einem Einzelnen geschaffen, und während der Französischen Revolution wurden auch immer wieder Lieder von Regierungsstellen in Auftrag gegeben, z. B. für die Armee und die häufigen Revolutionsfeiern. Die Geschichte der Marseillaise zeigt aber, dass der wirkliche Erfolg nur dann eintrat, wenn das Lied mit einer kollektiven Stimmung zusammentraf. Die meisten politischen Lieder der Revolution entstanden nach einer bereits vorhandenen Melodie, die gegebenenfalls verändert oder neu arrangiert wurde. So machte Rouget de Lisle aus Motiven eines Mozartkonzerts die Marschmelodie der Marseillaise (siehe S. 147). Andere Lieder übernahmen alte Tanzweisen, denn man sang sie auf den Straßen und bei Volksfesten. Die Texte wurden austauschbar: War ein politisches Lied ein „Hit", dann bemächtigten sich auch andere politische Gruppen der Melodie. Es gab bald eine Marseillaise der Gegenrevolution, später eine antiklerikale Marseillaise, eine Marseillaise der Arbeiter usw. Dies alles macht das politische Lied für den Historiker zu einer wichtigen Quelle nicht nur für die Jahre der Französischen Revolution, sondern für das ganze 19. Jahrhundert: die Lieder des Vormärz und der Revolution von 1848 in Deutschland, die Auswandererlieder, die Arbeiterlieder – sie alle stehen in der Tradition des politischen Liedes der Französischen Revolution.

5 La Carmagnole

Die „Carmagnole" verdankt ihren Namen der kurzen Jacke, die viele Revolutionäre trugen. Sie wurde zu einem der populärsten politischen Lieder in Frankreich. Die Melodie entstand nach einem alten Rundtanz aus der Provence:

„Madam' Veto versprach und dies :/
Schlachten zu lassen ganz Paris :/
Doch der Schlag ging vorbei
Dank unserer Schießerei
Tanzt nun die Carmagnole
Feiert den Ton feiert den Ton
Tanzt nun die Carmagnole
Feiert den Ton der Kanon'!

Monsieur Veto gab uns bekannt :/
Er wollte treu sein seinem Land :/
Doch das ging nebenher
Jetzt keine Gnade mehr! Tanzt ...

Die Antoinette wollte forsch :/
Uns fallen lassen auf den Orsch :/
Doch der Schlag ging vorbei
Sie hat die Nas' entzwei! Tanzt ...

Ihr Mann als Sieger schon verklärt :/
Erkannte wenig unsern Wert :/
Geh, Ludwig, grober Wurm,
Vom Tempel in den Turm! Tanzt ..."

(Dieter Süverkrüp singt
Lieder der Französischen Revolution, Ça ira,
Berlin o. J., übers. von Gerd Semmer)

Die Melodie der Carmagnole wurde immer wieder mit anderen Texten aus den verschiedenen politischen Lagern unterlegt. Ein Beispiel:
„Der Thronbandit verlauten ließ :/
«Beim Bi-Ba-Bart von ganz Paris :/
Nur Frieden oder Sieg!»
Wenn er doch besser schwieg!
Das ist eine Carmagnole!
Wir sehen's schon, ruft auf den Thron,
Das ist eine Carmagnole,
Ruft auf den Thron den Bourbon!

Als von Ägypten er zurück :/
Die Rede war ein Meisterstück :/
«Den Frieden und das Glück!
Als Retter bin ich zurück!»
Ah, welche Carmagnole!
Wir sehen's schon, ruft auf den Thron,
Ah, welche Carmagnole,
Ruft auf den Thron den Bourbon!"

(J. Holzmeister, Carmina Historica, Geschichte im Lied, Boppart/Rhein 1965, S. 47)

6 Wo steht die Revolution?

Schon vor Varennes und erst recht nach dem Fluchtversuch des Königs begann in den politischen Klubs eine Auseinandersetzung über das Ende oder eine Fortführung der Revolution. Mitte Juli 1791 sagte der Abgeordnete Antoine Barnave in der Nationalversammlung:

„... Heute ist jede Veränderung verhängnisvoll, heute ist jede Fortsetzung der Revolution unheilvoll. Ich stelle eine Frage, die von nationalem Interesse ist: Werden wir die Revolution be-
5 enden oder werden wir sie von neuem beginnen? Wenn Ihr einmal der Verfassung misstraut, wo wird der Punkt sein, an dem ihr dann einhalten werdet, und vor allem, wo werden eure Nachfolger einhalten?
10 Ich habe vor einiger Zeit gesagt, dass ich den Angriff der fremden Mächte und der Emigranten nicht fürchte; aber heute sage ich mit derselben Aufrichtigkeit, dass ich die Fortsetzung der Unruhen und Gärungen fürchte, die uns so lange
15 beschäftigen werden, als die Revolution nicht vollständig und friedlich beendet ist ... Denken Sie daran, meine Herren, denken Sie immer daran, was nach Ihnen geschehen wird! Ihr habt getan, was gut war für die Freiheit und die
20 Gleichheit; keine willkürliche Gewalt ist verschont worden, ... keine widerrechtliche Besitzergreifung von Eigentum ist ungestraft geblieben; ihr habt alle Menschen vor dem Gesetz gleich gemacht, Ihr habt dem Staat wieder gege-
25 ben, was ihm genommen wurde. Daraus ergibt sich diese große Wahrheit, dass wenn die Revolution noch einen Schritt weitergeht, sie dies nicht ohne Gefahr tun kann; dass auf der Linie der Freiheit die erste Handlung, die noch folgen
30 könnte, die Vernichtung des Königtums wäre; und dass auf der Linie der Gleichheit die erste Handlung, die noch folgen könnte, der Angriff auf das Eigentum wäre ...
Heute, meine Herren, muss jedermann erken-
35 nen, dass es im Interesse der Allgemeinheit liegt, dass die Revolution einhält: Diejenigen, die verloren haben, müssen einsehen, dass es unmöglich ist sie rückgängig zu machen und dass es nur noch darum gehen kann sie zu domestizie-
40 ren. Diejenigen, die sie gemacht und gewollt haben, müssen einsehen, dass sie an ihrem letzten Ziel angelangt ist, dass das Glück ihres Vaterlandes und ihr eigener Ruhm es erforderlich machen, dass sie nicht länger andauert. Alle haben dasselbe Interesse: Die Könige selbst ... müssen
45 einsehen, dass für sie ein großer Unterschied liegt zwischen dem Beispiel einer durchgreifenden Reform in der Regierung und dem Beispiel der Abschaffung des Königtums; dass, wenn wir hier einhalten, sie immer noch die Könige sind;
50 dass selbst die Probe, die diese Institution bei uns zu bestehen hatte, der Widerstand, den sie gegen ein aufgeklärtes und sehr aufgebrachtes Volk geleistet hat, der Triumph, den sie in den ernsthaftesten Diskussionen errungen hat, alle
55 diese Umstände, sage ich, bestätigen für die großen Staaten das System des Königtums; sie müssen einsehen, dass neue Ereignisse ein anderes Urteil herbeiführen könnten, und dass, wenn sie ihre wirklichen Interessen nicht leeren Hoff-
60 nungen opfern wollen, auch für sie die Beendigung der Französischen Revolution das Beste ist ..."
(Reden der Französischen Revolution, hrsg. v. P. Fischer, München 1974, S. 136 ff.)

7 Für den Krieg

Jacques Pierre Brissot, der Wortführer der Girondisten in der Nationalversammlung, am 16. Dezember 1791 im Jakobiner-Klub:

„Seit sechs Monaten, eigentlich schon seit dem Beginn der Revolution, überlege ich, welche Partei ich unterstützen soll. Zauberkunststücke unserer Gegner werden es nicht dahinbringen, dass ich die Revolution im Stich lasse. Überle-
5 gungen und Tatsachen haben mich zu der Überzeugung gebracht, dass für ein Volk, das nach tausend Jahren Sklaverei die Freiheit erobert hat, der Krieg ein Bedürfnis ist. Der Krieg ist notwendig um die Freiheit zu befestigen; er ist
10 notwendig um sie von den Lastern des Despotismus zu reinigen; er ist notwendig um Männer zu entfernen, welche sie vergiften könnten. Lobt den Himmel für die Mühe, die er sich gemacht hat und dafür, dass er euch die Zeit gege-
15 ben hat, eure Verfassung aufzurichten. Ihr habt Rebellen zu strafen und ihr habt auch die Stärke dazu; also entschließt euch, es zu tun ... In zwei Jahren hat Frankreich seine friedlichen Mittel erschöpft um die Rebellen in seinen Schoß
20 zurückzuführen; alle Versuche, alle Aufforderungen waren fruchtlos. Sie beharren auf ihrer Rebellion, die fremden Fürsten beharren darauf, sie in derselben zu unterstützen. Kann man noch schwanken, ob man sie angreifen soll? Un-
25

sere Ehre, … die Notwendigkeit, unsere Revolution moralisch zu machen und zu konsolidieren – all das macht es uns zum Gesetz. Denn wäre Frankreich nicht entehrt, wenn es nach der Vollendung seiner Verfassung eine Hand voll Aufwiegler dulden würde, die seiner zu Recht bestehenden Staatsgewalt Hohn sprechen würden? Wäre Frankreich nicht entehrt, wenn es länger Beleidigungen hinnähme, die ein Despot nicht vierzehn Tage geduldet hätte? … Was sollen sie denn von uns denken? Dass wir unfähig sind, gegenüber den fremden Mächten zu handeln, oder dass die Rebellen uns Ehrfurcht einflößen? Das würden sie ja nur als Zeichen dafür ansehen, dass wir uns in einem Zustand der Verwirrung befinden. Was also wird das Ergebnis des Krieges sein? Wir müssen uns rächen oder uns damit abfinden, für alle Nationen ein Schandmal zu sein; wir müssen uns rächen, indem wir diese Räuberbande vernichten, oder uns damit abfinden, dass die Parteiungen, die Verschwörungen, die Verwüstungen ewig werden und die Frechheit unserer Aristokraten noch größer wird, als sie es jemals war. Die Aristokraten glauben an Koblenz, von daher rührt die Halsstarrigkeit dieser Fanatiker. Wollt Ihr mit einem Schlag die Aristokratie, die Widerspenstigen (d. h. die eidverweigernden Priester) und die Unzufriedenen vernichten, dann zerstört Koblenz. Das Oberhaupt der Nation wird gezwungen sein, nach der Verfassung zu regieren, wird zur Einsicht kommen müssen, dass sein Heil nur in der Anhänglichkeit zur Verfassung liegt, wird gezwungen sein, seine Handlungen nach der Verfassung zu richten."
(Reden der Französischen Revolution, hrsg. v. P. Fischer, München 1974, S. 144 f.)

8 „Das Volk will es!"

Am 21. September 1792 beschloss der neue Nationalkonvent die Abschaffung des Königtums. Jacques Pierre Brissot in seiner Zeitung „Le Patriote français" am folgenden Tag:
„Wer hätte das gedacht vor einem halben Jahr, als eine verderbte Partei das Volk noch unter dem Joch eines Tyrannen festhielt! Selbst bei den Jakobinern war damals das Wort Republik geächtet. Doch wir müssen diese traurige Zeit vergessen. Das Königtum ist jetzt abgeschafft, und Frankreich ist und bleibt eine Republik, das Volk will es, und man muss es zu seinem Ruhme sagen, es wollte es seit dem letzten Jahr. Unter ihm fand der Republikanismus seine eifrigsten Anhänger. Und warum? Weil das Volk am meisten Ehrlichkeit, am meisten guten Sinn, am wenigsten Vorurteile und weniger Eigensucht hat als die anderen Klassen. Das Volk sah einen König in der Nähe, es sah ihn im Schmutz, verächtlich und verachtet, und sein eigener Vorteil sagte ihm, dass ein so verächtliches Wesen für eine Regierung weder nützlich noch nötig sein kann und dass fortan ein Erbkönig nur entweder ein Schwächling oder ein Narr oder ein Tyrann sein könnte, dass das Erbkönigtum also notwendigerweise an und für sich ein Unsinn ist, dass man also einen Erbkönig nicht behalten kann, nicht behalten darf. Das Volk sagte sich: Entweder tut ein solcher König etwas, oder er tut nichts. Tut er etwas, so ist es etwas Schlechtes, und er ist schädlich; tut er nichts, so ist er unnütz; in jedem Fall muss man ihn beseitigen. Was das Volk dachte, das hat der Konvent getan …"
(I. u. P. Hartig, Die Französische Revolution, Stuttgart 1988, S. 77 f.)

Arbeitsvorschläge und Fragen

a) Fassen Sie die Argumente zusammen, die Barnave für ein Ende der Revolution anführt. Zeigen Sie auf, inwiefern dabei interessenbezogenes Handeln zum Ausdruck kommt. Bestimmen Sie seine gesellschaftlich-politische Position (M 6).

b) Welche Gründe veranlassen Brissot, eine Kriegserklärung zu betreiben? Worin sehen Sie das wesentliche Motiv (M 7)?

c) Warum kann sich die Position, die Barnave für eine Mehrheit in der Nationalversammlung ausdrückt (M 6), nicht durchsetzen? Erläutern Sie, warum Historiker in diesem Zusammenhang vom „Ende eines Mythos" sprechen (M 1 und M 8).

d) Welche Mittel politischer Propaganda verwenden die beiden bildlichen Darstellungen M 2 und M 3?

8. Terror und Unterdrückung in Frankreich

8.1 Vom äußeren zum inneren Feind

Der Nationalkonvent: Berg und Ebene

Nach der Amtsenthebung und der unmittelbar darauf folgenden Inhaftierung des Königs verließen die zur Rechten zählenden Abgeordneten die Gesetzgebende Versammlung, teils aus Protest, teils weil sie keinerlei Möglichkeit mehr für eine weitere politische Tätigkeit sahen; manche flohen auch vor einer drohenden Verhaftung. Unter den verbleibenden Abgeordneten ergab sich eine neue Aufteilung, die dann ab Ende September den neugewählten Nationalkonvent *(Convention)*, die 3. Nationalversammlung, entscheidend bestimmte: In den oberen Reihen saßen die radikalen Jakobiner, die immer häufiger mit den Sansculotten gemeinsame Sache machten: „la Montagne", der Berg. Die Wortführer der Bergpartei, der „Montagnarden", waren zwei Rechtsanwälte und ein Journalist: der prinzipienstrenge Maximilien Robespierre und der wortgewaltige Georges Danton sowie der oft ungezügelte Jean-Paul Marat. Die Mehrheit der Abgeordneten aber, angeführt von den Girondisten, bildete „la plaine", die Ebene; die Bergpartei sprach auch verächtlich vom „Sumpf". Ob Berg oder Ebene – bis auf zwei Ausnahmen kamen alle Abgeordneten aus dem Bürgertum; viele hatten bereits der ersten oder zweiten Nationalversammlung angehört. Sie alle standen fest zur Revolution; Rivalitäten und Gegensätze erwuchsen in der Auseinandersetzung über aktuelle politische Probleme wie die Kriegsführung, die Frage des Eigentums, die Behandlung des gestürzten Königs, und immer heftiger im Ringen um die Macht.

Blutbad in Paris: die „Septembermorde"

Das Ringen um die Macht zwischen Girondisten und Montagnarden wurde zunächst wesentlich vom *Kriegsverlauf* mitbestimmt. Da sich die Girondisten am entschiedensten für den Krieg ausgesprochen hatten, ja die eigentlichen Anstifter gewesen waren, mussten sich Niederlagen auf ihre Machtposition auswirken. Ende August 1792 überschritten die verbündeten Heere Österreichs und Preußens die Grenzen, mehrere französische Festungen mussten sich erge-

1 Ludwig XVI. vor Gericht
Dieser in einer zeitgenössischen Zeitung veröffentlichte Stich spiegelt die neuen Machtverhältnisse wider: Der abgesetzte König (1) steht zu Füßen des Vorsitzenden, viele Abgeordnete haben ihre Kopfbedeckung aufbehalten. Der Prozess widersprach der noch gültigen Verfassung von 1791.

ben, der Weg nach Paris war offen. In dieser gefährlichen Lage zwang Danton der Nationalversammlung den Willen zu entschlossener Gegenwehr auf. Am 20. September brachte dann auch das französische Revolutionsheer bei Valmy den österreichisch-preußischen Vormarsch zum Stehen und drang bald nach Belgien und bis über den Rhein vor. Inzwischen hatte aber in Paris die Vorstellung von einer Aristokratenverschwörung und ihren Helfershelfern im Inneren blutige Wirkung gezeigt. Die Girondisten mussten willkürliche Hausdurchsuchungen und Verhaftungen von „Verdächtigen" durch die revolutionäre Stadtverwaltung *(„Pariser Kommune")* hinnehmen, die nun ganz unter dem Einfluss der Sansculotten stand. Ohnmächtig und selber bedroht erlebten sie dann Anfang September, wie die Sansculotten in die Gefängnisse stürzten und die Gefangenen niedermetzelten. Diesen Septembermorden fielen etwa 1300 Menschen zum Opfer, die Hälfte aller Häftlinge in der Hauptstadt.

Gericht über den König

Die Entscheidung gegen die Monarchie und damit für die Republik fällte der Nationalkonvent noch einmütig. Die Monarchie war zu sehr in Verruf geraten, die bloße Absetzung Ludwigs XVI. und die Übertragung der Krone an einen anderen – wie 1688 im England der Glorreichen Revolution – kamen nicht mehr in Frage. Was aber sollte mit dem verhafteten König geschehen? Eine Minderheit der Abgeordneten um Robespierre war gegen einen *Prozess*. Der König sei ein Feind, er müsse als solcher behandelt, also sofort bestraft und nicht erst gerichtet werden. Zum anderen stellte Robespierre die Frage: Was sollte geschehen, wenn das Gericht den König für unschuldig erklärte? Wären dann nicht alle jene Abgeordneten des Hochverrats schuldig, die ihn abgesetzt hatten? Doch die meisten Abgeordneten entschieden sich Anfang Dezember anders: Der Verrat Ludwigs XVI. sollte offengelegt werden, weder die Bevölkerung Frankreichs noch die ausländischen Mächte sollten an der Rechtmäßigkeit seiner Absetzung und Bestrafung zweifeln können. Zum Gericht wurde der Nationalkonvent bestimmt; Ludwig XVI. durfte seine Verteidiger selber bestimmen. Mitte Januar 1793 erklärten in namentlicher und offener Abstimmung fast alle Abgeordneten den König für *schuldig des Hochverrats*, eine knappe Mehrheit stimmte für die *Todesstrafe*. Bei diesen Abstimmungen unterlagen die Girondisten zweimal: Der Konvent lehnte zunächst eine Art

2 Levée en masse (Massenaushebung): Soldaten für das bedrohte Vaterland!
Die Ausweitung des Krieges erforderte mehr Soldaten. Die freiwilligen Meldungen genügten nicht: Im Februar 1793 standen nur noch 228 000 Mann unter Waffen (1792: 400 000). So beschloss der Konvent die Aushebung von 300 000 neuen Soldaten: Jede Gemeinde Frankreichs hatte Soldaten zu stellen, die unter den ledigen jungen Männern ausgelost wurden.

Volksbefragung über die Verurteilung ab, dann einen Aufschub der Urteilsvollstreckung, von dem sich führende Girondisten eine mäßigende Wirkung auf das Ausland erhofften. Für die Mehrheit der Abgeordneten – man nannte sie später die „Königsmörder" – war eine andere Überlegung maßgebend: Sie wollten alle Brücken hinter sich abbrechen, eine erfolgreiche Gegenrevolution, d. h. ein Zurück hinter die für das Bürgertum vorteilhaften Veränderungen seit 1789 sollte unmöglich gemacht werden.

Bürgerkrieg

Die Hinrichtung des Königs am 21. Januar 1793 hatte als Erstes die Ausweitung des Krieges zur Folge. England, Holland, Spanien und die italienischen Staaten fanden sich mit Österreich und Preußen in einer Koalition zusammen. Innerhalb weniger Wochen wurden die französischen Armeen wieder zurückgedrängt. Eine zweite Folge: Die kirchen- und königstreuen Bauern im Westen Frankreichs, in der *Bretagne* und in der *Vendée*, dem Gebiet südlich der Loiremündung, hatten schon in der Auseinandersetzung um die Zivilverfassung des Klerus meist Partei für die eidverweigernden Priester ergriffen. Die in ihren Augen ungeheuerliche Hinrichtung des Königs verstärkte die Ablehnung gegenüber der Revolution. Zum bewaffneten Aufstand kam es, als im August der Konvent aufgrund der Kriegslage eine Massenaushebung von Rekruten verfügte. Denn diese Maßnahme traf die Bauern angesichts der Ernte- und Feldarbeiten besonders hart. Während in der Bretagne mehrere kleine Verbände bewaffneter Bauern für Unruhe sorgten, bildete sich in der Vendée eine zunächst siegreiche „Katholische und Königliche Armee" unter der Führung von jungen Adeligen. Erst als kampferprobte Truppen und Generäle aus dem Osten Frankreichs in die Kämpfe eingriffen, konnte die katholisch-königliche Armee besiegt werden. Die Tatsache, dass die Regierungstruppen noch nach diesem Sieg einen brutalen Rachefeldzug durchführten, ganze Dörfer niederbrannten und deren Bewohner niedermachten, ist eine bis heute schmerzliche Erinnerung in der Vendée.

Machtergreifung und Diktatur der Montagnarden

In Paris steigerte sich die Rivalität zwischen Girondisten und Montagnarden zum offenen Machtkampf. Dabei ging es auch um die *Wirtschaftspolitik*: Während die Girondisten z. B. an einer freien Wirtschaftsverwaltung festhalten wollten – die den Interessen des vermögenden Bürgertums entgegenkam –, forderten Sansculotten und radikale Jakobiner die Erfassung der Getreide- und Mehlvorräte im ganzen Land, die Festsetzung von Höchstpreisen (Maximum) und die Kontrolle des Verkaufs. Die Girondisten sahen auch durch den Einfluss der Sansculotten in der Pariser Kommune sowie in vielen Bezirksversammlungen – und damit auf die Nationalgarden – die Herrschaft des Nationalkonvents bedroht. Als sie nun einige Verhaftungen vornehmen ließen, sahen die Montagnarden eine günstige Gelegenheit den Machtkampf für sich zu entscheiden. Die Sansculotten folgten ihrem Aufruf zum Aufstand. Am 2. Juni wurde der Konvent von Nationalgarden umstellt, etwa 30 girondistische Abgeordnete wurden verhaftet, andere flohen in die Provinz, wo sie ihrerseits Aufstände (Lyon, Marseille, Toulouse, Bordeaux) gegen die Regierung organisierten. Der nun von den Montagnarden beherrschte Nationalkonvent verabschiedete eine republikanische Verfassung. Aber angesichts der Bürgerkriege im Inneren und der äußeren Bedrohung durch die Heere der Koalition wurde sie bald außer Kraft gesetzt. Der im Frühjahr auf Betreiben Dantons geschaffene „*Wohlfahrtsausschuss*" des Konvents erhielt als höchste Regierungsgewalt diktatorische Vollmachten. Die „Schreckensherrschaft" begann.

3 **Montagnarden und Sansculotten**
Am Abend des 31. Mai 1793 schrieb Robespierre die folgende Notiz nieder:
„Es darf nur ein einziger Wille bestehen. Er muss republikanisch oder royalistisch sein. Damit er republikanisch ist, braucht man republikanische Minister, republikanische Zeitungen, republikanische Abgeordnete, eine republikanische Regierung. Die inneren Gefahren kommen von den besitzenden Bürgern, den Bourgeois; um die Bourgeois zu besiegen muss man das Volk zusammenschließen. Alles war schon vorbereitet um das Volk unter das Joch der Bourgeois zu beugen und die Verteidiger der Republik auf dem Schafott umzubringen … Das Volk muss sich mit dem Konvent verbünden, und der Konvent muss sich des Volkes bedienen … Man muss den Sansculotten Waffen verschaffen, sie in Wut versetzen, sie aufklären; mit allen nur möglichen Mitteln muss man ihre republikanische Begeisterung steigern."
(A. Mathiez, La Révolution française, Bd. 3, Paris 1927, S. 4, zit. n.: J. Grolle, Erinnern und urteilen 9, Geschichte für Bayern, Stuttgart 1984, S. 90)

4 **Die Revolution mordet.** Während der Schreckensherrschaft erreichte nicht nur die Guillotine traurige Berühmtheit. Die mit der Bekämpfung des inneren Feindes beauftragten Kommissare des Konvents erfanden immer wieder „wirksamere" Mittel. Der Kommissar Carrier praktizierte in Nantes die Methode der „Ertränkungen": Die Verdächtigen wurden in Booten mitten auf der Loire versenkt. Etwa 4000 Menschen wurden auf diese Weise in Nantes ermordet.

5 **Der innere Feind**
5a Am 17. September 1793 beschloss der Konvent das „Gesetz über die Verdächtigen":
„Art. 1. Unmittelbar nach der Verkündung dieses Gesetzes werden alle Verdächtigen, die sich auf dem Gebiet der Republik befinden und noch auf freiem Fuße sind, verhaftet und eingesperrt.
Art. 2. Als verdächtig gelten:
1. diejenigen, die sich durch ihr Verhalten, ihre Beziehungen, ihre Reden oder ihre Schriften als Anhänger der Tyrannei und des Föderalismus und als Feinde der Freiheit zu erkennen gegeben haben;
4. die Beamten, die von dem Nationalkonvent und seinen Kommissaren von ihren Funktionen suspendiert oder entlassen und nicht wieder eingestellt worden sind …;
5. jene der einstmals Adeligen, die Gatten und Gattinnen, Väter und Mütter, Söhne und Töchter, Brüder und Schwestern, die nicht beständig ihre Verbundenheit mit der Revolution bekundet haben, sowie Emigranten;"
(R. Rémond, La vie politique en France 1789–1848, Paris 1965, Bd. I, S. 195, zit. n: I. u. P. Hartig, Die Französische Revolution, Stuttgart 1984, S. 195 f.)

5b In seiner Zeitung „Le Vieux Cordelier" klagte Camille Desmoulins die Herrschaft der Montagnarden an. Dabei tat er so, als ob er von den Zuständen zur Zeit der römischen Kaiser berichte:
„Zu jener Zeit wurden Worte zu Staatsverbrechen; von da an bedurfte es nur noch eines Schrittes, um bloße Seufzer und Blicke in Verbrechen zu verwandeln. Bald wurde es für den Cremutius Cordus zu einem Verbrechen der Gegenrevolution, dass er Brutus und Cassius die letzten Römer genannt hatte, … für den Konsul Cassius Geminus, dass er über das Unglück der Zeit klagte, denn das hieß die Regierung anklagen, für einen Abkömmling des Cassius, dass er ein Bildnis seines Urgroßvaters im Hause hatte, für die Witwe des Gellius Furca, dass sie die Hinrichtung ihres Gatten beweint hatte.
Alles erregte Argwohn beim Tyrannen. Genoss ein Bürger die Volksgunst? Er war ein Nebenbuhler des Fürsten. Verdächtig. – Mied er dagegen die Volksgunst und blieb am Kamine sitzen? Dieses eingezogene Leben zeigte, dass er politisch indifferent war, Verdächtig. – War einer

reich? Das Volk konnte durch seine Spenden verführt werden. Verdächtig. – War einer arm? Niemand ist so unternehmend wie der Besitzlose. Verdächtig. – War einer von düsterem, melancholischem Wesen? Es betrübte ihn, dass es um die öffentlichen Angelegenheiten gut stand. Verdächtig. – Machte sich einer gute Tage und verdarb sich den Magen? Es geschah aus Freude, weil der Fürst sich nicht wohlbefand. Verdächtig. – War einer streng und tugendhaft in seinem Lebenswandel? Er wollte den Hof herabsetzen. Verdächtig. – War einer Philosoph, Redner, Dichter? Er wollte einen größeren Ruf haben als die Regierung. Verdächtig. – War einer siegreich als Feldherr? Er war nur um so gefährlicher durch sein Talent. Verdächtig, verdächtig, verdächtig."

(Le Vieux Cordelier, 3/1793, zit. in: Egon Friedell, Kulturgeschichte der Neuzeit, München o. J., S. 856 f.)

6 **Gegen die Republik.** Die bäuerlichen Aufständischen im Westen Frankreichs setzten der blau-weiß-roten Kokarde der Revolution ein eigenes Emblem entgegen: das „Allerheiligste Herz Jesu" (Sacré-Cœur), das sie auf ihre Kleidung malten oder nähten.

7 **Menschen in Frankreich 1793**

7a In dem Roman „Die Götter dürsten" aus dem Jahr 1912 zeichnet Anatole France (Nobelpreis für Literatur 1921) die Lebensverhältnisse im Paris jener Zeit genau nach:

„Zehn Uhr morgens. Kein Lüftchen regte sich. Es war Juli und heißer denn je. In der engen Rue Jerusalem standen gegen hundert Bürger des Bezirks, einer hinter dem andern vor einem Bäckerladen, beaufsichtigt von vier Nationalgardisten, die mit Gewehren bei Fuß ihre Pfeife rauchten.

Der Konvent hatte einen Höchstpreis bestimmt, und sofort waren Korn und Mehl verschwunden. Dichtgedrängt standen alle Männer, Weiber und Kinder in der versengenden Glut. Durch eine trübe Erfahrung hatte man gelernt, dass das Brot nicht für alle ausreiche, und so suchten die Letzten sich vorzudrängen; die Zurückgedrängten schimpften und pochten vergebens auf ihr missachtetes Recht.

Ein Plakatankleber erschien mit seiner Leiter und schlug gegenüber dem Bäckerladen eine Preisbestimmung der Kommune für Schlächterwaren an. Passanten blieben stehen und lasen den noch klebrigen Zettel. Plötzlich stieg eine Wolke glühenden Gestanks aus einem Wasserlauf empor, so dass mehreren übel wurde. Eine Frau fiel in Ohnmacht und wurde von einigen Gardisten nach der nächsten Pumpe getragen. Man hielt sich die Nase zu; dumpfes Murren erscholl; Worte flogen hin und her, voller Angst und Schrecken. Man fragte sich, ob da unten irgendein Aas läge, ob jemand aus Bosheit Gift gestreut hätte oder ob einer von den Septembermorden, ein Pfaff oder Junker, in einem Keller verfaulte.

– ‚Hat man denn welche hineingeschmissen?' – ‚Überall hin!' ... Ein Ausrufer kam vorüber: ‚Veröffentlichung des Revolutionstribunals! ... Die Liste der Verurteilten!'

‚Ein Revolutionstribunal reicht gar nicht aus', bemerkte Gamelin [die Hauptperson des Romans]. ‚In jeder Stadt, was sage ich, in jeder Gemeinde, in jedem Kreis sollte eins sein. Alle Familienväter, alle Bürger müssten Richter werden. Wird die Nation von den Kanonen des Feindes, von den Dolchen der Verräter bedroht, so ist die Nachsicht ein Verbrechen! Wie? Lyon, Marseille, Bordeaux in Aufruhr, Korsika in Aufruhr, die Vendée in Flammen. Mainz und Valen-

ciennes in den Klauen der Koalition, Verrat in den Städten und Feldlagern, Verräter auf den Bänken des Konvents … Die Guillotine muss das Vaterland retten!"
(A. France, Die Götter dürsten, Reinbek 1987, S. 57 ff.)

7b Der französische Schriftsteller Victor Hugo (1802–1885) schildert in dem Roman „1793" einfühlsam die Lebens- und Denkweise der Landbevölkerung in der Bretagne, der westlichen Randprovinz Frankreichs. Zu Beginn des Romans sucht eine Abteilung „blauer" republikanischer Soldaten in einem Wald nach Aufständischen, nach „Weißen". Die Soldaten entdecken eine Frau, „mager, jung, bleich, in Lumpen", mit drei Kindern, die seit Tagen nichts mehr gegessen haben.

„– Man wird ihnen zu essen geben, rief der Unteroffizier, und dir auch. Aber das ist nicht alles. Welche politischen Ansichten hast du?
Die Frau schaute den Unteroffizier an und antwortete nicht.
– Verstehst du meine Frage?
Sie stammelte: – Ich wurde sehr jung ins Kloster gesteckt, aber ich habe geheiratet, ich bin keine Nonne. Die Schwestern haben mir Französisch beigebracht. Unser Dorf wurde angezündet. Wir haben uns so schnell davongemacht, dass ich keine Zeit hatte, meine Schuhe anzuziehen.
– Ich frage dich nach deinen politischen Ansichten.
– Das weiß ich nicht.
Der Unteroffizier fuhr fort: – Es gibt nämlich Spioninnen. Und die werden erschossen. Also. Rede. Bist du vielleicht eine Zigeunerin? Was ist dein Vaterland?
Sie sah ihn weiterhin verständnislos an. Der Unteroffizier wiederholte:
– Was ist dein Vaterland?
– Ich weiß nicht, sagte sie.
– Wie, du weißt nicht, was deine Heimat ist?
– Ach so, meine Heimat. Natürlich. Das ist der Bauernhof von Siscoignard in der Pfarrgemeinde Azé.
Nun war der Unteroffizier erstaunt. Nach einem Augenblick des Nachdenkens begann er von neuem.
– Was sagst du? – Siscoignard. – Das ist aber kein Vaterland. – Das ist meine Heimat.
Und nach einer kurzen Überlegung fügte die Frau hinzu:
– Jetzt verstehe ich, mein Herr. Sie sind aus Frankreich, ich aber bin aus der Bretagne. – Na und? – Das ist nicht dieselbe Heimat. – Aber das ist dasselbe Vaterland! rief der Unteroffizier.
Die Frau antwortete nur:
– Ich bin aus Siscoignard.
– Also lassen wir's bei Siscoignard, entgegnete der Unteroffizier. Dort hast du also deine Familie? Was macht sie? – Sie sind alle tot. Ich habe niemanden mehr.
Der Unteroffizier, der sich gerne reden hörte, setzte das Verhör fort:
– So rede doch, Frau. Hast du ein Haus? – Ich hatte eins. – Wo denn? – In Azé. – Und warum bist du nicht in deinem Haus? – Weil man es niedergebrannt hat. – Wer war das? – Ich weiß nicht. Ein Kampf. – Woher kommst du? Wo gehst du hin? – Ich weiß nicht. – Komme endlich zum Wesentlichen. Wer bist du? – Ich weiß nicht. – Du weißt nicht wer du bist? – Wir sind Leute auf der Flucht. – Mit welcher Partei hältst du es? – Ich weiß nicht. – Mit den Blauen? Mit den Weißen? Auf welcher Seite stehst du? – Auf der Seite meiner Kinder."
(V. Hugo, Quatre-vingt-treize, Paris 1965, S. 28 ff., Übersetzung K. Sturm)

Arbeitsvorschläge und Fragen

a) Erläutern Sie die Problematik bzw. Bedeutung des dem König gemachten Prozesses in der Sicht der Revolutionäre und in der Sicht des Auslands (M1 und Text).

b) Erörtern Sie, ob die Entwicklung zur Diktatur der Montagnarden unausweichlich war (M2, M6, M7a und Text).

c) Erläutern Sie, unter welchen Aspekten die Diktatur der Montagnarden die Bezeichnung „Schreckensherrschaft" verdient (M4, M5 und M7a).

d) Unter welchen Voraussetzungen und inwiefern können auch literarische Texte Erkenntnisse über die Vergangenheit vermitteln? Welche Erkenntnisse vermittelt M7?

8.2 Wohin führt die Revolution?

Schreckensherrschaft ohne Maß und Ende?

Der Girondist Vergniaud sah voraus, was kommen würde: „Die Revolution wird ihre eigenen Kinder fressen." Die Montagnarden wollten die Revolution retten, wobei sie wie die Sansculotten an eine grundlegende Veränderung der Verhältnisse mit dem Ziel sozialer Gleichheit dachten. „Die Unglücklichen haben das Recht, gegenüber den sie vernachlässigenden Regierungen als Herren aufzutreten", meinte Saint-Just, der engste und treueste Anhänger Robespierres. Doch ihre Maßnahmen führten in eine *Willkürherrschaft*. Die Beschreibung, die Camille Desmoulins – Mitglied des Cordeliers-Klubs und der Bergpartei im Konvent, Freund Dantons und Robespierres – in seiner Zeitung „Le Vieux Cordelier" (S. 155, M 5 b) gab, traf diesen Zustand genau: Jeder war verdächtig, der innere Feind stand überall. So begründeten die Verhaftungsprotokolle die Festnahme von 130 Personen damit, dass „diese Leute keine Sansculotten (sind), denn sie sind dick und fett"; für andere galt: „Sie haben Geist und können daher schädlich wirken." Ein sechsjähriger Junge wurde eingesperrt, weil er „nie Patriotismus an den Tag gelegt hat", und einem Ladenbesitzer widerfuhr das gleiche Schicksal, weil er städtische Beamte mit „Guten Tag, meine Herren" statt mit dem revolutionären „Bürger" begrüßt hatte. Sie alle mussten vor dem *Revolutionstribunal* erscheinen, dessen Verfahren immer mehr verkürzt wurde; schließlich wurde sogar das Recht auf Verteidigung gestrichen. Von Oktober bis Dezember 1793 verurteilte das Tribunal 45 % aller Angeklagten zum Tode, danach wurde es noch schlimmer. Das ging selbst einem Revolutionär wie Danton zu weit – er hatte immerhin die Septembermorde mit der Bemerkung „Diese Hinrichtungen waren notwendig um das Pariser Volk zu beruhigen" verteidigt, obwohl er damals Justizminister im Exekutivrat war. Doch sein Versuch die Schreckensherrschaft zu bremsen hatte nur zur Folge, dass auch er im Frühjahr 1794 auf der Guillotine starb, genauso wie die führenden Girondisten und wie Camille Desmoulins. Die Hinrichtung Dantons machte Robespierre zum alleinigen Anführer der Montagnarden.

Robespierre: Revolution bis zur letzten Konsequenz

War Robespierre der „dämonisch gewordene Oberlehrer", als den ihn Egon Friedell in seiner „Kulturgeschichte der Neuzeit" charakterisiert? Rechtsanwalt und Abgeordneter des Dritten Standes aus der nordfranzösischen Stadt Arras, wo er sich den Ruf eines Anwalts der Armen und Unterdrückten erworben hatte, mit einem klaren Verstand und einer großen Überzeugungskraft begabt – Robespierre wirkte schon früh in der vordersten Linie der Revolutionäre. Sein peinlich gepflegtes Äußeres, seine genügsame Lebensweise, seine Prinzipientreue verschafften ihm bei der Bevölkerung den Beinamen *„der Unbestechliche"*. Seit Juli 1793 gehörte er dem Wohlfahrtsausschuss an, in dem er schnell zum bestimmenden Mitglied wurde. Noch mit Dantons Unterstützung schaltete er die Anführer der „Enragés" („Besessene") aus und brachte nun über Mittelsmänner die Pariser Kommune unter seinen Einfluss. Die Enragés, eine sehr aktive Gruppe von Sansculotten, vertraten vor allem in wirtschaftlicher Hinsicht die Interessen des armen Stadtvolks, wurden aber mit ihrer Forderung nach Aufhebung jeglichen Eigentums zu einer Gefahr sogar für die radikalen Jakobiner. Robespierre war zunehmend davon überzeugt, dass er allein die *wahre Revolution* verkörpere und deshalb eine revolutionäre Regierung durchsetzen müsse. Triebkraft einer solchen Regierung seien zugleich die

Tugend und der *Schrecken*: „Die Tugend, ohne die der Schrecken unheilvoll wäre, der Schrecken, ohne den die Tugend ohnmächtig bliebe". Wenn sich schon hier die letztlich unbeantwortbare Frage nach der Inhaltsbestimmung der „Tugend" und nach ihren Grenzen stellt – die in der Wirklichkeit der Jahre 1793/94 immer enger gezogen wurden –, so bezeugt andererseits eine andere Aussage Robespierres seine kalte Unerbittlichkeit in der Anwendung: „Die Revolutionsregierung muss dem guten Bürger den ganzen Schutz des Staates zukommen lassen; den Feinden des Volkes schuldet sie nur den Tod." Im Konvent formierte sich eine *Opposition* gegen die Machtfülle Robespierres. Und als er am 26. Juli 1794 in einer Rede die Bestrafung weiterer „Verräter" androhte, ohne Namen zu nennen, da entschlossen sich diese Abgeordneten zum Handeln. Am nächsten Tag wurde Robespierre am Reden gehindert, der Konvent klagte ihn der Tyrannei an und verfügte seine Verhaftung.

Das Direktorium: die Revanche der Besitzenden

Auf den Sturz Robespierres und die Schließung des Jakobinerklubs folgte zunächst eine gewisse Beruhigung: Die Gefängnisse leerten sich, das Revolutionstribunal stellte seine unheilvolle Tätigkeit ein, die Emigranten konnten nach Frankreich zurückkehren. Doch gleichzeitig traten die gesellschaftliche Kluft zwischen Besitzenden und Nicht-Besitzenden sowie die politische Polarisierung zwischen Rechten und Linken wieder offen hervor. Die Besitzenden zeigten ungefährdet und ungeniert ihren Reichtum und huldigten einem am Vergnügen orientierten Lebensstil. Junge Männer aus dieser Schicht und Royalisten (Königstreue) machten Jagd auf „Jakobiner" – nun herrschte der *„weiße Terror"* in den Straßen von Paris. Auf der anderen Seite das arme Stadtvolk: Zweimal, im April und Mai 1795, führten der Getreidemangel und die hohen Lebensmittelkosten zu Hungeraufständen, die blutig niedergeschlagen wurden. Das Stadtvolk wurde zwar entwaffnet, aber die Unruhen nahmen kein Ende. Die im Konvent verbliebenen Abgeordneten versuchten, zwischen den Royalisten und den noch immer regen Jakobinern einen Mittelweg zu gehen.

1 Ende der Schreckensherrschaft
Eine Abordnung der Pariser Kommune hatte Robespierre und seine letzten Freunde aus der Hand des Konvents befreit und ins Rathaus gebacht. Vom Konvent entsandten Gendarmen gelang es jedoch, in das Rathaus einzudringen. Nach kurzem Kampf fand man Robespierre mit zerschmettertem Kiefer. Schon am nächsten Tag starb er unter dem Fallbeil.

So kam eine Inkraftsetzung der Verfassung von 1793 für sie nicht in Frage, sie wollten gewissermaßen zurück in die Anfangsjahre der Revolution. Ihre neue Verfassung betonte wieder das *Eigentum* und die *Gewaltenteilung*: Zwei nach dem Zensuswahlrecht gewählte Kammern, der „Rat der 500" und der „Rat der Alten", bildeten die Legislative, fünf von den Kammern ausgewählte „Direktoren" die Exekutive.

Napoleon – Vollender oder Totengräber der Revolution?

Im Sommer 1795 war es zu Friedensschlüssen mit Preußen und Spanien gekommen, der Krieg gegen England und Österreich aber dauerte an. Das Direktorium übertrug den *Oberbefehl über die Italienarmee* dem 27jährigen General Bonaparte, der sich bei der entschlossenen Niederschlagung eines royalistischen Aufstands in Paris ausgezeichnet hatte. Der Feldzug Bonapartes verblüffte ganz Europa, die Nachrichten von seinen unglaublichen Siegen machten den General zum Liebling von Paris. Doch Bonaparte wollte nicht der General des Direktoriums sein, er wollte insgeheim – er vertraute es 1797 in einem Gespräch dem französischen Gesandten in der Toskana an – die Macht für sich selbst. Die Gelegenheit dazu bot sich 1799. In Paris gewannen die Jakobiner wieder an Einfluss. Im Jahr vorher hatten sie sogar die Wahlen gewonnen, und das Direktorium wusste sich nur mit einer verfassungswidrigen Maßnahme zu helfen: Es ließ die Wahl von etwa 100 jakobinischen Abgeordneten für ungültig erklären. In Absprache mit zwei Direktoren übernahm nun Napoleon Bonaparte durch einen *Staatsstreich* die Regierungsgewalt. Als erster von drei Konsuln wurde er zum mächtigsten Mann Frankreichs. Die drei Konsuln erklärten die Revolution für beendet. Eine neue Verfassung legte ihre Amtszeit auf zehn Jahre fest. Dem Ersten Konsul blieben vorbehalten: die Entscheidung über Krieg und Frieden, die Verkündigung der neuen Gesetze sowie die Ämtervergabe in der Verwaltung, in der Rechtsprechung und in der Armee. Auf dieser Grundlage schuf der Erste Konsul Bonaparte die bis in unser Jahrhundert gültige *zentrale Verwaltung Frankreichs* und den erst am Ende unseres Jahrhunderts abgelösten *„Code civil"*, ein bürgerliches Gesetzbuch, das die private Rechtsgleichheit garantierte und damit wichtige Errungenschaften der Französischen Revolution sicherte. Zweimal ließ sich Napoleon Bonaparte seine Machtbefugnisse durch Volksabstimmungen bestätigen: zunächst die Ernennung zum Ersten Konsul auf Lebenszeit und dann die Umwandlung des Konsulats zu einem in der Familie Bonaparte erblichen Kaisertum.

2   Elend des Stadtvolks. Der Krieg gegen die äußeren Feinde, Bürgerkrieg und Unruhen im Inneren sowie die Geschäfte von Hamsterern und Spekulanten hatten für Paris andauernde Versorgungsschwierigkeiten und Hungersnöte zur Folge. Die „Volkssuppe" war zwar eine öffentliche Einrichtung, aber es musste – wie die zeitgenössische Darstellung zeigt – dafür bezahlt werden.

Am 16. Juli 1991 meldete die „Süddeutsche Zeitung": „Mit einem ungewöhnlichen und auffälligen Aufwand ist am Wochenende in Ungarn der französische Nationalfeiertag gefeiert worden. (…) So wurde das gesamte Abendprogramm des Ersten (Fernseh-)Kanals dem französischen Nationalfeiertag gewidmet. Parallel dazu veranstaltete die Budapester Selbstverwaltung in der Innenstadt einen Straßenball." In dieser Feier spiegelt sich beispielhaft die starke Werbekraft der Französischen Revolution bis in die Gegenwart wider. Damit ist auch ein Pol in der Geschichtsschreibung gekennzeichnet: In der Nachfolge z. B. des Historikers und Schriftstellers Jules Michelet (Geschichte der Französischen Revolution, 1847) wurde die Französische Revolution zum Mythos, nicht nur in einzelnen Ereignissen wie dem „Sturm" auf die Bastille, sondern vor allem auch in der Darstellung des fortschrittlich, weitgehend erfolgreich handelnden Volkes. Den konservativen Gegenpol in der Historiographie bildet Egon Friedell in seiner „Kulturgeschichte der Neuzeit" (1927 ff.). Er zeichnet dort eine Revolutionskurve: Vom Absolutismus führt die Entwicklung quasi zwangsläufig zur Schreckensherrschaft und dann zurück in einen neuen Absolutismus. Die Französische Revolution wirkt in dieser Sicht als furchterregendes Gespenst, das beim Betrachter eine andere politische Haltung bedingt: Reformen, notfalls ja; Revolution, nein. Zwischen Mythos und Gespenst findet sich in der Historiographie natürlich manche Zwischenposition. So sieht die liberale Geschichtsschreibung des 19. und 20. Jahrhunderts einen Bruch im Revolutionsverlauf: Die Ereignisse bis 1791 gelten als positiv, die Schreckensherrschaft als eine Fehlentwicklung. Die Geschichtsschreibung in der Nachfolge von Karl Marx dagegen interpretiert gerade die Herrschaft der Sansculotten und Robespierres als den Höhepunkt der Revolution, als einen notwendigen Schritt zu einer auf Gleichheit aufgebauten Gesellschaft.

Revolution kontrovers: Mythos oder Gespenst?

Die Französische Revolution war gewissermaßen ein „weiter Wurf nach vorn", ein Vorgriff in die Zukunft. Unveräußerliche Menschenrechte, Sicherheit des Bürgers im Rechtsstaat, notwendige Kontrolle der Herrschaft – mit diesen und anderen Forderungen mussten sich nun die Regierungen Europas auseinander setzen. Revolutionäre Gedanken wie jener von der Volkssouveränität waren keine Utopie mehr: Sie waren, wenn auch nur vorübergehend, nun auch in Europa verwirklicht worden. Dieser Beweis der Machbarkeit machte sie zu einer konkreten Bedrohung für die fürstliche Herrschaft. Die Regierungen schwankten zwischen gelegentlichen Zugeständnissen und brutaler Unterdrückung der freiheitlichen Bewegungen. So kennzeichneten Unruhen, Aufstände, Revolutionen das ganze 19. Jahrhundert. Doch auch innerhalb der freiheitlichen Bewegung kam es zu einem tiefen Gegensatz: In Frankreich war das Bürgertum politisch und materiell letztlich als der große Sieger aus der Revolution hervorgegangen. Es hatte nun viel zu verlieren. Im besitzenden Bürgertum der anderen Länder war die Furcht vor einer Fehlentwicklung revolutionärer Ereignisse groß. So grenzte sich diese Schicht des Bürgertums überall gegenüber Handwerkern und Arbeitern ab und versuchte, lange Zeit mit Erfolg, sie von jeglicher politischer Mitwirkung fernzuhalten.
Über die Jahrhunderte hinweg aber bleibt als Vermächtnis der Französischen Revolution dies: Sie setzt auch am Ende des 20. Jahrhunderts, immer noch und nun weltweit, wichtige Maßstäbe für unsere Beurteilung von Staat und Gesellschaft. Im Frühsommer 1989, bei den blutig unterdrückten Demonstrationen auf dem „Platz des himmlischen Friedens" in Peking, beriefen sich die chinesischen Studenten ausdrücklich auf die Ideen von 1789.

Was bewirkte die Französische Revolution für Europa?

3 Politische und gesellschaftliche Ziele 1793–1795

3a Der republikanischen Verfassung vom 24. Juni 1793 ging eine Neufassung der Erklärung der Menschen- und Bürgerrechte voraus: „Art. 1. Das Ziel der Gesellschaft ist das Gemeinwohl. Die Regierung ist eingerichtet, um dem Menschen den Genuss seiner natürlichen und unverjährbaren Rechte zu gewährleisten.
Art. 2. Diese Rechte sind Gleichheit, Freiheit, Sicherheit, Eigentum.
Art. 9. Das Gesetz soll die Freiheit im Staat und die Freiheit des Einzelnen gegen die Unterdrückung der Regierenden schützen.
Art. 19. Niemand kann ohne seine Zustimmung des geringsten Teils seines Eigentums beraubt werden, es sei denn, die öffentliche, auf gesetzmäßige Weise festgestellte Notwendigkeit erfordert dies, und unter der Bedingung einer gerechten und vorher festgesetzten Entschädigung.
Art. 21. Die öffentlichen Hilfeleistungen sind eine heilige Schuld. Die Gesellschaft schuldet den unglücklichen Bürgern den Lebensunterhalt, entweder indem sie ihnen Arbeit verschafft oder indem sie jenen, die nicht arbeiten können, die Lebensbedingungen sichert.
Art. 22. Schulbildung ist für alle notwendig. Die Gesellschaft soll mit all ihrer Macht die Fortschritte der Vernunft im Staat fördern und die Schulbildung allen Bürgern zugänglich machen.
Art. 25. Die Staatshoheit liegt im Volk. Sie ist einheitlich und unteilbar, unverjährbar und unveräußerlich.
Art. 29. Jeder Bürger hat ein gleiches Recht, bei der Entstehung der Gesetze und bei der Bestimmung seiner Beauftragten oder Vertreter mitzuwirken.
Art. 35. Wenn die Regierung die Rechte des Volkes missachtet, ist für das Volk und für jeden seiner Teile der Aufstand das heiligste Recht und die unerlässlichste Pflicht."
(Ministère de l'Éducation Nationale [Hrsg.], 1789. Recueil de textes et documents, Paris 1989, S. 81 ff., Übersetzung K. Sturm)

3b Bereits einen Tag nach der Verabschiedung der republikanischen Verfassung äußerten die Enragés in einem Manifest ihre Kritik: „Abgeordnete des französischen Volkes. Hundertmal hat dieser geheiligte Saal von den

4 Die Reichen von Paris 1795. Nach der Schreckensherrschaft konnte Reichtum wieder ohne Gefahr gezeigt werden. Junge Männer und Frauen kleideten und verhielten sich exzentrisch. So veranstalteten sie Bälle, auf denen die Frauen einen roten Schal um den Hals trugen, und wo nur jene zugelassen waren, die einen guillotinierten Verwandten vorweisen konnten.

Verbrechen der Egoisten und Schurken widerhallt; immer wieder habt ihr uns versprochen die Blutsauger des Volkes zu bestrafen. Jetzt soll die Verfassung dem Souverän zur Genehmigung vorgelegt werden; habt ihr darin die Börsenspekulanten geächtet? Nein. Habt ihr die Todesstrafe gegen die Hamsterer ausgesprochen? Nein. [...] Nun, dann erklären wir euch, dass ihr für das Glück des Volkes nicht alles getan habt. Die Freiheit ist nur ein leerer Wahn, wenn eine Klasse von Menschen die andere ungestraft verhungern lassen kann. Die Gleichheit ist nur ein leerer Wahn, wenn der Reiche kraft seines Monopols über Leben und Tod seiner Mitmenschen entscheidet. Die Republik ist nur ein leerer Wahn, wenn die Gegenrevolution Tag für Tag am Werke ist und die Preise für die Lebensmittel in die Höhe treibt, die drei Viertel der Bevölkerung nur unter Tränen aufbringen können. Hingegen werdet ihr nur, wenn ihr die räuberischen Handelsmethoden, die nichts mit dem Handel an sich zu tun haben, unterdrückt und wenn ihr den Sansculotten die Lebensmittel erschwinglich macht, diese an die Revolution binden und sie um die Verfassungsgesetze scharen [...]

Nur die Reichen haben seit vier Jahren aus der Revolution Nutzen gezogen. Die Händleraristokratie, die schrecklicher ist als die Adels- und die Priesteraristokratie, hat ein grausames Spiel getrieben, wenn sie sich der Privatvermögen und der Schätze der Republik bemächtigt hat. Noch wissen wir nicht, wie weit sie ihren Machtmissbrauch treiben werden, denn die Preise für die Waren steigen im Verlauf eines Tages auf erschreckende Weise. Bürger-Vertreter, es ist Zeit, dass der Kampf auf Leben und Tod, den die Egoisten gegen die arbeitsamste Klasse der Gesellschaft führen, aufhört. Erklärt das den Börsenspekulanten und Hamsterern deutlich: Entweder gehorchen sie in Zukunft euren Dekreten, oder sie gehorchen ihnen nicht. Im ersten Fall habt ihr das Vaterland gerettet. Im zweiten Fall habt ihr das Vaterland auch gerettet, denn wir stehen bereit, die Blutsauger des Volkes niederzuschlagen."
(I. u. P. Hartig, Die Französische Revolution, Stuttgart 1984, S. 91 f.)

3c Im Juni 1795 erklärte der Abgeordnete Boissy d'Anglas zu den Zielsetzungen einer neuen Verfassung, an deren Ausarbeitung er maßgeblich beteiligt war:

„... Schließlich müssen Sie das Eigentum der Reichen garantieren. Alles, was ein vernünftiger Mensch verlangen kann, ist die Gleichheit vor dem Gesetz. Die absolute Gleichheit ist ein Hirngespinst. Wir müssen von den Besten regiert werden ...; nun werden Sie mit wohl sehr wenigen Ausnahmen derartige Menschen nur unter jenen finden, die, da sie Eigentum besitzen, dem Land verpflichtet sind, in dem ihr Eigentum besteht, den Gesetzen, die es schützen, der Ordnung, die es bewahrt. Ein von den Besitzenden regiertes Land hat soziale Ordnung; das, in dem die Nichtbesitzenden herrschen, befindet sich im Naturzustand."
(I. u. P. Hartig, Die Französische Revolution, Stuttgart 1984, S. 107)

5 Die Revolution im Rückspiegel

1989 gab das französische Nachrichtenmagazin „L'Express" eine Umfrage unter den Geschichtslehrerinnen und -lehrern der französischen Schulen in Auftrag:

1. Meinen Sie im Rückblick, dass die Hinrichtung Ludwigs XVI. notwendig war?
   Ja: 31 %   Nein: 55 %
2. War Ihrer Meinung nach Robespierre
   – der hauptsächliche Verantwortliche für die Schreckensherrschaft?   16 %
   – ein Verantwortlicher unter anderen Revolutionären?   79 %
   – nicht verantwortlich für die Schreckensherrschaft?   4 %
3. Hinsichtlich der Schreckensherrschaft, würden Sie sagen, sie war eher
   – eine Folge der Angriffe der äußeren und inneren Feinde der Revolution?   61 %
   – eine Folge der Maßlosigkeit der Revolutionäre und ihrer Auffassungen?   33 %
4. Clemenceau (frz. Ministerpräsident 1906–1909/1917–1920) sagte: „Die Französische Revolution ist ein unauflösbar Ganzes." Stimmen Sie mit ihm überein oder meinen Sie, dass es mehrere Revolutionen innerhalb der Französischen Revolution gab?
   – ein unauflösbar Ganzes   16 %
   – mehrere Revolutionen   82 %

(L'Express, Paris 14. Juli 1989, S. 47 ff., Übersetzung K. Sturm)

6 Der Staatsstreich des Generals Bonaparte. Am 9. November 1799 waren die Mitglieder des „Rats der 500" wegen einer angeblichen Verschwörung der Jakobiner aus Paris geflüchtet. Am Tag darauf erschien Bonaparte mit 5000 Soldaten vor dem Schloss St. Cloud, wo der „Rat der 500" tagte. Als er den Saal betrat, kam es zum Tumult. Nur dem Eingreifen seines Bruders Lucien und seiner Soldaten verdankte es Bonaparte, dass er ungeschoren entkam. Auf seinen Befehl hin vertrieben die Soldaten dann die Abgeordneten aus dem Schloss.

7 Eine Revolution feiern?
Anlässlich der Vorbereitungen für die zweihundertjahrfeier der Französischen Revolution zog der Historiker Maurice Agulhon 1988 Bilanz: „Frankreich wurde vor langer Zeit geboren, aber das moderne Frankreich ... entstand 1789. Die Französische Revolution schuf nicht Frankreich, weder den französischen Staat noch den französischen Patriotismus, aber sie trug mehr als jedes andere Ereignis seit zwei Jahrhunderten dazu bei, ihnen die gegenwärtige Form zu geben. Damals wurde unser Rechtssystem begründet. Die Tatsache, dass es nur untereinander gleiche Bürger gibt und nicht einerseits Mitglieder des Dritten Standes, andererseits Privilegierte, bezeichnet einen Unterschied, der ausreichen würde um 1789 ... bedeutungsvoll zu machen. Genauso wie die Souveränität der Nation oder die durch Gehorsam gegenüber dem Gesetz garantierte Freiheit, wie die Kontrolle der Macht durch die gewählten Vertreter ...
Die Behörden, die uns zur Feier der Revolution von 1789 einladen, fordern uns auf deren Bilanz zu feiern und nicht dazu, den Bürgerkrieg zu verherrlichen, noch weniger, ihn von neuem zu beginnen ... Die Zweihundertjahrfeier wird ausdrücklich bezeichnet als „Aufgabe des Gedenkens an die Revolution von 1789 und die Erklärung der Menschen- und Bürgerrechte".
Der Akzent könnte nicht klarer auf das Jahr 1789 gesetzt werden, ein grundlegendes, entscheidendes und nach Ausgleich strebendes Jahr, und auf die Erklärung der Rechte, die die friedfertigste und am wenigsten anfechtbare Tat dieses Jahres ist. Es ist eben so: Seit 1789, aufbauend auf den Grundsätzen von 1789 und insbesondere auf der Erklärung der Menschen- und Bürgerrechte, hat unser Volk nach und nach den Gedanken aufgenommen und sich angeeignet, dass es besser sei das Leben entsprechend dem Gesetz, als im freien Ermessen zu gestalten, dass es besser sei zu beraten, als aufeinander einzuschlagen ...
Wenn heute die blutigen Phasen der Revolution kritisiert werden, so geschieht dies auf der Grundlage einer humanistischen Kultur, die die Revolution zwar nicht geschaffen, die sie aber deutlich ausgedrückt, verkündet und im Laufe der Zeit unters Volk gebracht hat ...
Wessen Fehler war es, dass die Revolution von 1789 so schnell in einen Bürgerkrieg überging? In historischer Sicht scheint mir die Feststellung gerechtfertigt, dass die Mitglieder der Verfassunggebenden Nationalversammlung 1789 mit der auf friedlichem Wege erreichten gesellschaftlichen und juristischen Revolution vollauf zufrieden waren. Sie hätten es gerne dabei belassen. Zur politischen Krise kam es durch den Widerstand der Privilegierten ... Die Revolution von 1789 war nicht daraufhin programmiert, die Revolution von 1792 oder 1793 zu werden. 1789 kündigte nichts anderes als eine konstitutionelle Monarchie an. Und wenn Ludwig XVI. das Spiel mitgespielt hätte, dann wären weder Danton noch Robespierre noch Marat an

die Macht gekommen. Die Gewalt, zu der es dann kam, beklagt heute jeder. Aber man darf nicht die ursprüngliche Verantwortung übersehen. Die Revolution als Ganzes betrachtet war gewalttätig, weil sie sofort auf den Widerstand einer Gegenrevolution stieß ... Das Wesentliche ist, dass ein Bürgerkrieg ausbrach, weil nicht alle Grundsätze von 1789 sofort einmütige Zustimmung fanden. Diese Grundsätze sind, ich wiederhole es, die Gleichheit der Rechte, die Herrschaft des Gesetzes, die Volkssouveränität, die Kontrolle der Macht durch ein Organ, usw. ... Diese Ziele, die heute praktisch die Zustimmung aller Franzosen auf sich vereinigen, hatten 1789 nicht einmal die Hälfte hinter sich, vielleicht weniger. Und dennoch hatte gerade diese kleine Hälfte Recht."
(M. Agulhon, Aux sources de la démocratie moderne, in: Géo Nr. 118, Paris 1988, S. 130 ff., Übersetzung K. Sturm.

8 **Die Kaiserkrönung Napoleons 1804.** Skizze und Gemälde von Louis David (vgl. S. 121), der im Auftrag Napoleon Bonapartes wichtige Stationen in der Karriere des Generals und Kaisers festhielt.
Die Krönung zum „Kaiser der Franzosen" sollte an die Krönung Karls des Großen durch den Papst erinnern. Bonaparte hatte den Papst gezwungen nach Paris zu kommen. Die Skizze entstand während der Krönung in der Kathedrale Notre-Dame. Aufgrund einer Aufforderung Napoleons verwendete sie der Maler jedoch nicht für das spätere Gemälde, das den Augenblick zeigt, in dem der Kaiser seine Frau Joséphine krönt. Das Gemälde verdeutlicht, wie die Darstellung des Staatsstreichs (M6), die politische Funktion historischer Malerei.

Arbeitsvorschläge und Fragen

a) Vergleichen Sie gesellschaftliche und politische Zielsetzungen 1789–1795. Inwiefern spiegeln sie unterschiedliche gesellschaftliche Gruppen wider (M2–4 sowie S. 125f., 134, 141ff.)?
b) Erarbeiten und erörtern Sie anhand von M5 und M7 kontroverse Beurteilungen der Französischen Revolution.
c) Die Französische Revolution – viel Lärm um nichts! Diskutieren Sie die Wertung Egon Friedells in seiner „Kulturgeschichte der Neuzeit" (S. 873): „[...] die Revolution, die aus dem Absolutismus der Bourbonen entsprungen war, endet im Absolutismus des Empire." (M7)

Ausblick: Europa und Napoleon

1 Napoleonische Herrschaft und Kriege in Europa

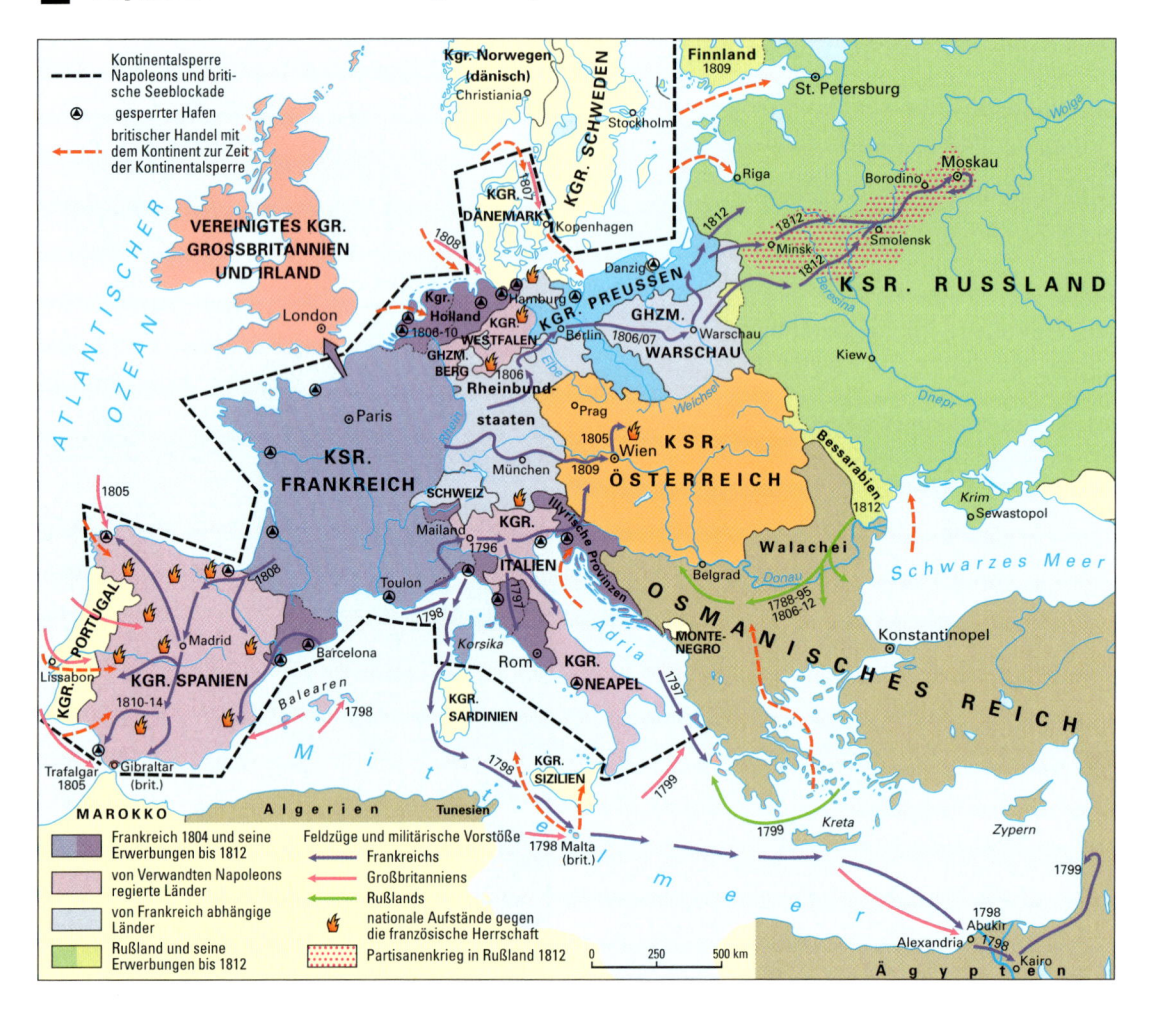

Arbeitsvorschläge und Fragen	*Erarbeiten Sie anhand der Karte Formen und Umfang der napoleonischen Herrschaftsausübung über Europa sowie Hindernisse bzw. Gegenkräfte.*

Zwischen Frieden und Krieg

Im Jahr 1804, dem Jahr der Kaiserkrönung und des Code civil, schienen der Frieden sowie die Sicherheit und der Einfluss Frankreichs gesichert. 1801 hatte Österreich in den Frieden von Lunéville einwilligen und die Abtretung des linken Rheinufers an Frankreich bestätigen müssen. Ein Regierungswechsel in London hatte 1802 zum Friedensschluss von Amiens geführt, mit dem Frankreich und Großbritannien auf ihre jeweils im Mittelmeerraum eroberten Positionen (Ägypten bzw. Malta) verzichteten. Zudem hatte sich Frankreich im Zuge seiner militärischen Erfolge seit 1797 einen Schutzgürtel von Satellitenstaaten geschaffen, die sog. „Tochterrepubliken": z. B. die Batavische Republik in Holland (bereits 1794), die Cisalpinische Republik (Mailand) und die Ligurische Republik (Genua), die Helvetische Republik (Schweiz). Doch Napoleons Politik seit Amiens war nicht dazu angetan, die alten Ängste Englands vor einer erheblichen Störung des europäischen Gleichgewichts zu beruhigen: Die Cisalpinische Republik wurde zur Republik Italien mit Napoleon als erstem Konsul. Der Helvetischen Republik wurde eine Verfassung aufgezwungen, in der Napoleon die Rolle des entscheidenden Vermittlers zukam. Im Reich schließlich sorgte Napoleon für eine „Flurbereinigung", durch die die etwa 350 Reichsstände auf 82 reduziert wurden, und erreichte eine Annäherung Preußens, Bayerns und Württembergs an Frankreich. Hinzu kamen immer deutlicher werdende Vorbereitungen für eine Invasion Frankreichs auf die britischen Inseln. Mit seiner Kaiserkrönung kündigte Napoleon auch programmatisch einen hegemonialen Anspruch zumindest für den Kontinent an.

Napoleon: Herr des Kontinents

Großbritannien schloss nun mit Russland, Österreich, Schweden und Neapel eine neue Koalition, der es jedoch nicht gelang, Frankreich niederzuringen. Zwar sicherte sich Großbritannien mit dem Sieg in der Seeschlacht bei Trafalgar (Oktober 1805) endgültig die alleinige Seeherrschaft, aber zwei Monate später erkämpfte Napoleon in der Dreikaiserschlacht bei Austerlitz einen glänzenden Sieg gegen Österreich und Russland. Als auch Preußen im folgenden Jahr bei Jena und Auerstedt vernichtend geschlagen wurde, konnte Napoleon die Karten auf dem Kontinent neu mischen. Die besiegten Gegner Österreich und Preußen mussten Gebietsverluste in Italien bzw. westlich der Elbe hinnehmen und Hilfsverträge abschließen. Die Verbündeten wie Bayern und Württemberg wurden u. a. durch die Umwandlung in Königreiche belohnt. 16 süd- und westdeutsche Fürsten gründeten den „Rheinbund" mit Napoleon als Protektor und schieden aus dem Reich aus, dessen Kaiser, der Habsburger Franz II., zum Verzicht auf die Kaiserwürde veranlasst wurde. Damit endete das „Heilige Römische Reich Deutscher Nation". Die Hegemonie Frankreichs im Westen und in der Mitte des Kontinents wurde weiterhin abgesichert durch einen Ausgleich mit Russland sowie durch eine Reihe von „Familienstaaten", neue Königreiche, in denen Napoleon Familienangehörige oder Vertraute als Herrscher einsetzte: Holland, Westfalen, Spanien, Neapel. Allein Großbritannien weigerte sich noch die französische Vorherrschaft anzuerkennen. Da sich seine militärische Unterwerfung als unmöglich erwiesen hatte, verfügte Napoleon eine Wirtschaftsblockade, die Kontinentalsperre. Die britische Regierung antwortete mit der Blockade der französischen Häfen auch für alle neutralen Schiffe.

Widestand und Niederlagen

Die französische Vorherrschaft hatte für das kontinentale Europa einerseits die Verbreitung der liberalen Ideen und einer modernen Rechtsprechung nach dem Vorbild des Code civil zur Folge, andererseits erzeugte die Fremdherrschaft vielerorts ein bisher kaum vorhandenes Nationalbewusstsein bzw. förderte den Nationalismus. So kam es 1808/1809 in Spanien und Österreich (Tirol, Andreas Hofer) zu Aufständen. Das Ausscheren Russlands aus der Kontinentalsperre veranlasste Napoleon 1812 zu dem Entschluss, einen Feldzug nach Russland zu unternehmen. Der totale Zusammenbruch der europäischen „Großen Armee" (600 000 Soldaten, davon nur etwa die Hälfte Franzosen) auf dem Rückzug – ungefähr 100 000 kehrten schließlich zurück – bezeichnete den Anfang vom Ende. Die großen Niederlagen bei Leipzig (1813) und dann nochmals bei Waterloo (1815) beendeten die Herrschaft Napoleons über Europa.

Verzeichnis der Namen, Sachen und Begriffe (mit Erläuterungen)

Folgende Abkürzungen werden verwendet:
allgem. = allgemein, angelsächs. = angelsächsisch, Begr. = Begründer, Bez. = Bezeichnung, dt. = deutsch, engl. = englisch, franz. = französisch, geschichtl. = geschichtlich, griech. = griechisch, italien. = italienisch, Jh. = Jahrhundert, kath. = katholisch, kirchl. = kirchlich, Kg. = König, königl. = königlich, Ks. = Kaiser, lat. = lateinisch, ma. = mittelalterlich, öffentl. = öffentlich, östl. = östlich, portugies. = portugiesisch, preuß. = preußisch, russ. = russisch, span. = spanisch, z. Z. = zur Zeit

▷ Verweis auf ein Stichwort   – ersetzt das Stichwort bei Wiederholung

Bei Herrschern werden Regierungsdaten, bei anderen Personen Lebensdaten angegeben.

Halbfett gesetzte Begriffe sind im Buch in einem Kasten-Text erläutert. Die halbfette Seitenzahl gibt den Fundort an.
Blau gesetzte Begriffe weisen auf die Kasten-Texte „Werkstatt Geschichte" hin. Die blaue Seitenzahl gibt den Fundort an.

Ablasshandel 58 f.
Absolutismus (Bez. für eine Herrschaftsform, die durch die unumschränkte Gewalt eines Monarchen gekennzeichnet ist) 80, 82, 85, 89, 91 ff., 98 ff., 119 f.; ▷ Monarchie
Adel ▷ Aristokratie
Afrika 53
Agrarkrise 9 f.
Aktivbürger ▷ Wahlrecht
Alberti, Leo Battista (1404–1472) italien. Humanist, Künstler und Gelehrter 32 f.
Alexander VI. (Borgia) (1492–1503) Papst 50
Altertum ▷ Antike
Amerika 51, 92, 106 f.; Süd– 78
Amtsadel 92 ff., 95 ▷ Aristokratie
Anatomie 28
Ancien Régime (franz.: alte Regierungsform; Bez. für die gesellschaftlichen und politischen Verhältnisse in Europa z. Z. des ▷ Absolutismus) 105, 109 f., 123
Antike 26 ff., 45
Architektur 90
Archivgut 72
Aristarch von Samos (ca. 310–230 v. Chr) griech. Astronom 49
Aristokratie 132; – der Neuzeit 63, 79, 80, 92 f., 95, 97, 105 ff., ▷ Amtsadel ▷ Stand, Stände ▷ Rechte, feudale
Aristoteles (384–322 v. Chr.) griech. Philosoph, Schüler Platons, Erzieher Alexanders d. Gr.; fasste das Wissen der Antike fast vollständig zusammen und systematisierte es 26, 45
Armer Konrad 12 ▷ Bauernaufstände
Artistenfakultät (Fakultät der sieben freien Künste) 44
Astrolabium (astronomisch/nautisches Messgerät) 49
Astrologie 46
Aufklärung (kulturgeschichtl. Epoche, in der die menschliche Vernunft zum allgemeinverbindlichen Prinzip erhoben wurde) 82, 112, 119 f., ▷ Rationalismus
Augsburg 16, 54
Augsburger Religionsfriede (1555) zwischen Kg. ▷ Ferdinand I. und den Reichsständen geschlossener Friede, der die reichsrechtliche Anerkennung des lutherischen Bekenntnisses (neben dem kath.) brachte 6, 70, 77, 79
Autarkie 92, 120
Autonomie (Unabhängigkeit eines Staates nach außen) 66
Avignon 9, 44
Aztekenreich 6, 51

Bacon, Francis (1561–1626) engl. Philosoph 80
Bacon, Roger (ca. 1214–1292) engl. Theologe und Naturphilosoph 45
Bann (Ausschluss bestimmter Personen aus einer Gemeinschaft; in der kath. ▷ Kirche Exkommunikation) 59
Bastille (Festung und königl. Gefängnis in Paris) 121 f., 125

Bauern 10, 60, 63 ff., 66, 81, 92 f., 95, 97, 99, 107, 114, –krieg 6, 65; –aufstände 10, 12, 65; –unruhen 13 ▷ Landwirtschaft
Bayern 11, 120
Beamte; –napparat 82, 80 f.; –nstaat 120; – der Neuzeit 80, 91,
Beaumarchais, Pierre Caron de (1732–1799) franz. Schriftsteller 118, 123 f.
Behaim, Martin (1459–1506) dt. Reisender und Kosmograph, Erfinder des „Erdglobus" 49
Beschwerdehefte 119, 125, 127, 130, 137
Bettelorden 20, 40
Bevölkerung/ –srückgang; –sschwund 9
Bibel 6, 9, 43 f., 59, 61, 65 f., 77 f.
Bildende Kunst 28, 29
Bildungsmonopol 43
Bischof (von griech. episkopos: Aufseher) der leitende Geistliche eines bestimmten Gebiets in christlichen Kirchen 58, 63, 78, 82
Bistum (seit dem frühen Mittelalter der fest umgrenzte Hoheitsbereich eines ▷ Bischofs) 78 f.
Boccaccio, Giovanni (1313–1375) italien. Dichter und Humanist, prägte die Kunstform der italien. Novelle mit seinem Hauptwerk „Decamerone" 12, 37
Bodin, Jean (1530–1596) franz. Staatstheoretiker 82, 98, 103
Böhmen 64, 68
Bonaparte ▷ Napoleon I.
Bonifaz VIII. (1294–1303) Papst 43
Botticelli, Sandro (1445–1510) italien. Maler 34
Brissot, Jacques Pierre (1754–1793) Journalist und Anführer der ▷ Girondisten 146, 150 f.
Brunelleschi, Filippo (1376–1446) italien. Baumeister und Bildhauer 35, 40
Brunnenvergiftung 13
Buchdruck 46, 49
Buchführung, doppelte – 53
Bürger/ –tum, franz. – 118, 123, 131, 159; – der Renaissance 26, 54, 63; – der Neuzeit 81, 92 f., 95, 97, 99, 105, 112 ff., 120, 126; Groß– 105
Bürgerrechte ▷ Menschenrechte
Burgund 68 f.
Bürokratie 126 f. ▷ Beamte

Calonne, Charles A. de (1734–1802) franz. Finanzminister (1781–1787) 108
Calvin, Johann (1509–1564) radikaler Kirchenreformer 6, 76 f., 79 f.; –ismus 79
Celtis, Conrad (1459–1508) dt. Humanist 22, 27, 32
China 78, 161
Christen/–tum 27, 50, 54, 63, 66 ▷ Katholizismus ▷ Papsttum ▷ Reformation
Ciompi-Aufstand 39
citoyen ▷ Bürger
Code civil 161, 167

Colbert, Jean-Baptiste (1619–1683) franz. Staatsmann und Wirtschaftspolitiker, Begr. des ▷ Merkantilismus 82, 89–92, 95 f.
Constituante ▷ Verfassunggebende Versammlung
Convention ▷ Nationalkonvent
Cortez, Hernan (1485–1547) span. Konquistador 6, 51
Cranach, Lukas d. Ä. (1472–1553) dt. Maler, Kupferstecher und Zeichner, Freund ▷ Luthers 75

Dante Alighieri (1265–1321) italien. Dichter, Hauptwerk: „Göttliche Kommödie" 41
Danton, Georges (1759–1794) franz. Politiker 152 ff., 158 f.
David, Jacques Louis (1748–1825) franz. Maler 121
Deklassierung, soziale – 10
Demokratie 65, 114
Descartes, René (1596–1650) franz. Philosoph 80, 112
Deutsches Reich/Deutschland 11, 15, 27, 53, 54 f., 59, 65, 69 f., 85, 167
Diderot, Denis (1713–1784) franz. Schriftsteller und Philosoph 112
Diözese (Amtsbezirk eines ▷ Bischofs) 78
Direktorium (Regierung Frankreichs 1795–1799) 159 f.
Donatello (1382–1466) italien. Bildhauer 34
Dreißigjähriger Krieg (1618–1648) 6, 79, 82
Dürer, Albrecht (1471–1528) dt. Maler und Graphiker 22, 37 f.

Eberhard Ludwig (1693–1733) Herzog von ▷ Württemberg 85
Edelmetallgewinnung 54
Eduard III. (1312–1377) engl. Kg. 39
Eigengut 10
Eingeborene 50
England 50, 82 ff., 82 f., 85, 91, 98, 106, 112–115, 153 f., 160, 166 f.
Entdeckungs-/-fahrten 50; -zeitalter 49–52
Enzyklopädie (umfassende und übersichtliche Darstellung des gesamten Wissensstoffes einer Zeit) 112 f.
Erasmus von Rotterdam (1465–1536) niederländischer Humanist und Theologe 6, 28, 36 f., 46, 54
Eratosthenes von Kyrene (3. Jh. v. Chr.) vielseitiger hellenistischer Gelehrter 49
Erzgebirge 54
Esslingen 19, 25, 66–69, 70–73
Euklid (ca. 450–370 v. Chr.) griech. Mathematiker 45

Fehde (mittelhochdeutsch: „Feindschaft") bei den Germanen und im europäischen Mittelalter der rechtlich anerkannte Privatkrieg zwischen Adelssippen 22
Fénelon, François de (1651–1715) Erzbischof von Cambrai, Erzieher ▷ Ludwigs XIV. 99
Ferdinand I (1503/1526/1556–1564) Kg. von Ungarn/Böhmen und dt. Ks. 70
Fernhandel 53; -skaufleute 43
Festungsstädte 17
Feudalismus 10, 26
Feuerwaffen 51
Finanzwesen, -wirtschaft 39, 53, 80, 91, 120 f.
Flandern 15
Florenz 28, 34 f., 39, 41 f.
Frankreich 6, 10, 50, 69, 77, 79, 82 f., 80–83, 85 ff., 91 ff., 95–99, 107–111, 114, 118–167
Franziskus (Franz von Assisi) (1181/82–1226) Ordensstifter, Heiliger 54
Französische Revolution 10, 83, 108, 118 ff. ▷ Revolution
Frauen 130 ff.
Friedrich II. (1712/40–1786) Kg. v. Preußen 99
Friedrich Wilhelm I. (1640–1688) Kurfürst von Brandenburg 120
Friedrich Wilhelm I. (1688/1713–1740) Kg. von Preußen 120
Fron; -dienst 10, 64, 95, 105 ff.
Fronde (gegen Kardinal ▷ Mazarin gerichtete Opposition des Pariser Parlaments, der Pariser Bevölkerung und des franz. Adels); – Aufstand (1648–53) 81
Frühkapitalismus 54
Fugger (Augsburger Familienunternehmen, das in der 1. Hälfte des 16. Jh. als Banken- und Unternehmerkonsortium die größte ökonomische Macht in Europa in Händen hatte 54; Jakob – (1459–1525) 55
Fürsten 11 f., 14, 17, 26, 28, 54, 63, 65, 69, 79, 80, 91, 98, Reichs- 59, 69, 83; Kur- 77; -tum 11, 26, 63, 98

Galilei, Galileo (1564–1642) italien. Mathematiker 45, 48
Gegenreformation (Reaktion der kath. ▷ Kirche auf die ▷ Reformation des 16. und 17. Jh.) 6, 77 ff. ▷ Trient, Konzil von –
Gegenrevolution 123, 144, 154 ▷ Vendée ▷ Royalisten
Geistlichkeit ▷ Klerus
Geldwirtschaft, -geschäfte ▷ Finanzwesen
Generalstände (Versammlung der Vertreter von Klerus, Adel, Drittem Stand des Königreichs Frankreich bis Juni 1789) 130 ff.
Genua 15, 51
Gesellen 17, 20
Gesellschaftsvertrag 114, 117 f.
Gesetzgebende Versammlung (Nationalversammlung Frankreichs 1791/92) 145 ff.
Gewaltenteilung 82, 113 f., 127, 160
Gewerbe, Handwerk 53, 60, 81 f., 91 ff., 107, 112
Gilde 17, 53
Girondisten 146, 152 ff.
Gleichgewicht der Kräfte („balance of power") 86
Glorious Revolution (1688/89) 82, 113, 115 f.
Goldene Bulle (von ▷ Karl IV. 1356 erlassenes Grundgesetz des ▷ Deutschen Reiches; regelte u. a. die Königswahl) 11
Gotik (Bez. für die ma. ▷ Kunst) 24
Gottesgnadentum 96 ▷ Königsheil
Griechenland 22, 27, 49
Große Furcht (Bauernaufstände in Frankreich 1789) 122
Grundherren 10, 17, 22; -schaft 10, 80
Gutenberg, Johannes (ca. 1394/99–1468) Erfinder des ▷Buchdrucks 6, 43, 46

Habsburger (dt. Herrschergeschlecht) 68, 79, 83.
Handel 43, 50 f., 53 f., 80, 91 ff., 95 f., 107, -sherren 53
Handwerk 45 ▷ Gewerbe
Hanse 15
Hausmacht (der Besitz der herrschenden Dynastie im Mittelalter) 12
Hegemonie, Hegemonialstellung 82, 82 f., 85
Heidelberg 44
Heilbronn 22
Heinrich IV. (1589–1610) franz. Kg. 81
Heinrich VI. (1165/1190–1197) dt. Kg. und Ks. 11
Herrschaftsvertrag 98, 102 f.
Herrscherbilder 100 f.
Hierarchie, kirchl. – 26 f., 37, 66
Hobbes, Thomas (1588–1679) engl. Staatstheoretiker 82, 98, 103, 113
Holbein, Hans d. Ä. (1465–1524) dt. Maler und Zeichner 29, 31
Holland ▷ Niederlande
Hörige 10, 17
Hospital, Hospitäler 22
Hugenotten (seit etwa 1560 Bez. für die franz. Calvinisten) -krieg (1562–1598) 79, 80 f. ▷ Calvin
Humanismus 6, 21, 26, 29, 49, 54, 60, 80, 112
Humanisten 6, 26 f., 41, 49, 54
Hutten, Ulrich von (1488–1523) dt. Reichsritter und Humanist 36

Imperialismus 51
Indianer 51
Indien 50, 53
Inkareich 6, 51
Italien 6, 26 ff., 51, 53, 68 f., 91, 98

Jakobiner 130, 144, 146, 152, 159 f. ▷ Montagnarden
Japan 78
Jesuiten (von I. von ▷ Loyola gegründeter kath. Orden; sahen ihre Aufgabe vor allem in der Missionstätigkeit und der Erziehung der Jugend) 78 4 f. ▷ Loyola
Joseph II. (1741/80–1790) dt. Ks. 82
Juden/–tum; –emanzipation 8 f., 13, 25 f., 37, 137

Kaiser/–tum 12, 17, 54, 58, 165, 167; – der Neuzeit 68 f., 70
Kant, Immanuel (1724–1804) dt. Philosoph 29, 112
Kapitalgesellschaften 54
Kapitalismus 54, 77; Früh– (seit dem ausgehenden Mittelalter Förderung freier Unternehmer durch beginnende Handels- und Gewerbefreiheit) ▷Verlagswesen
Karibik 50
Karl IV. (1316/1346/1355–1378) dt. Kg. und Ks 11, 43 f.
Karl V. (1500–1558) 1516/19–1556 dt. Ks. 6, 51, 54 ff., 59, 68 ff., 73
Katholizismus/Katholiken 6, 68 ff., 77 ff., 82 f.
Kepler, Johannes (1571–1630) dt. Mathematiker und Astronom 45
Kirche 6, 9, 27 ff., 43, 54, 58 f., 66, 68, 70, 77 f., 82, 112; –nstaat 54 ▷ Christentum ▷ Katholizismus ▷ Papst ▷ Reformation
Klerus (geistlicher Stand) 43 f., 63, 68, 70, 81, 92, 95, 105
Klöster 43, 63, 68
Klosterschulen ▷ Schulen
Klubs, politische – 122, 130, 144
Köln 16
Kolonialhandel 51
Kolonisation/Kolonialismus 51
Kolumbus, Christoph (1451–1506) genuesischer Seefahrer in spanischen Diensten, Entdecker Amerikas 6, 49 ff.
Konfession/–en 76, 80, 98; –skriege 76, 79, 81
König/–tum 11 f., 16 f.; –sgut 17; –swahl 15; – der Neuzeit 82, 85, 89, 93, 98, 102 f.; 107 ▷ Monarchie
Konstantinopel (Hauptstadt des Oström. Reiches, von ▷ Konstantin d. Gr. an der Stelle der alten griech. Handelsstadt ▷ Byzanz gegründet) 27, 50, 69
Konstanz 17, 18
Konterrevolution ▷ Gegenrevolution
Kontinentalsperre (von ▷ Napoleon I. verfügte Wirtschaftsblockade gegenüber ▷ England) 167
Kopernikus, Nikolaus (1473–1543) polnischer Astronom 45
Kreditwesen 15
Kreuzzüge (Kriegszüge des abendländischen ▷ Christentums zur Befreiung der heiligen Stätten von der Herrschaft der Muslime Ende 11. bis Ende 13. Jh.) 50, 53, 55
Kultur, bürgerliche – 15, 17 f.; höfische 82, 83 f., 91; –begegnung 50, 52
Kulturberührung 50, 52
Kunst – der Renaissance 26 f., 32; Reformations– 74 f.; höfische – 85; – der Neuzeit 112 ▷ Architektur ▷ Bildende Kunst
Kurfürsten 12 ▷ Fürsten

Lafayette, Marquis de (1757–1834) franz. General und Politiker 127, 136, 139, 144, 147
Landesherr/–schaft 11 ff., 15, 68, 70, 79
Landflucht 9, 10
Landstände 13
Landwirtschaft; ma. – 9; – in der Neuzeit 93, 106
Las Casas, Bartolomé (1474–1566) span. Dominikaner und Indianermissionar 51
Lateinschulen ▷ Schulen
Legislative ▷ Gesetzgebende Versammlung
Lehen/–swesen 10 ff., 15, 80
Leibeigenschaft 64, 70
Leo X. (1475–1521) Papst, Förderer von ▷ Humanismus und Künsten, exkommunizierte ▷ Luther 58
Leonardo da Vinci (1452–1519) italien. Maler, Bildhauer, Baumeister, Zeichner und Naturforscher, gilt als Prototyp des ▷ Universalmenschen („uomo universale") 23, 45 f.
Leopold II. (1747/1790–92) dt. Ks. 140
Levée en masse ▷ Massenaushebung
Liberalismus 107
Lieder, politische – 148 f.
Lippi, Fra Filippo (ca. 1406–1469) italien. Maler 40
Locke, John (1632–1704) engl. Philosoph und Staatstheoretiker 113–116
Lothar (Innozenz III.) (1198–1216) Papst 33
Loyola, Ignatio von (1491–1556) gründete 1534 Jesuitenorden, aktiver Exponent der kath. ▷ Gegenreformation 78 ▷ Jesuiten
Ludwig Wilhelm I. (1655–1707) Markgraf von Baden 89
Ludwig XIII. (1610–1643) franz. Kg. 81 f.
Ludwig XIV. (1638/1661–1715) franz. Kg. 82 f., 85 ff., 91 f., 95 ff., 99 f., 104–106, 108, 113
Ludwig XV. (1715–1774) franz. Kg. 107
Ludwig XVI. (1774–1792) franz. Kg. 107, 118, 120, 136 ff., 144 ff., 152 f.
Luther, Martin (1483–1546) Reformator, Begr. des Luthertums 6, 28, 55, 59–68, 71, 75, 77 f.; –aner 70, 76 ▷ Reformation

Machiavelli, Niccolò (1469–1527) italien. Politiker und Staatstheoretiker 39, 42, 82, 98, 102
Magellan (ca. 1480–1521) portugies. Seefahrer, ihm gelang die erste Weltumsegelung 50
Magie 46
Mailand 15, 28, 42
Manufakturen 82, 92 f., 105
Markt, Märkte 17, 21, 54
Marktwirtschaft 53
Marseillaise 147 f.
Masaccio, Tommaso (1401–1428) italien. Maler 34, 40
Massenaushebung (Rekrutierung junger Männer für den Kriegsdienst in den Revolutionsarmeen Frankreichs) 153 f.
Mategna, Andreas (1431–1506) italien. Maler 7
Mauren 50
Mazarin, Jules (1602–1661) franz. Staatsmann 81
Mäzene 28, 40
Medicea (Bibliotheka Laurenziana) 40
Medici (bürgerliches florentinisches Geschlecht, reich geworden durch internationale Geldgeschäfte, bedeutende Förderer von ▷ Kunst und ▷ Wissenschaft) 28, 39 f.; Cosimo (1389–1464) 39 f.; Giovanni di Bicci 40; Lorenzo (1449–1492) 39, 42
Menschenrechte 77, 83, 127 f., 132, 134 f., 142, 162
Merkantilismus (Bez. für die Wirtschaftspolitik im 16.–18. Jh.) 91 f., 105, 107, 109 f. ▷ Colbert
Michelangelo Buonarroti (1475–1564) italien. Bildhauer, Maler und Baumeister 30, 35, 41, 76
Ministerialen 17
Mirandola, Pico della, Giovanni (1463–1494) italien. Humanist 33
Mission/–ierung 78
Mittelalter 9, 16, 22 ff., 26, 43, 45, 54, 70, 82, 80
Monarchie 82, 80, 82, Erb–; absolute – 81 f., 85, 93, 98, 105, 107 ff., 114; ▷ Absolutismus ▷ Königtum
Monopole 56
Montagnarden 152, 154 ff., 158
Montesquieu, Charles-Louis de Secondat, Baron de (1689–1755) franz. Staatstheoretiker 114, 116 f.
Mühlberg, Schlacht bei – (1547) 73
Müntzer, Thomas (ca. 1490–1525) radikaler Reformator und Bauernführer 64 f., 67
Münzen, Münzsystem 51, 54, 57, 120

Napoleon I. (1769–1821) franz. Feldherr, 1804–1814/15 Ks. der Franzosen 160, 164 f.
Nation 132 f., 135, 167
Nationalgarde 121, 132 f., 136, 139, 126
Nationalkonvent (Nationalversammlung Frankreichs 1792–1795) 147, 152 ff.

Naturalwirtschaft 54
Naturrecht 98 f., **102**, 107
Naturwissenschaft 45
Neapel 42
Necker, Jacques (1732–1804) franz. Bankier und Finanzminister (1777–1781) 107 f., 118, 120, 122
Neue Welt 50 f., 53
Neues Testament 6, 28, 46
Niederlande 51, 68, 77, 79, 85, 91, 127
Nördlingen 23, 25
Nürnberg 22 f.

Österreich 79, 83, 145, 152 ff., 160, 165 f.
Oxford 44

Pacioli, Luca (ca. 1445–1514) italien. Mathematiker 53
Papst/–tum 9, 11, 51, 58 f., 63, 66, 78, 82, 137
Paris 40, 81; Parlament von – 106 f.
Parlament, Parlamentarismus 77, 82, 80 f., 98, 106 ff.
Partikularismus 11 f.
Passivbürger ▷ Wahlrecht
Patriziat (die ratsfähigen Geschlechter der Städte im ▷ Mittelalter, besonders im 12. und 13. Jh.) 16 f.
Pest ▷ Seuchen
Petrarca, Francesco (1304–1374) italien. Dichter und Humanist 26
Peutinger, Conrad (1465–1547) dt. Humanist 55 f.
Pfarrschulen ▷ Schulen
Philosophie 26, 80, 112 ff.
Physiokratie (griech.: Naturherrschaft) Bez. für das erste wissenschaftliche System der Sozialökonomie 107, 110 ▷ Liberalismus ▷ Merkantilismus
Piero della Francesca (1410/20–1492) italien. Maler 29, 31
Pirckheimer, Willibald (1470–1530) dt. Humanist 36
Pizarro, Francisco (ca. 1475–1541) span. Konquistador 6, 51
Plantagen 51
Platonische Akademie 40
Pogrom 8 f., 13
popolo grasso (italien. Großbürgertum) 39
Portugiesen 49, 51
Prädestination 77 ▷ Calvin
Prag 44
Pressefreiheit 129 ff., 134
Preußen 145, 152 ff., 160, 167
Priester/–tum 59 f., 63, 78, 105, 127 ▷ Klerus
Privilegien (Vorrechte) 91 ff., 95, 105 ff.
Protestanten 68 ff., 77 ff., 85

Quellen 15
Quesnay, François (1694–1774) franz. Nationalökonom und Arzt, Begr. der ▷ Physiokratie 110

Rabelais, François (ca. 1494–1553) franz. Dichter 47
Rationalismus 84, 112 f. ▷ Aufklärung
Ravensburger Handelsgesellschaft 16
Rechte, feudale – 122 f., 126
Reconquista (span.: Rückeroberung) 50
Reform/–en 107; –bewegung (Kirche) 58 f.
Reformation 6, 27 f., 43 f., 55, 58–66, 68 ff., 76 f. ▷ Luther
Reformkonzilien 9
Reichsgut 12, 17; –stände 12; –tag 6, 12, 59, 68 f.
Renaissance (kulturgeschichtl. Bez. für die Zeit des ausgehenden ▷ Mittelalters als eine Zeit der „Wiedergeburt" der ▷ Antike) 6, 26 ff., 45, 53, 91, 98, 112
Republik 144, 147, 151
Revolution 123, 150, 164 ▷ Französische Revolution; –stribunal (Sondergericht zur Bekämpfung der inneren Feinde in der Spätphase der Französischen Revolution) 158 f. ▷ Schreckensherrschaft
Rheinbund (Bündnis dt. Fürsten unter dem Schutz ▷ Napoleons I.) 167
Rheticus, Georg Joachim (1514–1576) dt. Mathematiker und Humanist 48
Richelieu (1585–1642) franz. Staatsmann, Kardinal 85

Rijswijk, Friede von – (1697) beendete den Pfälzischen Erbfolgekrieg 86
Robespierre, Maximilien (1758–1794) franz. Rechtsanwalt und Anführer der ▷ Jakobiner 129, 131, 152 f., 155, 158 f.
Rom 42
Rottweil 18
Rousseau, Jean-Jacques (1712–1778) Genfer Philosoph und Staatstheoretiker 114, 116 f.
Royalisten 171 f. ▷ Gegenrevolution ▷ Vendée
Rüstungswesen 54, 86

Sachsen 77
Saint-Simon, Louis de Rouvroy, Herzog von (1675–1755) franz. Politiker und Schriftsteller 104
Säkularisierung/Säkularisation 63, 68, **70**
Salerno 44
Sallust (86–35 v. Chr.) röm. Politiker und Geschichtsschreiber 54
Sansculotten 145, 147, 153 ff., 158
Schaffhausen 17
Schisma (Kirchenspaltung) 9
Schmalkaldischer Krieg (1546/47) 69
Scholastik (ma. Philosophie) 45
Schreckensherrschaft (Herrschaft der ▷ Montagnarden in Frankreich 1793/94) 154 ff., 158 f.
Schriftlichkeit 43
Schulen 44; Kloster– 44; Latein– 44; Pfarr– 44
Schweden 79, 86
Schwörbriefe 17
Seneca, Lucius Annaeus (ca. 4 v. Chr.–65 n. Chr.) röm. Philosoph 26, 54
Seuchen 6, 8 ff., 11
Sforza (italien. Adelsgeschlecht, 1450–1535 Herzöge von Mailand) 28
Sieyès, Emmanuel Joseph (1748–1836) franz. Politiker und Wortführer des ▷ Dritten Standes 127, 131
Sklaven 50 f.
Söldner (geworbene, um Lohn dienende Soldaten; bildeten seit Ende des Mittelalters bis zur Französischen Revolution den Kern der Heere) 64, 85
Sorbonne (Universität in Paris) 44
Souveränität 98, 102, 103, 114; Volks– 78, 113 f.
Spanien 51, 68, 79, 89
Spanischer Erbfolgekrieg (1701–1713) 86
Staat/–stheorie 84, 98, 103 f., 110, 113 f.; –shaushalt 91 f. 106; –verschuldung 92; –raison 98; –sbankrott 107; –sstreich 160, 164
Stadt, Städte 16–26, 53, 63 f., 69
Stand, Stände 11 f., 81, 92 f., 95, 105, 107; –tage 11 f., Dritter – 92, 95, 105 f., 109 f., 131 f. ; –staat 63; Land–; Reichs– 12 f., General– 85, 108. ▷ Aristokratie ▷ Klerus
Stehendes Heer 85 f. ▷ Söldner
Steuer/Besteuerung 12, 91 ff., 95, 105, 107 ff., 115
Stuttgart 11

Tacitus, Cornelius (55–120) röm. Geschichtsschreiber 27
Technik 80
Territorial/–staaten; –hoheit 22 –besitz 22 –herren 22
Tocqueville, Alexis de (1805–1859) franz. Historiker und Politiker 110 f.
Todeserfahrung 9
Toleranzedikt von Nantes (1598) 84
Trient, Konzil von – (1545–1563) 77 f., 80 f.
Tübinger Vertrag 12, 14 f.
Turgot, Robert Jacques (1727–1781) franz. Jurist, Nationalökonom und Finanzminister 107
Türken, Türkei 6, 31, 69

Überseehandel 54
Ulm 18, 21
Ulrich, Herzog von Württemberg (1503–1519/1534–1550) 12 f.
Universalmensch („uomo universale") 28, 45
Universität/–en 44, 47

171

Urbanisierungsprozess 17
Urkunden 44
USA (United States of America) 114
Utrecht, Friede von – (11. 4. 1713) beendete den ▷ Spanischen Erbfolgekrieg 86

Valmy (Ort in Ostfrankreich, Lothringen) 153
Varennes (Ort in Ostfrankreich, Lothringen) 140 f., 144
Vasallen 10
Vendée (Landschaft im Westen Frankreichs südlich der Loiremündung) 154, 156
Venedig 15, 42, 51, 53
Verbrüderung (Entstehung der modernen franz. ▷ Nation) 132
Verfassung 17, 114–117, 152 ff., 166, 172 ff.; Rats– ▷ Staatsverfassung
Verfassunggebende Versammlung (Nationalversammlung Frankreichs 1789–1791) 120, 129, 145
Verkehrs- und Transportwesen 50 f., 53, 92
Verlagswesen (seit dem 15. Jh. eine gewerbliche Organisationsform, bei der Leitung, Produktion, Materialbeschaffung und Absatz in der Hand eines Unternehmers liegen, während die Durchführung in zahlreichen selbständigen Gewerbebetrieben dezentralisiert ist) 54 ▷ Frühkapitalismus
Verleger 54
Vesalius, Andreas (1514–1564) niederl. Arzt und Anatom 45
Vetorecht (Recht des Einspruchs der Exekutive gegenüber der Legislative) 127, 136, 141, 145 f.
Vischer, Peter (1460–1529) Erzgießer in Nürnberg 22
Vitruv, röm. Militärtechniker und Ingenieur unter Caesar und Augustus 46
Vögte 11, 17
Volk 114, **132**; –ssouveränität 141, 144

Voltaire (eigentlich François Marie Arouet; 1694–1778) franz. Philosoph und Schriftsteller 112–115
Vulgata (lat.: die allgem. verbreitete Überlieferung) die bereits im 2. Jh. n. Chr. begonnene lat. Bibelübersetzung 78

Wahlrecht 118, 131 f., 141
Weber 54
Weltbild, heliozentrisches – 45, 49
Weltumseglung 49 f.
Westfälischer Friede (1648) 79
Wiedertäufer 63 f.
Wien 6, 69
Wimpfeling, Jakob (1450–1525) dt. Humanist 27
Wirtschaft 94
  ▷ Gewerbe ▷ Handel ▷ Kapitalismus ▷ Liberalismus ▷ Merkantilismus ▷ Verlagswesen
Wissenschaft 26, 49, 112 ▷ Naturwissenschaft
Wormser Edikt (1521) Reichsgesetz, das über Martin Luther die Reichsacht verhängte und die Vernichtung seiner Schriften anordnete 6, 59, 68
Wüstungen 9

Zentralismus 84 ff.
Zentralperspektive 28, 40
Zölibat (Ehelosigkeit von Geistlichen in der kath. ▷ Kirche und Verpflichtung zu andauernder Keuschheit) 58
Zoll 92
Zunft/Zünfte (seit dem 12. Jh. in den europäischen ▷ Städten entstandene Gewerbegenossenschaften der Handwerker) 16 ff., 53 ▷ Gewerbe
Zunfterhebung 16 f.
Zwingli, Huldrych (1484–1532) Züricher Reformator 68, 71, 77; –aner 70